电子竞技专业系列教材

《电子竞技运动与管理专业教学标准》制订专家组推荐教材

电子竞技心理学

E-Sports Psychology

◆ 直尚电竞　主编

高等教育出版社·北京

内容提要

本书是《电子竞技运动与管理专业教学标准》制订专家组推荐教材。

本书以市场为导向，由南京直尚电竞科技有限公司诸多资深电子竞技行业专家以及高校教师在总结近几年国家应用型本科与示范性高职院校专业教学改革经验及电子竞技行业内专家多年的从业经历的基础上协同撰写。

本书主要介绍电子竞技比赛中与运动员心理相关的知识，内容包括青少年电子竞技运动员的心理特点、训练中的心理问题及应对、基础心理技能训练、电子竞技比赛前的心理状态及准备、电子竞技比赛中的心理调节、电子竞技比赛后的心理调控、电子竞技运动的团队行为以及电子竞技运动相关的心理测量。通过本书的学习，读者可以对电子竞技心理学的发展现状及特征有大致的认识、了解。为方便学习，本书配套有丰富的数字化课程教学资源，包括电子课件（PPT）、课程标准、授课计划、课后习题答案等，教师可发邮件至编辑邮箱1548103297@qq.com索取。

本书可作为本科及高职院校电子竞技运动与管理专业及体育类专业的基础课程教材，也可作为电子竞技爱好者的学习和参考用书。

图书在版编目（CIP）数据

电子竞技心理学／直尚电竞主编 . ‐ ‐ ‐ 北京：高等教育出版社，2019.1

电子竞技专业系列教材

ISBN 978 ‐ 7 ‐ 04 ‐ 050856 ‐ 7

Ⅰ.①电…　Ⅱ.①直…　Ⅲ.①电子游戏‐运动竞赛‐体育心理学‐高等职业教育‐教材　Ⅳ.①G898.3

中国版本图书馆 CIP 数据核字（2018）第 240967 号

| 策划编辑 | 刘子峰 | 责任编辑 | 刘子峰 | 封面设计 | 赵　阳 | 版式设计 | 童　丹 |
| 插图绘制 | 于　博 | 责任校对 | 殷　然 | 责任印制 | 毛斯璐 | | |

出版发行	高等教育出版社	网　　址	http://www.hep.edu.cn
社　　址	北京市西城区德外大街4号		http://www.hep.com.cn
邮政编码	100120	网上订购	http://www.hepmall.com.cn
印　　刷	高教社（天津）印务有限公司		http://www.hepmall.com
开　　本	787mm×1092mm　1/16		http://www.hepmall.cn
印　　张	12		
字　　数	290千字	版　　次	2019年1月第1版
购书热线	010‐58581118	印　　次	2019年1月第1次印刷
咨询电话	400‐810‐0598	定　　价	35.60元

本书如有缺页、倒页、脱页等质量问题，请到所购图书销售部门联系调换
版权所有　侵权必究
物 料 号　50856‐00

丛书编委会

编委会主任

郭　阳　全国网络文化标准化技术委员会秘书长

编委会副主任

袁　军　中国互联网上网服务行业协会电竞分会常务副会长

程　磊　南京直尚电竞科技有限公司 CEO

王　惠　南京师范大学心理学院党委副书记、副教授

柳　军　湖南体育职业学院体育系书记

专家组

严宝平　南京艺术学院传媒学院游戏艺术教研室主任

李心渊　Suning 职业电子竞技俱乐部赛训总监

徐　凯　南京体育学院人体科学系副教授

王　进　南京体育学院体育系副教授

徐　众　江苏广播电视总台节目主持人（兼南艺特聘教授）

刘继红　江苏第二师范学院副院长、教授

直尚电竞项目研发负责人

刘凌英　南京旅游职业学院人文艺术系副教授

委　员　张　强　姜翰生　王　政　张　桐　芮伟明　许鹏飞

　　　　姜国庆　沙　莉　张何雅婷　朱垭烨　李恩亚

前言

电子竞技（Electronic Sports）是电子游戏比赛达到"竞技"层面的活动。电子竞技运动是以电子设备作为运动机械进行的人与人之间的智力对抗运动，通过运动可以锻炼和提高参与者的思维能力、反应能力和意志力，以及心、眼、四肢的协调能力，并可培养团队精神。2003 年 11 月 18 日，国家体育总局批准将电子竞技列为第 99 个正式体育竞赛项目。2008 年，国家体育总局将电子竞技改批为第 78 个正式体育竞赛项目。根据《普通高等学校高等职业教育（专科）专业设置管理办法》，在相关学校和行业提交增补专业建议的基础上，教育部组织研究确定了 2016 年度增补"电子竞技运动与管理"专业，自 2017 年开始实行。

本书是《电子竞技运动与管理专业教学标准》制订专家组推荐教材。本书编写的主要目的在于培养学生以及社会电子竞技爱好者的基本电子竞技心理学认知，并使其了解电子竞技心理学的发展现状与特征。由于现阶段电子竞技心理学的概念区间相对模糊，因此为了较为系统、全面地讲解相关知识，本书从普通心理学、运动心理学、社会心理学、发展心理学等基础心理学的角度出发，结合电子竞技的特点进行编写，以便学生全面认知电子竞技心理学。

本书共分为 8 章，对电子竞技心理学进行初步诠释。第 1 章主要介绍青少年电子竞技运动员的心理特点，包括思维、自我意识、情绪发展等方面；第 2 章主要介绍训练中的心理问题及应对，包括电子竞技运动损伤时的心理反应和过度训练导致的心理耗竭；第 3 章主要介绍 3 种基础的心理技能，分别是表象训练、模拟训练和自我暗示，可帮助电子竞技运动员学会如何减轻心理压力；第 4 章主要介绍电子竞技比赛前运动员的典型心理状态和主要比赛准备，包括目标设置训练、心理定向和注意转移、动机的培养和激发、自信心的训练、应对应激的方式、放松训练和激励训练；第 5 章主要介绍电子竞技比赛中运动员的心理状态及调节，包括注意力、沟通、决策；第 6 章主要介绍电子竞技比赛后运动员的心理反应及调控，包括归因训练、压力和情绪宣泄、自信心和自我价值保护、凝聚力、消除心理疲劳；第 7 章主要介绍电子竞技的团队行为，包括团队合作与凝聚力、团队冲突、运动团队的领导行为；第 8 章主要介绍与电子竞技运动相关的心理测量，包括人格测量、职业兴趣测量、心理状态测量、运动相关的测量、团体凝聚力测量。

本书采用理论与实例相结合的写作方法，在电子竞技心理学的基础上结合实际电竞比赛实例，从认知、情绪、思维等多个角度帮助读者更加深刻地理解电子竞技心理学的相关概念，有兴趣的读者可结合系列教材进一步学习。为方便教学，本书配套有丰富的数字化课程教学资源，包括电子课件（PPT）、课程标准、授课计划、课后习题答案等，教师可发邮件至编辑邮箱 1548103297@qq.com 索取。

    本书的创作完成得益于编写团队长期的工作经验以及充分的学习、调研积累，但由于相关知识储备的欠缺，部分内容不够全面、细致，疏漏及不妥之处在所难免，恳请广大读者提出宝贵意见。

编　者

2018 年 9 月

目录

第 1 章

青少年电子竞技运动员的心理特点

概述

本章分为 3 节，第 1.1 节主要介绍与分析青少年电子竞技运动员的心理和思维发展的矛盾性，具有半成熟、半幼稚的特点；第 1.2 节着重分析青少年的自我意识的形成与发展，包括自我概念、自我评价、自我体验和观点的采择能力，并介绍自我同一性的概念；第 1.3 节具体分析青少年时期情绪发展半成熟、半幼稚的特点和青少年心境的变化，并介绍一些调节情绪的方法和策略。

1.1 心理和思维发展的矛盾性特点

1.1.1 心理发展的矛盾性及表现

电子竞技运动员的职业黄金年龄是 18~27 岁，大多数的职业电子竞技运动员在处于青少年期时被俱乐部挖掘并进行培养（如图 1-1 所示），因此电子竞技运动员的心理特点以青少年心理特征为典型。

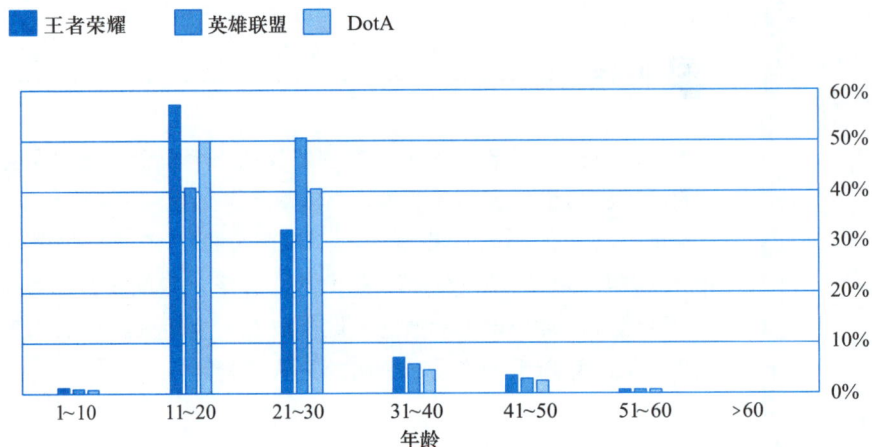

图 1-1　电子竞技运动员年龄分布

青少年阶段生理发育十分迅速，心理发展相对缓慢，其心理水平呈现半成熟、半幼稚性的特点。

其半成熟性主要表现为产生了对成熟的强烈追求和感受，这来自于身体的快速发育及性的成熟。在这种感受的作用下，他们在对人与对事的态度、情绪、情感的表达方式以及行为的内容和方向等方面都发生了明显的变化，同时也渴望社会、学校和家长能给予他们成人式的信任和尊重。电子竞技运动员大多在青少年期就开始了职业生涯，他们非常希望取得优异的成绩，带领队伍获得胜利，获得家长、俱乐部、支持者的认可。

其半幼稚性主要表现在认知能力、思想方式、人格特点和社会经验等方面。青少年的思维虽然已经是以抽象逻辑思维为主，但水平还较低，处于从经验型向理论型过渡的时期；由于辩证思维刚开始萌芽，他们在思想方法上仍带有很大的片面性及表面性；在人格特点上，还缺乏成人那种深刻而稳定的情绪体验，缺乏承受压力、克服困难的意志力；社会经验也十分欠缺。

由于青春期少年心理上的成人感及幼稚性并存，所以表现出种种心理冲突和矛盾，具有明显的不平衡性。其具体表现在以下方面。

（1）反抗性与依赖性并存

反抗性（如图 1-2 所示）是由于青少年产生了一种强烈的成人感，进而产生了强烈的独立意识。他们对一切都不愿顺从，不愿听取父母、教师及其他成人的意见。在生活中，从穿衣戴帽到对人、对事的看法，青少年常处于一种与成人相抵触的情绪状态中。

图 1-2　电影《心灵捕手》中威尔以防卫与攻击的心态对待别人

依赖性（如图 1-3 所示）体现在青少年对父母心理需求上的反馈和变化。童年时，对父母的依赖更多的是在情感和生活上；青春期时，对父母的依赖则表现为希望从父母那里得到精神上的理解、支持和保护。

图 1-3　电影《告白》中少年 A 过度依赖母亲的关注

存在于青少年身上的反抗性也带有较复杂的性质。有时是想通过这种途径向外人表明，他已具有了独立人格；有时为了塑造一个新的形象，以掩饰自己的软弱。实际上，在生活中的许多方面，尤其是在遭受挫折的时候，他们还是需要成人帮助的。

电子竞技运动员大多因为热爱某项电子竞技运动，并且在这个项目上取得了比较好的成绩，被俱乐部挖掘。起初很多青少年的父母都不支持自己的孩子走上职业运动员的道路，这让很多青少年产生了逆反心理（如图 1-4 所示），更加坚定地想要在职业电子竞技运动员的这条路上走下

图 1-4　逆反心理的表现

去。另一方面，青少年的内心又非常依赖父母，希望可以得到父母的支持。

（2）闭锁性与开放性并存

进入青春期的少年渐渐地将自己的内心封闭起来。他们的心理活动丰富了，表露于外的东西相对减少，加之对外界的不信任和不满意，又增加了这种闭锁性的程度。

与此同时，青少年会感到孤独和寂寞，希望有人来关心和理解他们。处于这种心理状态下的青少年渴望友谊，珍惜友谊，体现在他们可以对朋友推心置腹，毫无保留。因此，青少年在表现出闭锁的同时，又表现出很明显的开放性。

电子竞技运动员一般在年龄较小时被俱乐部发掘培养，而俱乐部里都是来自五湖四海性格各异的同龄人。初进俱乐部时，他们大多选择将自己封闭起来，对身边的人充满着不信任。但随着训练和比赛的进行，队员和俱乐部工作人员的关系会越发紧密，特别是并肩作战的电子竞技运动员们，他们相互之间会产生非常深厚的信任感。

（3）勇敢与怯懦并存

某些情况下青少年能表现得相当勇敢，但这时的勇敢带有莽撞和冒失的成分（如图1-5所示）。这是因为：首先他们在思想上很少受条条框框的限制和束缚，在主观意识中没有太多的顾虑，常能果断采取某些行动；其次，由于他们在认知能力上的局限性，使其经常不能立刻辨析出某一情景里的危险因素。

图1-5　S5《英雄联盟》总决赛冠军赛开幕仪式上韩国知名电子竞技运动员前滚翻入场

另外一些情况下，青少年也常常表现得比较怯懦。例如，他们在公众场合容易害羞，不够坦然和从容，未说话先脸红的情况在青少年中是常见的。这种行为上的局促是与他们缺少生活经验以及这个年龄阶段所特有的心理状态分不开的。

在电子竞技赛场上，可以看到选手们十分的勇敢，执行力很强，冲锋陷阵，没有丝毫胆怯。然而在场下，又会发现大多数的电子竞技选手性格都比较内向，容易害羞，不太爱表现自己。

（4）高傲与自卑并存

青春期的少年还不能充分地认识和评价自己的智力潜能和性格特征，很难对自己作出一个全面而恰当的评估，而是凭借一时的感觉对自己轻下结论，这样就导致他们对自己的自信程度把握不当。偶然的成功，就可以让他们认为自己是一个非常优秀的人才而沾沾自喜；几次的失利，就会让他们认为自己无能透顶而极度自卑。在青春期的同一个体上，这两种情绪往往交替出现。

电子竞技运动员的求胜欲都非常强烈。由于他们已经是普通玩家当中的佼佼者，刚刚开始打比赛的时候大多有着初生牛犊不怕虎的气势，这时候遭遇失败，会使他们的心理受到巨大的打击（如图 1-6 所示），特别是自己操作失误的地方，会一直困扰着他们。

图 1-6　IG 战队与 WE 战队争夺 S7 入场资格失利后队员痛哭离场

（5）否定童年与眷恋童年

进入青春期的少年，随着身体的发育成熟，成人意识越发明显。否定童年表现在，他们认为自己的一切行为都应该与幼小儿童的表现区分开来，并力图从各个方面对自己的童年加以否定，从兴趣爱好到人际交往方式，再到对问题的看法，他们都想抹去过去的痕迹，期望以一种全新的姿态出现在生活的各个方面。

在否定童年的同时，这些少年的内心又留有几分对自己童年的眷恋。他们留恋童年时无忧无虑的心态，留恋童年时那种直截了当的行为方式及宣泄情绪的方法，尤其当他们在各种新的生活和学习任务面前感到惶惑的时候，特别希望仍能像小时候一样，得到父母的关照。

电子竞技运动员比一般的同龄人更早地离开了校园，离开了家，他们希望自己可以迅速地长大变成可以独当一面的成年人。然而，在紧张、激烈、高压的比赛当中，他们又经常觉得心理负担十分沉重，偶尔会萌生退缩的想法，想回到正常同龄人的生活当中（如图 1-7 所示）。

图 1-7　2016LPL 夏季赛 EDG 媒体采访，不能上场的队员在采访室外等队友

以上所列的这几方面心理发展的矛盾性特点，都可归结到青春期所具有的既成熟又幼稚这一根本性特点上。

英雄联盟职业选手 Baolan 讲述自己的童年

一个 18 岁少年的故事不会太复杂，Baolan 亦如此。辍学打职业联赛，在 TGA 里苦苦挣扎，抓住机会来到 LPL，在更激烈的竞争中拼命适应，最后实现了自己的梦想。"梦想就是一直能让你充满激情的东西。"Baolan 如此描述道。

妈妈允许自己的儿子在小学时就去网吧玩游戏，还为他和他的朋友提供上网接送服务，这其中的理由听上去竟是那么的理直气壮："因为成绩好，觉得没事，想玩就玩一下。"这句话里当然包含着母亲对儿子的溺爱，同时也和妈妈常年经商所拥有的先进思想有关。

在这样的背景下，Baolan 顺利地升入了初中。但曾经拥有的聪明才智已经不足以让他应付更加复杂的课程，更何况，他还不写作业。成绩的下滑，让 Baolan 的童年从"闪闪发光"转变为"泯然众人"，并且很快就遭遇了物极必反式的覆灭。由于成绩和学习态度的双重问题，Baolan 在初中时被老师撵到了教室最后一排。猛然间，他意识到自己处在进退维谷的状态下：一方面，在 Baolan 的价值观中，最后一排的学生是"不好的"；另一方面，学习上的挫败也让他提不起兴趣重新找回旧日的荣耀，更何况当时已经有些近视并身处教室后排的他，连看清黑板都是件难事。

"我不想做那种人，但我又坐在最后一排，所以就和好坏两个圈子的人都没有沟通，一个人很孤独。"Baolan 大部分时间都只和自己的同桌沟通，并且不会聊游戏，就像他对于"最后一排"的厌恶一般，他认为游戏是"不好的"，不应该是学生之间讨论的话题。

可以试想一下，如果此时 Baolan 的家长缺乏有效合理的管教方式，那么从一个"天才"变成"孤独少年"的他有可能面临父母"恨铁不成钢"的责骂。还好妈妈再次展现出了一贯的仁慈和高尚的价值观："既然学习学不好，就应该去学别的东西。"

"我妈妈经常说要学东西，我什么都学过，但我学什么都集中不了精力。看到好玩的，有一段时间会很有激情，很想去学，而过一段时间就又会觉得很无聊，就放弃了。"这种现象一直持续到游戏《英雄联盟》的出现，这是第一件能够让 Baolan 沉下心来，专注很久的事情。"当时觉得只有《英雄联盟》可以让我不会学到一半就放弃，而且还有很高的上限。"

在接触《英雄联盟》的最开始，Baolan 每天吃完饭就打游戏，看视频，一边输一边觉得"自己不应该打得那么差"。当时的天梯还只算分数，1200 分的基础分，赢了加输了扣，Baolan 最低输到过 800 分。"应该是青铜吧，那个分数。"

同时，水平的突然上升也让 Baolan 看到了机会，他决定离开学校，尝试以另一种方式，展开自己的人生。

（来源：PentaQ 刺猬电子竞技社）

1.1.2 思维的种类及其特点

1. 直觉思维

直觉思维是指对一个问题未经逐步分析，仅依据内因的感知迅速地对问题作出判断，猜想、设想，或者在对疑难百思不得其解之中，突然对问题有"灵感"和"顿悟"，甚至对未来事物的结果有"预感""预言"等都是直觉思维。直觉思维是一种心理现象（如图 1-8 所示），它不仅在创造性思维活动的关键阶段起着极为重要的作用，还是人的生命活动、延缓衰老的重要保证。在电子竞技体育运动中，运动情景往往具有时间压力大、信息复杂的特点，没有足够的信息和时间来对运动情景的整体信息与判断进行逻辑思维的加工，而在情景的要求下又不得不进行加工，所以此时的加工方式往往具有直觉性思维的特点。

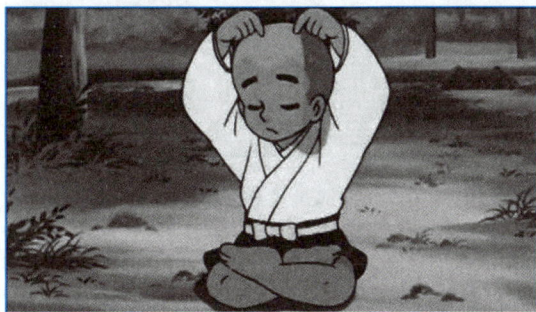

图 1-8　动画片《聪明的一休》中一休和尚靠直觉解决问题

（1）直觉思维的 3 个主要特点

1）简约性。直觉思维是对思维对象从整体上考察，调动自己的全部知识经验，通过丰富的想象做出的敏锐而迅速的假设、猜想或判断，省去了一步一步分析推理的中间环节，而采取了"跳跃式"的形式。它是一瞬间的思维火花，是长期积累的一种升华，是思维者的灵感和顿悟，是思维过程的高度简化，但是它却清晰地触及到了事物的"本质"。在电子竞技比赛中，运动员在一瞬间的行为决策会受到极大的考验，此时大多依靠的就是直觉思维，有时直觉思维会是灵光一现，但大多数的直觉思维还是依靠长期积累的训练经验，在过往的许多决策中凭借直觉思维选取出最适合当下比赛情景的决策方式。

2）创造性。直觉思维是基于研究对象整体上的把握，不专一于细节的推敲，是思维的大手笔。正是由于思维的无意识性，想象才是丰富和发散的（如图 1-9 所示），使人的认知结构向外无限扩展，因而具有反常规律的独创性。在电子竞技比赛中常常看见运动员的"灵性"操作超乎很多人的想象，并能够凭借这个操作带领队伍获得胜利。

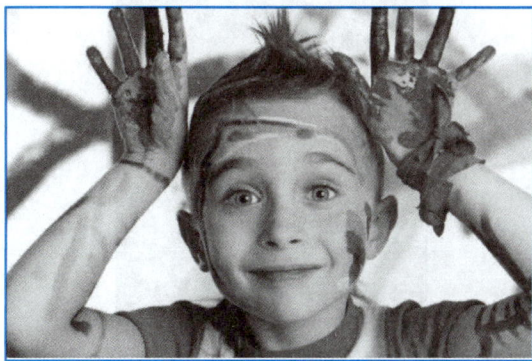

图 1-9　色彩发散的创意造型

3）自信力。成功可以培养一个人的自信心，而直觉思维伴随着很强的"自信心"。相比其他的物质奖励和情感激励，这种自信更稳定与持久（如图 1-10 所示）。当一个问题不用通过逻辑证明的形式而是通过自己的直觉获得，那么成功带给他的震撼是巨大的，内心将会产生一种强大的学习钻研动力，从而更加相信自己的能力。上文所提到"灵性"操作很多时候超出了平时运动员训练时所表现出的水平，这样的超常发挥往往对队伍的激励作用非常强烈，并且可以极大地增强选手的自信心。

图 1-10　2018 亚洲对抗赛运动员和主持人击拳助威

（2）直觉思维在创造活动中的功能

1）帮助人们迅速做出优化选择。创造都要从问题开始，而问题的解决，往往有许多种可能性，能否从中做出正确的抉择就成了解决问题的关键。法国数学家庞加莱（如图 1-11 所示）说："所谓发明，实际上就是鉴别，简单说来，也就是抉择。怎样从多种可能中做出优化的抉择呢？经验表明，单单运用逻辑思维，就是按逻辑规则进行推理是没法完成的，而必须依靠直觉。"

2）帮助人们做出创造性的预见。17 世纪法国著名哲学家笛卡儿（如图 1-12 所示）认为，通过直觉可以发现作为推理的起点。亚里士多德（如图 1-13 所示）说过："直觉就是科学知识的创始性根源"。英国物理学家卢瑟福（如图 1-14 所示）在其非凡的直觉帮助下，在原子物理学和原子核物理学方面做出了一系列重大的开创性贡献。

图 1-11　法国著名数学家庞加莱

图 1-12　笛卡儿

图 1-13　亚里士多德

图 1-14　卢瑟福

（3）提升直觉思维的能力方法

1）获取广博的知识和丰富的生活经验。直觉不是毫无根基、无缘无故地产生的，它是凭借人们已有的知识和经验才得以出现的，因此直觉往往比较偏爱知识渊博、经验丰富的人。从这种意义上说，获取广博的知识和丰富的生活经验是直觉强化的基础。电子竞技运动员则需要在平时的训练中积累更多的经验，以应对不同比赛情况的出现。

2）学会倾听直觉的呼声。直觉思维凭的是"直接的感觉"，也就是人们平常说的"跟着感觉走"。直觉需要人去细心体会、领悟，去倾听它的信息、呼声。当直觉出现时，不必迟疑，更不能压抑，要顺其自然、顺水推舟，做出判断、得出结论。在电子竞技比赛中，则需要团队成员之间的及时沟通，更好地执行依靠直觉思维做出的决策。

3）培养敏锐的观察力。直觉与人们的观察力及视角息息相关，观察力敏锐的人，其直觉出现的概率更高，直抵事物本质的效果更强。因此，电子竞技运动员要有意识地培养观察力，特别是提高对那些不太明显的事物的观察力，如印象、感觉、趋势、情绪等。在团队中担任指挥的电子竞技运动员，更加需要敏锐的观察力。

4）真诚客观地对待直觉。直觉虽然是凭借人们已有的知识及经验，凭"直接的感觉"产生，却常常会受到客观环境的影响及个人情感的干扰。特别是当个体处在某种情感，如猜忌、埋怨、愤怒等的困扰中时，直觉的判断就有可能失去客观性。因此，要真诚地对待直觉，在产生直觉的过程中要尽量排除各种影响和干扰，出现直觉以后，还要冷静地分析其客观性。

2. 逻辑思维

逻辑思维即人们在认识事物的过程中借助概念、判断、推理等思维形式能动地反映客观现实的理性认识过程，又称抽象思维。它是基于对认知者的思维及其结构以及所起作用的规律的分析而产生和发展起来的。只有经过逻辑思维，人们对事物的认识才能达到对具体对象本质规律的把握，进而认识客观世界。逻辑思维是人的认识的高级阶段，即理性认识阶段。逻辑思维是一种确定而不是模棱两可的，前后一致而不是自相矛盾的，有条理、有根据的思维。

在逻辑思维中，要运用概念、判断、推理等思维形式和比较、分析、综合、抽象、概括等思维方法（如图 1-15 所示），而掌握和运用这些思维形式和方法的程度，也就是逻辑思维的能力。在电子竞技比赛中（如图 1-16 所示），由于比赛情势变化速度极快，所以逻辑思维一般用于赛前的战术布置和赛后的比赛复盘当中。

图 1-15　依靠逻辑思维比拼的综艺节目

图 1-16　电子竞技比赛中中国战队宣传海报

逻辑思维一般有经验型与理论型两种类型。前者是在实践活动的基础上，以实际经验为依据形成概念，进行判断和推理。例如工人、农民运用生产经验解决生产中的问题，多属于这种类型。后者是以理论为依据，运用科学的概念、原理、定律、公式等进行判断和推理（如图 1-17 所示）。科学家和理论工作者的思维多属于这种类型。经验型的思维由于常常局限于狭隘的经验，因而其抽象水平较低。

图 1-17　电视剧《神探伽利略》中依据缜密的逻辑运算找寻嫌疑人

3. 创造性思维

创造性思维是重新组织已有的知识经验，提出新的方案或程序，并创造出新的思维成果的思维活动。创造性思维是人类思维的高级形式，是多重思维的综合表现，如发散思维和辐合思维、直觉思维和分析思维等（如图 1-18 所示）。

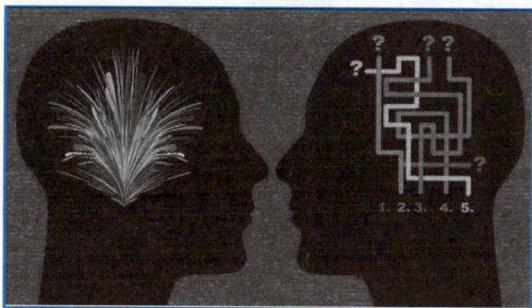

图 1-18　创造性思维发散意向图

创造性思维过程有以下 5 个阶段。

① 定向阶段：创造性思维的开始阶段，对问题进行定义和确定问题中的重要维度。

② 准备阶段：尽可能多地搜集与问题有关的信息。

③ 酝酿阶段：在大多数问题的解决过程中出现的无奈期，即所有能想到的方案都无法解决问题，问题解决被移入潜意识进行，看似不再去想，而实际上仍在继续思考。

④ 顿悟阶段：思想火花的闪现阶段，顿悟或一系列顿悟的产生标志着酝酿阶段的结束，立即发现问题解决的办法。

⑤ 验证阶段：检验并批判性地评价在顿悟阶段获得的问题解决方案。如果方案是错误的，思考者就返回酝酿阶段。这只是典型的创造性思维阶段，实际的创造性思维要复杂得多。

1.2　自我发展的特点及表现

1.2.1　自我发展的内涵

自我又称为自我意识，是个体对自身存在状态的一种感知，是对个体自身进行社会评价所得的结果。自我意识的成熟往往标志着个性的基本形成，同时伴随着个体自我角色意识的形成，角色意识的建立标志着儿童社会自我观念趋于形成。

青春期（如图 1-19 所示）是自我意识发展的第二个飞跃期。进入青春期后，个体自觉或不自觉地将自己的注意力转移到自己的内心世界，思想重新指向主观世界，使思想意识再一次进入自我，从而导致自我意识的第二次飞跃，表现为青少年的内心世界越发丰富，他们在日常生活和学习中，常常将很多心智用于内省。青少年内心世界丰富，经常沉浸在关于"我"的思考和感觉中，导致了他们个性上的主观偏执性。一方面，他们总认为自己正确；

另一方面，他们又感觉到别人总是用尖刻挑剔的态度对待他们。青少年的个性出现了暂时的不平衡，突出表现的就是反抗心理的增强。反抗心理产生的原因主要有自我意识突然高涨、中枢神经系统兴奋性过强，以及独立意识的增强。

图 1-19　电影《青春期》中的叛逆少女形象

电子竞技运动员常常出现沉浸于自我世界中的现象，这一现象往往导致在团队中无法与其他队员产生良好的沟通，进而可能导致在比赛过程中错误频繁出现，甚至出现输掉比赛的不良后果。

进入青春期以后，个体开始考虑自己的人生道路，一切问题既是以"自我"为核心而展开的，又是以解决好自我这个问题为目的的。这种主客观上的需求使得青少年的自我意识获得了高度发展。这对其形成稳定的人格特征以及价值观等方面均具有决定作用。青少年已经完全意识到自己是一个独立的个体，但这种独立性要求是建立在与成人和睦相处基础上的。青少年把自我分成了"离散的自我"和"现实的自我"两部分。此时的他们强烈关心自己的个性成长，十分关心自己个性特点方面的优缺点，能独立评价自己的内心品质，评价行为动机及效果的一致性情况等，自我评价在一定程度上达到了主客观的辩证统一。青少年有较强的自尊心，并且道德意识高度发展。自我形象在青少年阶段趋于稳定，自我评价能力在青少年阶段开始成熟，表现为他们不仅能分析自己一时的思想矛盾和心理状态，能认识到自己对某一具体行为起支配作用的个别心理特点，还能经常对自己整个心理外貌进行估量，能认识到自己较稳定的个性心理品质。

随着生理以及心理的成熟，这个时期的电子竞技运动员开始摆脱以自我为中心的思想观念，学会考虑自己以后的发展，规划自己在电子竞技领域的道路，并且能对自己在每场比赛中的表现产生合理的认知，对自己的操作进行客观的评价。

进入青春期以后，个体开始注意到在自己的内心世界还存在着"本来的我""本质的我"，并开始将自己的注意力集中到发现自我、关心自我的存在上来。到了青年晚期，个体对自我的关心日益强烈，促进了对本来的"我"的追求意识。成年初期的青年，对内心世界的关心并不意味着对外部世界注意力变弱，他们对外界的看法更加深刻而广泛，并且这种看法是建立在以探讨自我为核心内容的基础上的。

1.2.2　自我发展的特点

1. 自我概念

自我概念是个人心目中对自己的印象，包括对于自己的存在的认识，以及对个人身体、能力、性格、态度、思想等方面的认识，是由一系列态度、信念和价值标准所组成的有组织的认知结构。自我概念把一个人的各种特殊习惯、能力、观念、思想和情感组织联结在一起，贯穿于经验和行为的一切方面。自我概念的发展是个体社会性发展的核心构成部分。

自我概念是在经验积累的基础上发展起来的。最初它是对个人及其才能的简单、抽象的认识，随着年龄的增长而逐渐复杂化，并逐渐形成社会的自我、学术的自我、身体的自我等不同的层次。

一般来说，男性的自我接受度与自我谐和程度不随年龄的变化而变化，而女性的自我接受程度与自我谐和程度表现为随着年龄的增长而渐减的趋势：年龄越大，自我接受度越弱，且真实自我符合理想自我的程度也越小，即年龄越大，对自己的印象越大。

随着电子竞技运动员入行的时间越长，参与的比赛越多，对于自身也就能产生更充分的认识，对自己在比赛中发挥的作用有更清楚的认知（如图 1-20 所示），合理确认自己的定位，从而能在队伍中充分发挥自己的核心价值。随着年龄的增加，电子竞技运动员对自己的认知趋向于全面，提高了其在每场比赛中的稳定性，为赢得比赛打下了基础。

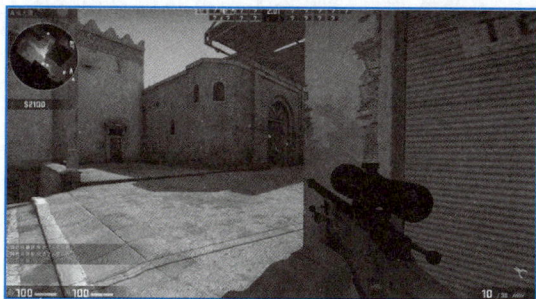

图 1-20　《CS：GO》比赛中狙击手利用自身优势进行蹲守

2. 自我评价

自我评价能力是自我意识发展的主要成分和主要标志，是在分析和评论自己的行为和活动的基础上形成的。大量研究证明，自我评价能力在幼儿期就已经产生了。

自我评价能力随着年龄的增长而不断趋于成熟。从顺从别人的评价发展到有一定独立见解的评价，自我评价的独立性随年龄的升高而提高；从带有依赖他人的评价到可以独立地进行自我评价；从比较笼统的评价发展到对自己个别方面或多方面行为的优缺点进行评价；从对自身外部的评价到对内心品质进行评价。整体的自我评价处于由具体到抽象、由外显行为到内心世界的发展过程之中。

学业成绩、运动能力、社会接纳性、身体外表、行为表现是个体进行自我评价的 5 个主要方面。对于电子竞技运动员来说，一场比赛中的个人战绩、操作、贡献度都将成为自我评价的主要方面。电子竞技运动员主要可以通过身体的自我、心理的自我、活动的自我这3个自我方面来进行自我评价。

一般来说，高自我评价的个体更富创造性，能更快地被社会团体所接受并成为领导者，他们更为自信、坦率，愿意表达自己的意见，善于接受批评，学业成绩也较好，而低自我评价的个体往往比较孤独，有不良的行为习惯，学习成绩不好。

3. 自我体验

自我体验主要是自我意识中的情感问题，包括对自己所产生的各种情绪、情感的体验。一般来说，愉快感和愤怒感发展较早，自尊感、羞愧感、委屈感发生较晚。研究指出，自我体验的发展与自我意识的发展总趋势比较一致。在小学阶段，自我体验与自我评价的发展具有很高的一致性。可见，在这个时期，自我情绪体验的发展与自我认识、自我评价发展密切相关。随着个体理性认识的增加和提高，他们的情绪体验也就更为深刻。

自我体验的一个表现形式就是自尊心。自尊心强的个体往往对自己的评价比较积极；相反，缺乏自尊心的个体往往自暴自弃。

对于电子竞技运动员来说，发展自身的自我体验能力也就尤为重要，伴随着自我体验能力的提高，他们也就越能察觉到自己的内心状态（如图 1-21 所示）。当一节比赛中获得胜利，可以及时提醒自己不应该过于骄傲，将自己的动机水平及时调整至中等水平；而当在一节比赛中出现操作失误心情低落时，可以及时挽救自己的消极情绪，振作起来继续接下来的比赛。因此，培养电子竞技运动员的自我体验能力以及提高电子竞技运动员的自尊心将成为赛前非常重要的一个环节。

图 1-21　S7《英雄联盟》总决赛冠军赛中韩国知名电子竞技运动员回望冠军奖杯

4. 观点采择能力

社会性认知是指对自己和他人的观点、情绪、思想、动机的认知，以及对社会关系和对集体组织间关系的认知，与认知能力发展相适应。角色采择也称观点采择，是指个体采取他人的观点来理解他人的思想与情感的一种认知技能。

（Flavel，1985）

塞尔曼将角色采择技能的发展划分为以下5个阶段。

阶段0：自我中心的或无差别的观点（3~6岁）。个体不能认识到他人的观点与己不同，因而往往根据自己的经验来作出反应。

阶段 1：社会—信息角色采择（6~8 岁）。个体开始意识到他人有不同的观点，但不能理解这种差异的原因。认为他人所做的即是其所想的，而不能了解他人行动前的思想。

阶段 2：自我反省角色采择（8~10 岁）。个体逐渐认识到即使得到相同的信息，自己和他人的观点也可能会有冲突。他们已能考虑他人的观点，并预期他人的行为反应，但个体还不能同时考虑自己和他人的观点。

阶段 3：相互角色采择（10~12 岁）。个体能考虑自己和他人的观点，并认识到他人也可能这样做，能够以一个客观的旁观者的身份来解释和反应。

阶段 4：社会和习俗系统的角色替换（12~15 岁）。个体开始运用社会系统和信息来分析、比较、评价自己和他人的观点。

个体的角色采择技能与自身认知能力的发展息息相关。处于青春期的电子竞技运动员已经可以从多方面、多维度的视角来看待自己，并且合理地将自己与其他队友或者竞争对手作比较。发展电子竞技运动员的角色采择能力将有助于其进行换位思考，了解对手在比赛中的状况并对此进行模拟，赛后进行复盘时将有效地总结经验并为下一次比赛战胜对手提前设置好战术及策略。

角色采择能力是随年龄的增长而发展的，是与个体社会经验有关的认知发展的技能。通过训练可以在一定程度上提高电子竞技运动员的角色采择能力，例如合作活动训练、认知训练、情感训练等，主要采用角色扮演技术、移情训练技术，综合采用讲故事、做游戏、多媒体教学等方法（如图 1-22 所示）。

图 1-22　电子竞技运动员进行室外游戏活动

1.2.3　自我同一性发展

自我同一性是指个体在特定环境中的自我整合与适应之感，是个体寻求内在一致性和连续性的能力，是对"我是谁""我将来的发展方向"以及"我如何适应社会"等问题的主观感受与意识。为了获得自我同一性，青少年必须在某种程度上整合自我知觉的许多不同方面，使其成为一致的自我感。

玛西亚（Marcia，1993）根据青少年探索和投入的程度，对个体同一性进行了评定，分别把个体归入了同一性的 4 种状态（即全体解决性危机的方式）：同一性扩散（diffusion）、同一性早期封闭（foreclosure）、同一性延缓（moratorium）和同一性完成（achievement）。

同一性扩散是指个体既没有探索（即个体还没有探求有意义的选择），也没有自我投入。即个体没有探索自己以后应该做什么，什么是有意义的，并如何为此付出努力。

同一性早期封闭是指青少年作出了自我投入，但是没有进行探索。他们的人生选择常常由权威性的父母作出，没有经历自我探索。例如高考之前，学生将自己的大部分精力投入学习，而不去考虑为什么学习以及学习之后能干什么，没有明确的奋斗方向。

同一性延缓是指青少年正处于同一性危机之中，但是成人或社会没有给予他们责任或义务，或者对他的责任只是进行了模糊的定义。即个体正处于探索自己该做什么、做什么是有意义的过程中，他们在收集信息，并尝试各种活动，希望发现引导他们生活的目标和价值观。他们积极地探索各种选择，但还没有对特定的目标、价值观和意识形态等做出有意识的投入。

同一性完成是指青少年已进行了探索，并且也进行了积极投入，即个体经过探索发现了自己的奋斗目标或者奋斗意义，并且已经开始为此付出努力。

> 同一性的发展主要表现为扩散状态向提前封闭或延缓状态转变，提前封闭向延缓的转变。
>
> （Waterman，1999）

> 在青少年早期和中期，个体刚刚开始体验急剧的生理、心理和社会知觉的变化，他们开始重新考虑童年期的价值观和身份。同时，不断调节和巩固这些变化，并把这些变化整合到不断完善的同一性中。
>
> （Kroger，2000）

这个时候同一性的发展往往处于扩散和提前封闭状态。在初、高中阶段，扩散和提前封闭的人数大幅度减少，同时伴随有延缓与同一性完成人数的增多。青少年同一性冲突的解决是在 18~22 岁，尽管整个青少年时期都存在对自我的探索，但自我同一性最重要的变化发生在中晚期，特别是 20 岁左右这一时间是建立同一性的关键时期。男性和女性的同一性形成过程在大多数方面没有区别，但女性在人际关系领域的发展较为突出。女性定义和描述自己的时候更倾向于考虑自己与他人的关系，而男性则更多地依靠竞争和能力给自己定位。

电子竞技运动员同样要经历这 4 个阶段的同一性的发展，期间通过不断探索以及投入，发现自己适合的电子竞技领域，选择自己喜欢的电子竞技项目，练习自己喜欢的项目角色及定位和擅长的电子竞技战术，并将电子竞技事业作为自己长期热衷的目标而为之奋斗。自我同一性的发展有助于电子竞技运动员建立完善的人格，建立合理的生涯规划，提高其认知能力。

青少年的同一性形成过程至少受以下 4 个因素的影响。

① 认知发展水平对青少年同一性的形成具有一定的影响，那些对形式运算思维掌握牢固并且以复杂和抽象的方式思考的青少年比认知不那么成熟的青少年更有可能提出和解决同

一性的问题。

②与父母关系的远近以及父母的教养方式会影响青少年自我同一性的建立。

③和同伴群体的相处以及友谊的建立对青少年的自我同一性形成有重要作用。

④学校、社会以及更广泛的文化背景同样会对同一性的建立以及发展产生影响。

1.3　情绪的发展与调节

1.3.1　情绪发展的一般特点

青少年电子竞技运动员的情绪表现充分体现出半成熟、半幼稚的矛盾性特点。随着其心理能力的发展和生活经验的扩大，情绪的感受和表现形式不再像以往那么单一，但仍远不如成人的情绪体验那么稳定，表现出明确的两面性。主要体现在以下几点。

1. 情绪表现的两极性

（1）强烈、狂暴性和温和、细腻共存

1）强烈、狂暴性。青少年的情绪表现有时是强烈而狂暴的，同样一个刺激，在他们那里所引起的反应强度要大得多，有时甚至达到震撼人心的程度，而这一点与青少年的神经系统尚未发育完全有着重要的联系。

具体到电子竞技运动员身上，情绪的强烈、狂暴性并不单单意味着激烈的言谈举止（如图 1-23 所示）。有时因为不经意的小事就可能引起选手的情绪爆发或者是深层的自我闭锁，出现将自己封闭、不愿与外界交流的情况，此时选手的外在表现与内在情绪就可能呈现出一个完全相反的状态，教练与领队应对此保持注意并加以调节。

图 1-23　情绪的狂暴性

2）温和、细腻。青少年的情绪表现也不是一味的强烈，有时也表现出温和、细腻的特点。

情绪的温和性是指个体的某些情绪是在文饰之后，以一种较为缓和的形式表现出来，而情绪的细腻性是指个体情绪体验上的细致的特点。

与幼年和童年期的儿童相比，青少年已经累计了较多的经验，了解了不同情绪在人际关系中具有不同作用的事实。因此，他们的情绪表达已很开放和充分，并能适当控制某些消极情绪，或对某种情绪予以文饰，以相对和缓的形式表现出来。此外，青少年已逐渐克服了儿童时期的情绪体验的单一性和粗糙性，情绪表现得越发丰富和细腻，而且有些情绪感受除了由外部刺激引起之外，还会加入许多主观因素。

考虑到青少年电子竞技运动员的职业特点与其人际关系，其情绪体验会更加细腻且表达更不充分，可能导致赛前选手的情绪压力过大而无从发觉，这就对负责人对选手们情绪的敏感和觉察提出了要求。

（2）情绪的可变性和固执性共存

1）情绪的可变性。情绪的可变性是指情绪体验不够稳定，常从一种情绪转换为另一种情绪的特点。情绪的这种特点一般是由情绪体验不够深刻而造成的。青少年尽管在表面上情绪表达的力度很大，但体验的深度并不与此成正比，因此一种情绪容易被另一种情绪所取代。

2）情绪的固执性。情绪的固执性是指情绪体验上的一种顽固性。由于青少年在对客观事物的认识上还存在着偏执性的特点，因此带来了情绪上的固执性。例如，一些青少年会因为几次挫折便完全陷入一种无助和抑郁的情绪之中，很长时间不能摆脱。

青少年电子竞技运动员尤其要注意的是，由于一次或几次比赛的失败而导致的长时期的压抑与焦虑。如果不能将这种负性情绪及时排解，则会导致运动员长时期的自我怀疑，对其信心的建立也会产生严重的影响。

（3）内向性和表现性共存

1）内向性。情绪的内向性是指情绪表现形式上的一种隐蔽性。青少年在情绪表现上已逐渐失去了那种毫无掩饰的单纯和率真，在某些场合，他们可将喜、怒、哀、乐等各种情绪隐藏于心中而不予表现。

2）表现性。情绪的表现性是指在情绪表露过程中，自觉或不自觉地带上了表演的痕迹。青少年在团体中有时为了从众或其他一些想法，会给情绪加上一层表演的色彩，即在情绪的表露上失去了童年时那种自然性，带有造作痕迹。

内向性和表现性共存这一点，在青少年电子竞技运动员身上表现出分化较为明显的特点。一部分电子竞技运动员会表现为较内倾的特点，例如在一些对运动员的采访中，"低着头自言自语""内向""害羞"等现象屡见不鲜。他们更倾向于将所有情绪埋藏在心里不表现出来，这一类的运动员在外人看来沉浸在自己的世界当中，对人际间的交流不是很感兴趣，比较内向；而另一类运动员则表现出相对外倾的特点，性格比较外向，在比赛中比较爱"秀"，性格色彩较前一类人来说较为强烈。

2. 心境的变化

心理学家认为，人类个体要达到身心和谐，就必须完成心理整合过程。心理整合过程至少包括以下两个环节：

① 持续性环节。通过这个环节个体能意识到现在的我是由过去的我发展变化而来的，自己的现在和将来的一切都是在过去的基础上发展起来的。

② 统一性环节。通过这个环节个体能意识到自己是一个各方面统一、协调的整体。

一般认为，个体要到 25 岁甚至再晚一些，才能完成这种心理整合任务，达到心态的稳定和平衡。青少年随其生理上发生的巨大变化，在心理整合的持续性环节和统一性环节出现了暂时的混乱，结果导致了他们不能很好地接纳自己，出现一些消极心境。

（1）烦恼突然增多

进入青春期后，许多新的问题接踵而来，使人在短时间内难以适应，增添了许多烦恼。而这些问题在青少年电子竞技运动员中尤为显著。

1）不知道应该以何种姿态出现在公众面前。外观形象的改变，使青少年产生要改变自己在别人心目中形象的迫切需求。但如何改变，应以一个什么样的姿态出现才能得到别人的承认和喜爱，对许多类似的问题，他们找不到满意的答案。

青少年电子竞技运动员因为其职业特点，会有其特殊的受众群体，因此也会产生他们自己的支持者群体（如图 1-24 所示），如何才能得到别人的喜爱与如何在自己的支持者面前表现，是经常困扰他们的一个问题。

图 1-24　电子竞技赛事现场的支持者

2）与父母的关系出现裂痕。青少年越发感受到父母不能理解他们的想法，而且他们的某些愿望及要求还常遭受来自父母的阻止和干涉，由此而造成他们与父母感情的疏远。怎样才能得到父母的支持？怎样才能恢复同父母的融洽关系？造成与父母关系的不融洽到底是谁的过错？这些问题经常困扰着他们。

这一点比较集中出现在青少年电子竞技运动员最初的入行时期。父母对电子竞技行业的不了解以及受传统观念的束缚，会让他们对孩子所选择的路不理解、不支持甚至强烈反对。而孩子在与父母的对抗中往往会感受到焦虑、痛苦等情绪。这种对抗往往以一方的退让作为结束，并给双方都留下一段不愉快的回忆。能否协调并平稳地渡过这一时期，取决于他所在的家庭是否能够支持他的事业，这对运动员日后的发展非常重要。

3）不知如何保持或确立自己在同伴中应有的地位。在这个问题上通常有两种情况：一种情况是，某些人在小时候各方面表现都很突出，一向是同龄人中的优秀者，但进入青春期后，由于多种原因，他们在同伴中的地位相对降低了，这使他们难以接受，并强烈希望能在同伴中维持自己过去曾拥有的优越地位，但很困难；另一种情况是，某些人过去在同龄人中从未有过优越的地位，但在当时，他们似乎对此没有太深的消极感受，而进入青春期后，随着自我意识的高涨，青少年增加了获得自尊的需要，他们希望同伴能够接受自己、肯定自己。这种愿望困扰着那些从没有过上述切身体验，而且各方面能力有所欠缺的青少年。

具体到电子竞技运动员，还有一层重要因素需要加以考量。电子竞技圈的职业氛围与运动员们过去所处的中小学是截然不同的，从过去以数理化应试教育为基础的学校到充满竞争的职业竞赛，运动员们如何实现转变与适应，决定了他们平时训练与比赛时的状态，特别是对于某些辍学进入电子竞技圈的运动员来说，这种适应还关系他们的自信心建立与以后的发展。

（2）孤独

美国心理学家霍林沃斯将青春期到青年早期这一年龄段称为"心理上的断乳"时期。意指从这时起，个体将在心理上脱离父母的保护及对他们的依恋，逐渐成长为独立的社会成员。

从青春期开始的"心理上的断乳"，给青少年带来了很大的不安，尽管他们在主观上有独立的要求和愿望，但实际上很难在短时间内适应独立生活。青少年的内心冲突和在现实中所遇到的挫折都较多，对许多问题还不能依靠自己的力量和能力去解决，又不愿求助父母或其他人，担心有损独立人格，因此产生一种孤独的心境。另外，此时青少年产生了对亲密感的需求，但与之相关的社会关系还没有建立起来，因此当陷入孤独的时候难以自拔。

电子竞技运动员是一类较为特殊的群体，早早踏入职业圈中的他们更容易产生孤独感。与走常规升学路线的青少年相比，他们更早地感受到了生活的压力。平时训练中与队友相处的不和谐以及比赛时的挫折都是压力的来源（如图1-25所示），而这些压力都只能自己承担而无处发泄。大多数电子竞技运动员的社交圈都很小，这种孤独感可以被认为是原因之一。对这些孤独的个体加以关注，既是调节运动员精神世界，使其在比赛中发挥稳定的保障，也对这些尚在建立自己世界观的电子竞技运动员人格的健全发育有着重要的意义。

图1-25　电子竞技运动员面临的比赛压力巨大

（3）压抑

压抑是在青少年中普遍存在的一种心理状态。压抑是当需求、愿望等不能得到满足和实现时产生的一种心理体验。随着年龄的增长，青少年产生了多方面的需求，既包括生理方面的，也包括心理方面的。当需求不能获得满足时，其原因是多方面的：有时是因为愿望本身不切实际；有时是因为社会上的阻力或父母的限制；有时是由于自身经验不足而导致失败。

因而，青少年的自尊心易受到打击，但又有争强好胜的冲动，在这种矛盾的情形下，他们常常处于压抑的心境。

电子竞技圈的竞争十分激烈，有人赢得比赛必定意味着有人输，多次失败一定会给选手造成心理压力，而年轻的选手本身又缺乏排遣的手段，长此以往就会产生压抑的心境（如图 1-26 所示），如何从中走出来也是人们要研究的重要课题。

除上述所列出的几种心境外，青少年电子竞技运动员也具有一些积极的心境，如憧憬就是存在于该阶段中很典型的积极心境，但总体来讲，在这个年龄阶段中，心境的消极成分占有很大比例，特别需要长辈与其所在团队成员予以悉心指导和帮助。

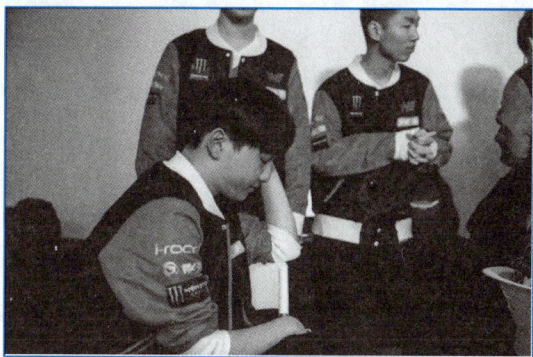

图 1-26　赛事的失利后运动员难掩压抑

3. 反抗心理

反抗心理是青少年普遍存在的一种个性心理特征。这种特征主要表现为对一切外在力量予以排斥的意识和行为倾向。

在个体发展过程中普遍存在两个反抗期。第一个反抗期出现于 2～4 岁，这时期儿童的反抗主要是指向身体方面的，即反对父母对他们身体活动的约束；第二个反抗期则出现于青春期，这时的反抗主要是针对某些心理内容的。

青少年的反抗方式是多样化的，有时表现得很强烈，有时则以内隐的方式相对抗，常有以下几种具体表现。

（1）态度强硬、举止粗暴

有相当一部分青春期的少年是以一种"暴风式"的方式对抗某些外在力量的（如图 1-27 所示）。这种反抗行为发生得十分迅速，常使对方措手不及。当时的任何劝导都无济于事，但事态平息后，这种强烈的反抗情绪也将较快地随之消失。

（2）漠不关心、冷淡相对

另一种反抗不表现在外显行为上，只存在于内隐的意识中。这种情况常出现于

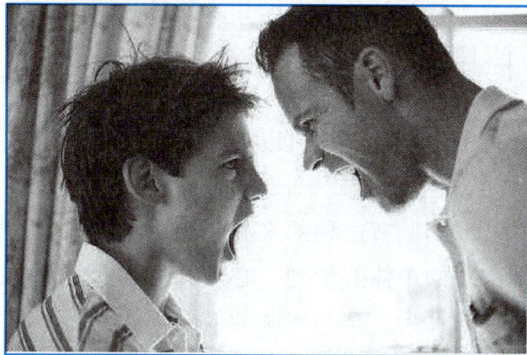

图 1-27　"暴风式"反抗

性格内向的青少年身上。他们不直接顶撞予以反抗的对象，却采取一种漠不关心、冷淡相对的态度，对对方的意见置若罔闻（如图 1-28 所示）。这种反抗态度和情绪不易随具体情景的变化而转移，具有固执性。

图 1-28　漠不关心、冷淡相对的态度

以上两种表现中，大多数青少年电子竞技选手更倾向于采取后一种方式表达自己的反抗情绪。当有人采取冷淡相对的方式表达自己的不满时，如何才能化解这种尴尬的局面，这就对整个团队的建设与团结提出了更高的要求。

（3）反抗的迁移

青少年反抗行为的迁移是指，当某个人在某一方面的言行引起了他们的反感时，就倾向于将这种反感及排斥迁移到这个人的方方面面，甚至将这个人全部否定；同样，当某一成人团体中的一个成员不能令他们满意时，他们就倾向于对该团体的所有成员均予以排斥。

因此，电子竞技运动的团队氛围尤其重要，电子竞技运动员之间的和谐相处，是团队合作的重要保障。一旦运动员的消极情绪大范围迁移，团队很可能面临各种摩擦、口角甚至有分崩离析的危险。

1.3.2　常见的情绪调节方法

情绪调节是个体管理和改变自己或他人情绪的过程，在这个过程中，通过一定的策略和机制，使情绪在生理活动、主观体验、表情行为等方面发生一定的变化。

1. 情绪调节的类型

对于情绪调节，可以从不同的角度进行分类。

（1）内部调节和外部调节

从情绪调节过程的来源分类，可以分为内部调节和外部调节。其中，内部调节来源于个体内部，如个体的生理、心理和行为等方面的调节；外部调节来源于个体以外的环境，如个体周围的社会支持与团队的鼓励。

（2）修正调节、维持调节和增强调节

根据情绪的不同特点可分为修正调节、维持调节和增强调节。其中，修正调节主要指对负性情绪所进行的调整和修正，如降低狂怒的强度使之恢复正常；维持调节主要指人们主动地维持对自己有益的积极情绪，如兴趣、快乐等；增强调节指对情绪进行积极的干预，这种调节在临床上常被采用，如对抑郁或淡漠进行增强调节，使其调整到积极的情绪状态。

（3）原因调节和反应调节

原因调节是针对引起情绪的原因进行调整，包括对情境的选择、修改，注意调整以及认知策略的改变等，通过改变自己的注意来改变情绪，对诱发情绪的情境进行重新认识和评价等；反应调节发生在情绪激活或诱发之后，是指通过增强、减少，延长或缩短反应等策略对情绪进行调整。

（4）良好调节和不良调节

情绪调节是为了使个体在情绪唤醒情境中，保持功能上的适应状态，使情感表达处在可忍耐，且具有灵活变动的范围之内。当情绪调节使情绪、认知和行为达到协调时，这种调节叫良好调节；相反，当调节使个体失去对情绪的主动控制，使心理功能受到损害，阻碍认知活动，并导致作业成绩下降时，这种调节就是不良调节。

2. 情绪调节的策略

（1）回避和接近策略

回避和接近策略也叫作情景选择策略，是通过选择有利情境、回避不利情境来实现的。这是情绪调节的一种常用策略，在面临冲突、愤怒、恐惧、尴尬、窘迫等情绪时，运用这种策略非常有效。

（2）控制和修正策略

控制和修正策略是一种更为积极的策略，是通过改变情境中各种不利的情绪事件来实现的，情绪调节者试图通过控制情境来控制情绪的过程和结果。

（3）注意转换策略

注意转换策略包括分心和专注两种策略。分心是将注意集中于与情绪无关的方面，或者将注意从目前的情境中转移开；专注是对情境中某一个方面长时间地集中注意，这时个体可以创造一种自我维持的卓越状态。

（4）认知重评策略

认知重评即认知改变，通过改变对情绪事件的理解和评价而进行情绪调节。认知重评试图以一种更加积极的方式理解使人产生挫折、生气、厌恶等消极情绪的事件。认知重评将产生积极的情感和社会互动结果，不需要花费过多精力，是一种有益的情绪调节方式。

（5）表情抑制策略

表情抑制策略是抑制将要发生或正在发生的情绪，调动自我控制能力，启动自我控制过程以抑制自己的情绪行为，是反应调节的一种策略。研究发现，表情抑制会产生消极的情感和社会互动结果，对心理适应产生不良影响，进而影响心理健康水平。

（6）合理表情策略

合理表情策略即采用恰当的表情是情绪调节最为关键的策略，它有利于个体幸福和团体密切。在人际交往中，情绪调节能力强的个体并不全是压抑自己的表情，而是能够在瞬间迅速改变自己的不利情绪，如把愤怒转化为笑，把悲伤转化成动力等，这种策略因而也可以称为情绪转换策略。

电子竞技运动员可根据所面临的不同情况，积极采取不同的情绪调节策略，合理调节情绪，面对眼前的压力。保持一个良好的情绪与积极的心态，无论对选手个体还是团队本身来说，都具有重要的意义。

思考题

1. 直觉思维的主要特点是什么？
2. 反抗心理的表现形式有哪些？
3. 什么是逻辑思维？
4. 个体同一性的 4 种状态是哪些？

第2章
训练中的心理问题及应对

概述

　　在电子竞技运动中，运动损伤和过度训练往往会导致消极的心理反应。对于尚属青少年的电子竞技运动员，运动损伤往往会引起一系列较严重的心理问题，需要及时进行调节和疏导；而过度训练往往会引起心理耗竭，严重的情况下甚至会导致精疲力竭、人格解体等严重的心理问题，亦需要及时进行干预调节。本章第2.1节简单介绍电子竞技运动员可能遇到的损伤类型，并主要分析电子竞技运动损伤时的心理反应，并介绍几种常用的心理调节方法；第2.2节详细阐述过度训练导致心理耗竭的心理机制，进而介绍对心理耗竭的几种干预方式以及电子竞技运动员心理耗竭的预防措施。

2.1　电子竞技运动损伤和心理调节

运动员和锻炼者在所从事的项目中受伤，是体育运动中难以回避的问题。科学合理的训练负荷，也是教练员和运动员在训练中不懈追求的目标。训练负荷不足，不利于提高运动成绩，而过度训练又会造成疲劳和心理耗竭，甚至终结运动员的运动生涯。因为电子竞技行业本身的特殊性，导致它与一般体育项目有着非常大的区别，在行业内产生的运动损伤也与正常竞技项目有所分别。

2.1.1　电子竞技运动员的运动损伤类型

电子竞技运动员的损伤类型一般分为手伤、腰伤与颈椎损伤等。

电子竞技运动员平时高强度的训练（包括日常训练外的额外练习），使得双手长时间地操作鼠标、键盘，往往一套重复机械的动作要练习上百遍而得不到充足的休息，因此会让特定的几个手指长时间、重复、用力地屈伸，使手部的肌腱出现过度摩擦，最终导致腱鞘炎、肌鞘炎等疾病。手伤（如图 2-1 所示）是电子竞技选手最常见的伤病之一，许多电子竞技运动员因此而含恨退出比赛甚至退役。

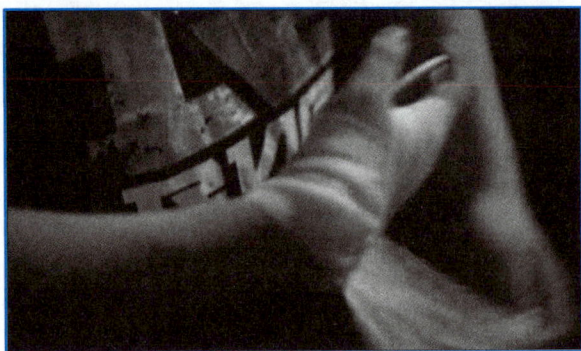

图 2-1　电子竞技运动员赛前解开手伤绷带（来源：百度图片）

美国洛杉矶的相关手臂外科专家医生透露，除了 MMA 格斗拳手以外，第二常见的患者就是电子竞技选手。有世界各地的电子竞技选手飞往洛杉矶找他寻求治疗方案，他们全都罹患反复性运动损伤，如腕管综合征、网球肘、弹响指等病症。

这些容易罹患的运动损伤也最可能导致电子竞技选手职业生涯终结，就像其他体育运动员的伤痛一样。医生表示，电子竞技选手面对伤痛最不明智的选择就是忍痛继续打下去。如果不休息，身体就没有喘息和自我修复的机会。无论是坚持打游戏还是坚持 MMA 格斗训练，身体都会吃不消，到最后都会付出代价。

电子竞技运动员因为长时间坐在椅子上训练，刻苦的选手甚至一连十几个小时都不会离开计算机。长时间固定不变的姿势给他们的颈椎和腰椎（如图 2-2 所示）带来了极大的压力，尽管有着专业的电子竞技座椅等设备，但腰伤与颈椎病仍是威胁电子竞技选手健康的重磅炸弹。

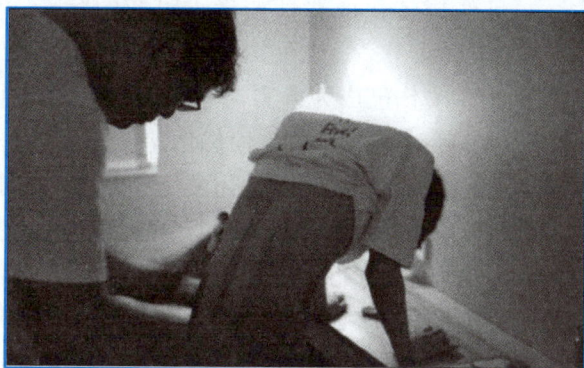

图 2-2　队员接受腰椎治疗（来源：RNG 俱乐部官方微博）

严重的颈椎病和腰伤会导致患者的头晕头痛、眩晕恶心、手臂麻木等症状，甚至会产生永久性伤害。比赛时有些打止痛针上场的选手会成为美谈，但长远来看对选手的身体有害无益。即使有队医配合进行按摩等治疗，也是治标不治本。此类伤病必须经过正规医院的治疗，并且需要一段时间休养，否则极易导致旧伤复发而变本加厉。

除此之外，电子竞技运动员还有一些其他的职业病，例如长时间注视计算机屏幕造成的眼睛损伤，长时间坐在椅子上导致食物囤积而造成的消化系统疾病，一些严重的情况还会造成胆囊炎等内部脏器疾病。

电子竞技运动员的最佳年龄一般为 16~25 岁。此阶段是身体发育的一个最重要的过渡时期，许多选手为了追求成绩而不顾身体状况进行大量的训练与比赛，使得尚未发育完成的身体遭受重大压力形成伤病，如果不注意治疗与休养，则某些伤病可能会伴随其终生。总之，作为职业电子竞技运动员，除了获得名次赢得比赛外，对自己身体异常状况的治疗与恢复也是非常重要的。

2.1.2　电子竞技运动损伤的心理反应

1. 电子竞技运动损伤心理反应的基本过程

起初，运动心理学家推测运动员对损伤的反应与即将面临死亡的病人体验到的悲伤反应相类似。那就是，运动员在受伤后常有 5 个阶段的悲伤反应过程（Grief Response Process），多由否认（Denial）开始，经过愤怒（Anger）、讨价还价（Bargaining）、抑郁（Depression），最终接受与改造（Acceptance and Reorganization）（季浏，1995；颜军，2000；Hardy 和 Crace，1990）。

1）第一阶段——否认。这是最为人们所熟知的防卫手段，即在面临困难和忧虑的时候，可能产生一种部分性或完全性的对现实的曲解。电子竞技运动员受伤后，最初常以否认为保护手段，拒绝承认身体出了毛病。这似乎在某种程度上是一种不自觉的行为，但长久的否认有悖于现实，以至影响康复。有些电子竞技运动员在受伤后往往自欺欺人不当回事，因为害怕耽误训练，不去找队医治疗，也不向教练报告，时间一长伤痛累积到爆发时刻往往为时已晚，需要花费更多的时间进行治疗。在比赛前或比赛中伤势发作影响队伍成绩尚在其次，一旦伤损转化成恶性或者不可逆的状态，则有可能影响电子竞技运动员的一生。

2）第二阶段——愤怒。由于受伤已成为事实，电子竞技运动员由"不是我"的否认态度，转到质问"为何是我"的态度，经常表现为愤怒情绪状态。这是电子竞技运动员对不能继续参加比赛的一种反应。而且在愤怒的同时，还常伴有恐慌。由于电子竞技运动员大多是 16~25 岁的青少年，心智尚未发育成熟，面对突如其来的伤病难免不能接受，此时情绪失控的可能性非常大，除了因伤病不能进行训练、比赛的焦躁愤怒外，面对不可知未来的恐惧也会主宰电子竞技运动员的情绪，此时运动员若因为情绪失控而做出攻击或自伤行为，后果将会更加严重。这也是受伤的电子竞技运动员特别需要关心和支持的时候。

3）第三阶段——讨价还价。这一阶段的特点是自我"讨价还价"，希望情境一旦变化，自己的生活和行为就会改变等，或者允诺一些无法实现的愿望，以此来改变已经成为不可避免的运动损伤这一事实，如指望伤痛将会消失等。但如果到一定时间后仍未能康复，受伤者必将退回到愤怒阶段，或者进入到较明显的抑郁阶段。

4）第四阶段——抑郁。当电子竞技运动员最终认识到无法立即解决伤痛或肌肉、骨骼、关节损伤问题，就会变得孤僻、自我怜悯，常常回避同教练员和队友的接触，产生消沉等负性情绪。如果新近受伤的运动员没有抑郁的症状，有可能暗示着他在心理上有某种缺陷（Gregg 和 Rejeski，1990）。这一阶段与愤怒阶段（第二阶段）的联系非常紧密，有些选手甚至会绕过第三阶段，出现愤怒与抑郁交替的症状。青少年电子竞技运动员心理发育的不成熟，导致他们往往不能以一个平和的心态面对挫折，心境的过于激烈或过于压抑对伤势复原有害无益，教练与队医应设法进行调节；否则，除了生理性伤势外，若出现心理疾病的情况将更加糟糕。

5）第五阶段——接受与改造。当电子竞技运动员承认和接受自己已经受伤的事实并开始计划怎样成功地重返赛场时，实际上心理恢复过程也就开始了。但是，康复过程并不意味着轻松愉快，有时还会产生某些心理冲突。此阶段教练与队医应保持一贯的耐心与宽容，与队员一起制订并执行康复计划，帮助队员尽早重返赛场。

2. 电子竞技运动损伤后的认知和情绪反应

（1）运动损伤的认知反应

电子竞技运动员受伤后在认知方面的反应是与本人对运动损伤有关信息的分析、对疼痛的了解以及运动损伤原因和结果的评估紧密相关的。研究者们已确认受伤运动员会经历以下认知方面的反应。

1）感知身体疼痛。通常，电子竞技运动员受伤后首先体验的是身体方面的疼痛。有24%的受伤选手报告他们受伤后的第一反应就是疼痛感，一些电子竞技运动员还将疼痛描述为奇异的感受，而且痛感很强。这主要是因为疼痛被广泛认为是运动损伤的一部分。

2）察觉与损伤有关的不正常反应。虽然意识到受伤是伤后认知上的主要反应之一，而且在多数情况下电子竞技运动员往往能够觉察到有关的异常现象尤其是体验到疼痛，但大多数选手并不了解受伤的状况和程度，特别是那些受伤严重的电子竞技运动员更是如此。这对医务人员来说是至关重要的，因为缺乏对受伤程度的认知和了解可能会导致伤者对运动损伤的延缓反应以及耽误治疗时间。有些年轻的电子竞技运动员往往因为对于自己身体状况异常察觉不及时而不上报，导致错过最佳治疗时间，延误自己的恢复。

3）询问与损伤有关的问题。电子竞技运动员在受伤后往往会询问与损伤状况有关的问题。根据 Udry（1997）的研究报道，运动员会询问为什么运动损伤会发生以及应该如何避免损伤的发生。例如，有些运动员表示他们的受伤可能是赛前准备活动不充分，也有运动员甚至对他们能否完全康复及重返赛场持有疑问。此时，正确的心理疏导与解答至关重要，如果运动员的问题得不到充分或满意的解答，往往会出现疑惑、焦虑、恐慌等消极情绪，对引导选手正确认识伤损与配合治疗非常不利。

4）认识到受伤的不良结果。专家们发现大约 43% 的受伤运动员表示，认识到运动损伤的不良影响和后果是他们对损伤认知反应的一个重要部分。对一些电子竞技运动员来讲，伤后的主要认知反应是意识到运动损伤的近期（短期）不良结果，如损失训练时间、失去比赛机会等。然而，也有电子竞技运动员十分关注运动损伤所带来的长期影响。研究者也发现，受伤选手对伤后缺席赛季、希望的破灭、孤单感、运动能力的下降、医疗结果的不确定性以及经济责任等方面表现出一系列的担忧。

5）曲解损伤的含义。由于伤者往往会寻求理解损伤的含义，因此运动损伤会导致一些伤者在认知上对损伤含义曲解的加重。尤其是当损伤伴随着持续的情绪压抑时更是如此。专家们现已确认的对损伤的认知曲解有：灾难性——夸大运动损伤的严重性；过于泛化——错误地扩大运动损伤对运动能力和日常生活的可能影响；个人化——将损伤的责任强加于自己，或者将自己与损伤联系在一起；选择性抽象化——将注意力集中在无意义的细节上；绝对（两极）化思维——将复杂的体验简单化。此时往往会引发运动员悲伤与抑郁两极情绪的反复切换，出现躁郁症状。尤其是初次受伤的队员，教练应给予充分的关注与引导。

（2）运动损伤的情绪反应

电子竞技运动员对损伤的认知反应通常伴随着一系列情绪反应。近年来，随着情绪与行为之间密切关系的明朗化，人们对研究运动损伤的情绪反应的兴趣日益增强。基于对运动损伤所可能引起的消极情绪影响的担忧，研究者们已开始探讨在运动损伤发生和康复治疗过程中的情绪反应。

Chan 和 Crossman（1988 年）研究发现，受伤的运动员与没受伤者相比，表现出显著的压抑、焦虑、迷惑和缺乏自信；Kleiber 和 Brock（1992）发现，运动生涯结束性损伤可能会导致运动员生活满足感和自尊心方面的变化；Udry 等（1997）报告指出，那些遭受到赛季结束性运动损伤的运动员表现出情绪上的波动起伏和相应的行为变化，其中包括挫败性的恼怒、恐慌、害怕、担心、心烦意乱、压抑、失望、孤独、分离、震惊、不相信和否认等。高水平运动员也表现出同样的情绪变化并体验到较强的压抑、焦虑和自尊心降低等。以上的研究结果说明，运动员无论技术水平多高，在情绪反应上都是脆弱的。换句话说，运动员不会因他们的运动能力、身体素质状况而免受情绪干扰的影响。

总之，受伤的电子竞技运动员经过认知和情绪心理反应后，可能有两种现象：一种是运动员开始接受自己已经受伤的事实，并能根据自己的实际情况制订今后的生活和工作计划；另一种是运动员不能以一种积极的态度面对损伤，从而遭受一系列的问题，如失眠、无食欲、机能降低等一些生理现象。因此，运动损伤给电子竞技运动员带来了强大的心理应激，不管处于哪个阶段，认知或者情绪的异常都要求教练员经常与运动员、运动心理专家联系，以解决运动员的不良心理反应问题。

电子竞技运动员受伤后，会产生不同的心理和行为反应。根据应激—损伤理论，受伤的运动员在遭受生理创伤的同时，也会出现消极的应激反应。这些反应常同他们受伤时的心理状态密切相关。当然，在比赛中陷入困境的运动员也许会将受伤看作一种乐于接受的，用以摆脱压力的方法；而有的运动员可能会将受伤看作引起别人注意和同情的方法，试图经过展示自己如何对付痛苦和逆境来提高其自我形象。但是，更多的优秀电子竞技运动员或许因受伤而产生一种失落感，表现出悲伤、消沉，并伴有紧张、恐惧、惊慌、愤怒、沮丧和焦虑等反应（颜军，2000）。不难看出，这些心理反应都是在认知评估的基础上产生的。

（3）其他反应

Petitpas 和 Danish（1995）研究了受伤电子竞技运动员的一些其他心理反应。

1）丧失认同感。一些电子竞技运动员受伤后不再重返赛场是因为丧失了自我认同感（Loss of Personal Identity）。自我认同是能够理智地看待并且接受自己以及外界，能够精力充沛，热爱生活，不会沉浸在悲叹、抱怨或悔恨之中，而且奋发向上，积极而独立，有明确的人生目标，并且在追求和逐渐接近目标的过程中会体验到自我价值以及社会的承认与赞许。自我认同是对电子竞技运动员来说十分重要的部分，会严重地影响自我观念。

2）恐惧和焦虑。受伤后，许多电子竞技运动员高度地恐惧和焦虑。他们担心自己是否能完全康复，担心如果再度受伤，是否有人会取而代之。由于电子竞技运动员受伤时不能训练和比赛，所以他们有大量的时间为此担忧。

3）缺乏自信。由于不能参加训练和比赛，而且自己的体能状况退化，电子竞技运动员受伤后可能会丧失信心。如果这种反应过度严重，自信心的降低可导致动机下降、运动表现低劣甚至进一步受伤。

4）运动表现下降。由于自信心降低并失去练习时间，电子竞技运动员可能会出现伤后表现下降的现象。许多运动员伤后难以降低他们的期望，仍然期待自己重新恢复到受伤前的水平。

对于那些完全通过竞技运动来定义自己的电子竞技运动员来说，受伤所造成的自我认同感的丧失特别明显。因此，因严重受伤而中止运动生涯的电子竞技运动员可能需要特殊的、长期的心理辅导。

2.1.3　电子竞技运动损伤的心理调节与疏导

1. 电子竞技运动损伤的心理康复方法

对电子竞技运动员而言，训练和比赛引起的身体损伤虽可怕，但是伤后得不到康复而出现心理损伤更加可怕，而这种心理损伤往往容易被忽视。在比赛和训练中出现的身体损伤很容易影响电子竞技运动员的反应和操作，并可能导致发挥失常而比赛失败。因此，电子竞技运动员伤后的康复过程至关重要。康复过程恢复得好，不仅可以促进损伤的康复，还能为运动员重返运动场树立信心。因此，除了采用正常的医疗手段外，还必须对伤者进行心理调整，采用语言、表情、暗示等方式调整伤者的心态，消除伤者的心理障碍，促进其机体能力的康复。众多的研究提出，调整认知、目标设置、积极性思维、社会支持、表象训练以及相信康复方法的效果等，是影响运动损伤康复的几个重要心理变量。

常见的电子竞技运动损伤的心理康复方法有以下几种。

（1）调整认知

通过调整电子竞技运动员的认知，可以改变其不合理信念，解决影响运动员损伤康复的深层心理问题。不合理的信念对心理的健康发展有着明显的消极影响。如果头脑中不合理的信念太多，就会产生严重的社会适应不良。一般人都把引起自己不愉快的原因归结为遇到了让人不愉快的事，但实际上最根本的原因并不是事件本身，而是人们对这件事的看法。调整不良认知的常见方法如下。

1）正确理解运动损伤。俗话说"人生百年，挫折八九"。电子竞技运动员和教练员都应把"运动损伤"作为比赛的一部分来理解，受伤是正常现象，只能尽量避免，减小其可能性，但不能完全消除，运动员应该有这样的心理准备。很多电子竞技运动员刚开始打职业比赛时，完全不知道长时间的训练和比赛会对身体造成很大的影响，所以当身体上开始出现问题时常常会惊慌失措，甚至认为自己的职业生涯就此就要结束，这正是因为他们没有正确认识电子竞技运动损伤。

2）客观坦诚。在康复过程中，电子竞技运动员应正确区分"一般疼痛"与"特殊疼痛"，学会观察与感受身体机能的内外部变化，对医务人员与教练员不能有所保留，常与他们聊天交流，以获得理解和帮助。不能隐瞒事实，也不能急于求成，不然会延缓康复过程。电子竞技运动员要正确认识到职业损伤是每个运动员都会遇到的，所以当身体出现问题的时候要及时告知教练员或者队医。

运动员受伤后常出现绝对化的思维模式，刚开始一般都急于尽快康复，并想尽早参加训练和比赛，表现为过分乐观，对损伤漫不经心，配合系统性治疗不够等。然而，当治疗一段时间后，发现损伤的程度和康复的效果与其自身主观愿望相悖时，则有可能把伤病看得过于严重而丧失配合治疗的信心。此时，他们对康复持有怀疑态度，消极地对待治疗。因此，为了使受伤的运动员能更好地调整认知，尽快康复，作为教练员或者队医应让受伤者了解有关其伤势的所有情况，从生理学角度为他们释疑解惑，提出有助于他们康复的各种办法。

（2）设置目标

设置目标有助于电子竞技运动员将注意指向当前的活动任务，增强自信心水平，降低认知焦虑，形成现实的期望和最佳的心理状态。Theodorakis 等（1996）研究认为，结合提高自我效能策略设计与设定个人目标，对缩短运动员的康复时间特别有益。因此，应帮助电子竞技运动员制订相应的康复期训练计划，要求受伤的运动员设置现实的和可以达到的目标。通过目标的实现，使运动员感到康复方法是有效的，只要坚持下去，定会很快康复。设置目标时，应注意到短期目标与长期目标、重要目标与一般目标、容易目标与困难目标、行为目标与结果目标的区别。要想满意地达到康复目的，确立的目标应该是具体的、可测的。让运动员一起参与目标的建立，但必须是可以接受的、在一定时间内可以实现的、令人鼓舞的并可被记录的目标。

（3）积极思维

思维可对人的行为直接产生影响。受伤电子竞技运动员的思维内容直接影响其在康复期的感知和行为方式。当一个人对自己讲了一些消极悲观、自暴自弃的话语之后，则很难采用积极的方式进行康复训练。运动员在治疗康复期间思维波动很大，容易出现消极思维，例如"我不会很快康复的，我回不到以前那种竞技水平了"或"这样的康复方式是无用的，我再也受不了"。可采用"思维中止"等策略紧急叫停这些消极思维。同时，运动员要学会自我肯定的思维，例如"我在一天天好起来""电子竞技运动都会有损伤，损伤不可怕，我能战胜它"，等等。通过积极的思维，有助于运动员战胜运动损伤所带来的身心痛苦，并可能缩短康复训练所需的时间。

（4）社会支持

《王者荣耀》比赛三冠王 QGhappy 战队的队员 Fly 曾经说过："比赛就像战场，我能相信的只有我的 4 位队友，我可以冲锋陷阵，也可以把我的后背留给我的队友，就算我先死了也不害怕，我相信我的队友一定可以赢得团战。"

其实，每个人在日常生活中，都会自发地建立起个人的社会关系和社会交往，在不知不觉中已经自发地获得了不同程度的社会支持与帮助，如家人、教练、队友、朋友等。"一个好的朋友就是一种强有力的防御"，和自己的朋友一起交谈所遇到的损伤困境，将有助于减轻焦虑或应激的影响。同时，电子竞技运动员的朋友可能还会有一些非常有益的忠告来帮助该运动员去战胜焦虑。在康复期间，要给受伤运动员营造一个充满温暖和关爱的康复环境，减轻他们由社会环境应激而产生的焦虑心理，获得最大限度的社会支持。

另外，电子竞技运动员还可以通过自觉的努力，获得有关的"社会支持"服务，疏导自身压力。例如，通过参加心理咨询、团体辅导（如图 2-3 所示）等，来消除运动损伤所带来的心理障碍以及心理创伤等。当无法摆脱因受伤而产生的焦虑，并把它隐匿为一种个人的恐惧时，则更不利于身体的康复。

（5）掌握心理应对技能

电子竞技运动员掌握一定的心理应对技能对运动损伤后心理上的康复起着重要作用。运动员要充分地认识到借助身体本身的自然力量是可以治疗损伤的，自身存在着一种随时准备来纠正这种失调状态的力量，即自身拥有的免疫力和修复力。而在心理上也存在和身体相同的免疫力和修复力，所以掌握一些有用的心理应对技能可以帮助电子竞技运动员更好地应对自己的运动损伤。

图 2-3　电子竞技俱乐部队员接受心理团体辅导（来源：直尚电子竞技）

1）合理化。合理化常被通俗地称为"酸葡萄心理"。当个体的真正需求无法得到满足产生挫折感时，编造一些"合理的理由"自我安慰，以消除紧张，减轻压力，使自己从不满、不安等消极心理状态中解脱出来，保护自己免受伤害。任何一种事物都会有正反两种意义，虽并不十分"合理化"，却无可否认，这种效应确实有着实际的作用和意义。"百年人生，逆境十之八九"。恰当的心理防御机制的确能够帮助人们更好地适应生活、适应社会，然而过分沉溺其间对心理生活却有显著的副作用。比如鲁迅先生笔下的阿Q，总是寻找理由为其受到的侮辱或遇到的不公待遇开脱。

2）否认与移置。电子竞技运动员可以借用这种被精神分析称之为"否认"的心理机制来降低自己心理上所要承受的压力，或者至少是为了最终不得不接受的事实而争取一些心理准备的时间。再者，根据人有一种"代替满足"的心理本性，选择一个适当的发泄对象，或者选择一种恰当的发泄方式，这就是"移置"。例如，有的电子竞技运动员感到压力很大的时候会选择外出跑步，这对于他而言就是一个发泄压力的移置通道。

3）投射与升华。投射是人类潜意识的一种自我防卫机制，它能够把人们内心的不满和焦虑，以一种"伪装"的形式折射出去。例如，想到别的电子竞技运动员比自己伤得更重，心理就能得到某种宽慰。升华则是一种积极的，将应激作为创造活动的动力，化悲痛为力量。

4）避免消极断言。运动员大多有一种夸大受伤程度、用灾难性的字眼去形容伤势的倾向，无形中会产生或加重焦虑情绪，所以应避免消极断言。例如，"天啊，我受不了了""我的手臂太痛了，我打不了比赛了，我要退役了""这次不可能康复了"。

5）问题定向。运动员受伤后的心理压力和挫折情境，可以去躲避，也可以针对损伤情况，去积极地治疗和处理。例如，通过分析是新伤还是旧伤、有无外力介入、突发性还是连续性损伤以及伤及的部位、损伤程度等，充分认识到焦虑的表现，理解焦虑的来源和产生，将更多的身体能量转化为有效的治疗行动。电子竞技运动员在发现自己的身体出现问题的时候应该第一时间将身体的情况告知教练和队医，切忌自己忍着痛苦坚持训练和比赛。专业的医护人员可以帮助电子竞技运动员制定出可以解决或者减缓疾病痛苦的方法与方案，这样的问题定向才是正确而有意义的。

6）表象训练。表象训练又称念动法。电子竞技运动员因为运动损伤被迫在一定时间内离开运动场是很难过的事，但与其自怨自艾，不如通过表象训练去练习动作，以加速康复。因为表象训练用于运动损伤的康复，可以加速受伤部位的复原，以及防止运动技能的退化。McDonald 和 Orlick（1995）研究表明，运动损伤的康复速度与表象训练的时间具有正相关性。具体的做法是：指导运动员在头脑中对过去完成的正确技术动作的回忆与再现，唤起临场感觉的训练方法；通过多次动作表象，提高运动员的表象再现及表象记忆能力；可以使运动员的注意力集中于正确的技术要求，有利于提高心理稳定性，从而促进技术的掌握。

2. 电子竞技运动损伤的心理康复辅导技术

前人的描述性研究清楚地显示，运动损伤的康复应使用整体的康复方法，用心理学策略作为生理疗法的补充是很有帮助的。心理学策略虽来源于运动员对损伤的反应的理解，但仅仅理解运动员损伤后的反应过程是不够的，心理学的过程和技术对康复过程具有促进作用，它们包括：与受伤的运动员建立亲密的联系，向他们传授损伤和康复过程的知识，教会他们应对伤病的特殊心理技能，使他们做好应对伤病复发的心理准备，建立社会支持以及向其他受伤的运动员学习。

运动心理学工作者和队医有责任学习和使用这些适当的步骤。

（1）与受伤的电子竞技运动员建立亲密的关系

电子竞技运动员或锻炼者受伤之后，常常产生怀疑、挫折、愤怒、困惑的体验，并且十分脆弱。这些情绪可能使想帮助他们的人难以与之建立亲密的关系。因此，显示共情心是有益的。这种共情心是指：努力去理解受伤者的情绪感受。让受伤的人感到有人在情感上支持他们并和他们在一起，对他们是很有帮助的。在运动员受伤的新鲜感逐渐减弱，他们感到自己正在被人淡忘的时候，用探视、电话慰问的方法显示对他们的关心是特别重要的。在建立亲密关系时，应注意不要表现出对运动员的迅速康复过于乐观，而要持积极肯定的态度并强调团队的帮助。例如，"这是一个难过的时期，你需要努力地克服它，但我会在这里陪伴你，我们一起帮助你恢复。"

（2）传授损伤与康复过程的知识

当某人初次受伤时，告诉他在康复过程中应该期待什么是很重要的。运动心理学工作者或队医应该帮助运动员以通俗的方式来理解伤势。例如，一个电子竞技运动员的肩部损伤严重，可以用一根绿色棍棒向他演示如果绿棒不停地被弯折，最终没有办法恢复原状。可以向他说明他将因此停赛 3 个月，同样还应该告诉他，1 个月之内他的肩部会感觉好转，而如果他想冒险在很短的时间内尝试着恢复一些常规的活动，就有可能造成伤病的反复。

同时，对康复过程进行概述也很重要。例如，队医可以告诉这位电子竞技运动员，他可以在 2~3 周骑健身自行车，2 个月之内可以做一些"健身系列运动"，而后可以进行一定的负重练习，直到他的受伤部位恢复到受伤前的机能水平，只有到那时，他才可以重返训练场，在练习环境下缓慢地开始恢复，直至能够参加比赛。

（3）教会怎样应对伤病的复发

人们恢复机体的速度各有不同，伤病的复发也并非罕见。所以，使电子竞技运动员做好准备来应对伤病复发是特别重要的。为此，运动心理学工作者或队医应该在建立亲密关系的阶段就提醒受伤的运动员：伤病可能随时复发。同时，应鼓励运动员对康复过程保持积极的态度：复发是正常的，因此不必惊慌，也不必气馁。

同样，康复的目标也需要定期评估和修改。此外，还应帮助运动员学会应对复发的技巧并鼓励他们在伤病复发时告诉重要的人。通过与重要的人讨论自己的感受，运动员可以获得必要的社会支持。

（4）建立社会支持系统

对受伤运动员的社会支持形式可以有很多种，包括朋友和情侣的感情支持、教练员的信息支持（如"你的做法是对的"），甚至有形的支持（如父母的经济援助）等（Hardy 和 Crace，1991）。受伤的运动员需要社会支持，他们需要教练和队友的关心，需要有人倾听他们所关心的事情而不是批评他们，需要了解别人是怎样从类似的伤病中恢复的等。

如果以为充分的社会支持会自动产生，那是错误的。如前所述，电子竞技运动员刚刚受伤时，会得到较多的社会支持，而在日后的康复过程中，社会支持会变得越来越少。因此应特别注意：运动员在整个康复过程中如能得到足够的社会支持，将有利于他们的康复。

（5）向其他受伤的运动员学习

另一个帮助受伤运动员或锻炼者康复的好办法是让他们注意其他受伤队员的建议。这是来自运动员亲身体验的建议，对受伤者是宝贵的财富。

受伤运动员的康复应包括身心两方面创伤的系统治疗。现代运动医学的发展已使运动员的身体康复时间大为缩短，但要使运动员全面康复，重新投入训练和比赛，心理康复也同样重要。所以，只有采用有效的心理康复疗法，制订合理的、积极的心理康复计划，才能促进运动员尽快重返赛场（详见下面的课外阅读）。

运动损伤不仅使运动员的机能水平明显下降，而且在心理上也造成不同程度的伤害。颜军（1998）研究发现，在急性运动损伤发生后，运动损伤者应付的主要方式是解决问题、自责、幻想和退缩。其中只有"解决问题"应付方式具有较明显的积极性评价意义，而伤者的应付方式与心理健康不良症状之间存在着选择性的相互关联。因此，对受伤者进行心理康复就显得尤为重要。实施心理康复的主要目的是消除运动员受伤后的心理障碍，使其走出阴影，促进其受伤体机能的康复。只有把生理康复和心理康复有机地结合起来，才能使整个身心得到全面康复。

课外阅读

某电子竞技运动员受伤期间心理康复指导计划

1. 正确认识伤病现实，保持乐观心态，促进机体尽快康复

① 从医生处客观了解自己的受伤情况，确定当前的主要任务是思考如何更快地康复。

② 战胜伤病同样是优秀运动员的训练内容，愉快地接受治疗和康复，会大大加快伤愈的速度。

2. 认真执行康复计划，在与伤病共存和斗争中成长、成熟

① 受伤虽然不是好事，但也不全都是坏事。受伤可以使电子竞技运动员经历一次磨难，变得更加坚强。虽然当前的训练和比赛计划暂时有所改变，但夺得比赛冠军的目标坚决不变。

② 康复计划是结合伤病实际情况制订的，对缩短伤病康复时间特别有益。防止急躁情绪，严格执行康复计划，不断地达到预先设定的康复目标，可以取得良好的效果。

③ 吃一堑长一智，汲取受伤的教训，会使运动员变得更加聪明，会使防止伤病的宝库更加丰富。同时，在今后的训练和比赛中要更加注意自己的身体情况，并在平时注意体育锻炼，保持身体的健康和活力。

3. 认真完成伤病康复中的心理训练计划

① 选择最喜爱的音乐（乐曲或歌曲都可以），每天至少听 2 次，每次至少 30 分钟，听音乐时充分享受音频旋律带给你的美好感受。

② 选择最喜爱看的小品或喜剧（VCD 或 DVD 盘），每天看 1 次，时间不超过 1 小时。要知道，每天能大笑 15 分钟，会使身体产生有利于健康的生化物质。

③ 每天上午和下午（或晚上）在感到头脑比较清醒时，在头脑中演练，即进行表象训练。

2.2　过度训练和心理耗竭

2.2.1　过度训练引起心理耗竭

休闲性的体育活动与竞赛活动的重要区别就是后者出于对运动成绩的追求而强制性训练。强制性训练的目的是在竞赛时取得生理和心理上的优势。这种身心优势通常是通过增加训练负荷获得的：对于长跑运动员来说，它意味着每天要跑更长的练习距离；对于游泳运动员来说，它意味着每天要游更多的次数；对于电子竞技运动员而言，更需要每天花大量的时间参与训练、模拟比赛时会出现的各种情况、增强与队友之间的默契程度、开发新的战术打法。然而，电子竞技运动员在各种高强度的训练下很容易产生心理耗竭。

应激指有机体遇到干扰自己平衡状态或超越自己应对能力的刺激事件时，表现出的特定的或非特定的反应过程，包含应激刺激、对威胁的知觉评价和应激反应 3 种主要成分。应激刺激（Stressor）也被称作应激源，指对有机体形成威胁并引起有机体产生变化的各种内在及外在的影响因素。例如，肠胃不适是典型的内在的应激刺激，而裁判错判是典型的外在的应激刺激，在比赛过程中，突然中断比赛对于电子竞技运动员来说也是一个应激刺激。应激

刺激要求有机体作出应激反应。应激反应（Stress Reaction）指有机体对应激刺激作出的适应性变化，包括生理的、行为的、情绪的以及认知上的改变。经常会看到遇有相同的应激刺激时，不同人的反应相去甚远，这是因为应激刺激与应激反应的关系不是直接的、单一的，这种关系还受到许多条件的影响。训练应激是与竞技运动训练和竞赛相伴而生的必然产物。训练应激可能产生积极结果，如果在平时电子竞技运动员可以很好地处理应激，那么在赛场上遭遇突发事件时，电子竞技运动员将会运用自己原有的经验对应激刺激进行处理；但应激刺激也可能产生消极的结果，它取决于运动员有没有能力适应训练应激。对训练应激的积极适应可使运动员从运动训练中获益，相反，消极的适应无法产生训练效益（Silva，1990）。通常，训练效益越少，运动员越想通过增加训练刺激的方法予以解决（如电子竞技运动员增加某天的训练时长）。如果运动员没有能力对增加了的训练刺激作出积极的适应，就有可能产生过度训练或者是疲惫（Cox. 1998）。

对于过度训练和疲惫的关系，不同的学者有不同的理解。一种观点是把过度训练看作一个刺激过程，而疲惫是这个过程的结果（如图 2-4）。持这种观点的学者认为：过度训练是指运动员在一个短训练周期内（通常从几天到几周），运动负荷接近或等于其个人所能承受的最大身体负荷的训练方式（O'Connor，1997）。在这种情形下，运动员承受过重的身体负担而得不到休息。

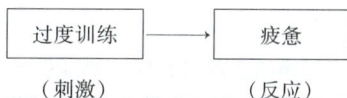

（刺激）　　　　　　　　（反应）

图 2-4　过度训练与疲惫的关系（引自 Weinberg 和 Gould，1999）

过度训练有以下 3 个特征：① 在一个训练过程中包含一系列剧烈的训练课程；② 与最近的训练课比较，训练刺激显著增加；③ 训练的频率很高（通常超过每天一次）并达到或接近最大的承受能力（O'Connor，1997）。

实质上，过度训练是不正常的训练过程，终将导致运动员产生疲惫状态（Morgan，O'Connor，Sparling 和 Pate，1987）。疲惫是"一种由于过度训练引起的生理状态，表现为竞技准备状态的恶化"（American Medical Association，1966）。因此，疲惫应该是过度训练的结果，使运动员难以完成平时标准的训练计划，并且不能保持以前的运动表现。真正疲惫的运动员在过度训练中或过度训练后的一段时间内（如两周或以上）成绩显著下降（5%或更多），而且无法通过短期内减少训练量加以改善（O'Conor，1997）。此外，疲惫还伴有困倦、淡漠、烦躁、疲劳、焦虑、困惑、睡眠障碍以及抑郁等症状。

另一种观点认为，过度训练和疲惫是一种状态，是消极训练应激的结果，而且疲惫出现在过度训练之前，两者只是程度不同罢了。持这种观点的学者（如 Cox，1998；Silva，1990）认为，过度训练是持续大量或大强度的训练使身体得不到休息，无法适应训练负荷而产生的一种心理生理状态。训练过度的人常常表现出：① 总是感到疲倦但却睡不好觉；② 不仅没有训练效果，而且成绩和表现还可能下降；③ 总是感到肌肉和关节的疼痛；④ 没有胃口；⑤ 没有或者缺乏训练动机；⑥ 总感到训练负担重等。

过度训练实质上是一种心理、生理机能的障碍，表现为运动员无法适应训练应激。电子竞技运动员也常表现出以上6种特征。疲惫是指身体首次不能适应训练应激而产生的反应。如果运动员无法"度过"疲惫并对训练应激产生积极的适应，就会体验到"过度训练"（Silva，1990）。如果电子竞技运动员持续地进行过度训练，产生训练应激及消极体验，就有可能遭受心理耗竭的折磨。心理耗竭也称身心耗竭或者崩溃，它是由于经常不能（或者完全不能，或者基本上不能）有效适应训练或比赛应激的要求而产生的一种耗竭性的心理、生理反应（Silva，1990；Smith，1986）。

如表2-1所示，心理耗竭的主要症状包括了生理和心理两方面。也有学者（smith，1986）认为，心理耗竭在心理和行为上表现为以下3方面的特征：

① 身体和情绪上的精疲力竭。表现为凡事漠不关心，没有活力，没有兴趣，也不信任别人。

② 人格解体。运动员变得没有人性，没有感情。这种对他人的消极反应，大部分是由于心理和生理上的耗竭造成的。

③ 成就感和自尊心降低，失败感和抑郁感升高。这种现象可从低工效或工作表现下降中表现出来。

运动员一旦体验到心理耗竭，那么退缩基本上是不可避免的（Weinberg 和 Gould，1999）。

表 2-1　心理耗竭的生理与心理症状（引自 Cox. 1994）

生 理 症 状	心 理 症 状
1. 安静与锻炼时心率增高	1. 心境状态紊乱
2. 安静时收缩压增高	2. 生理、精神和情绪的疲劳感增加
3. 肌肉疼痛增加和长期肌肉疲劳	3. 自尊心下降
4. 血液中的应激生化指标增高	4. 人际关系质量的消极变化
5. 对日常应激的反应延长并消极堆积	5. 失眠
6. 感冒和呼吸道疾病增加	
7. 体重减轻	
8. 最大有氧功率下降	
9. 肌糖原下降	
10. 性欲与消化功能下降	

2.2.2　过度训练和心理耗竭的识别、干预与预防

1. 过度训练与心理耗竭的识别

过度训练和心理耗竭的症状可以从运动员的身体和心理状态表现出来，因此，通过观察电子竞技运动员的外部表现，可以对它们进行初步的判断。其主要临床症状见表2-2。

因过度训练而产生的疲惫、心理耗竭是可以定量测量的。通过测量，能更准确地识别电子竞技运动员是否过度训练，进而可以为相应的干预和预防措施提供参考依据。

表 2-2　过度训练和心理耗竭的征兆和特征（引自 Weinberg 和 Gould，1999）

过 度 训 练	心 理 耗 竭
情绪淡漠	低动机或活力
昏睡	注意力不集中
失眠	失去比赛的欲望
体重下降	凡事缺乏关心
安静时心率升高	失眠
肌肉疼痛或酸痛	身心疲惫
心境改变	低自尊
安静时血压升高	情感消极
胃肠功能紊乱	心境变化
疲劳恢复的延迟	滥用药物
没有食欲	价值观和信念的变化
	情绪孤独
	焦虑升高

（1）过度训练和心境状态

过度训练可能会影响运动表现和心境状态（Mood State）。因此通过对心境状态的测量，可以间接地判断运动员是否因过度训练而疲惫。测量心境状态的常用工具是《心境状态量表》（the Proile of Mood States，POMS；McNair，Lorr 和 Doppleman，1971）。许多学者都曾使用该量表作为运动员训练和竞赛状态的监测工具（Raglin，Stager，Koceja et al，1996）。其研究成果大体上有以下两方面：

① 运动员在大运动量训练特别是训练时间过长时，心境状态的紊乱就会增加；运动负荷越大，心境状态的紊乱就会越大。

② 成功的运动员表现出理想的心境状态、高水平的精力感（vigor）和低水平的消极心境状态；过度训练的运动员表现出倒置的冰山剖面——消极的心境状态。

此外，德国学者 Kellmann 和 Guunther（2000）用《运动员恢复-应激问卷》（Recovery-Stress Questionnaire for Athletes，RESTQ-Sport）对参加 1996 年亚特兰大奥运会的德国划船运动员进行了应激和疲劳恢复状态的监测。结果表明，RESTQ-Sport 是和 POMS 同样有效的过度训练检测工具。

（2）心理耗竭的测量

目前应用比较广泛的测量心理耗竭的纸笔测验是《马斯拉克心理耗竭量表》（Maslach Burnout Inventroy，MBI；Maslach 和 Jackson，1981）。虽然它不是专为运动员编制的，但一般认为用它来测量心理耗竭还是可靠的。一些学者结合运动情境对 MBI 进行了修订，取得了一定的效果（Weinberg 和 Gould，1999）。除此之外《伊德斯运动员心理耗竭量表》（the Eades Athlete Burnout Inventory，EABI；Eades，1991）是专为运动员编制的心理耗竭量表，但这类专用量表的信度与效度还有待进一步的研究。

2. 心理耗竭的干预

研究电子竞技运动员的过度训练、疲惫和心理耗竭的目的是使运动员或锻炼者有效预防或摆脱这些问题。美国学者 Weinberg 和 Gould（1999）为此提出了以下 7 方面的建议：

1）设定比赛和练习的短期目标。设置具有诱因性质的短期目标让运动员来完成，不仅可以给运动员提供反馈使他们知道正确的方法，而且有助于提高长期的动机。短期目标的实现是一种成功，这种成功可以加强自我观念（Self-concept），而且特别重要的是，电子竞技运动员在整个赛季中，从头到尾都应该有趣味性的目标。由于电子竞技运动员的特殊性，他们大部分的时间是用在训练而不是比赛上，因此应该把有趣的目标整合在里面。例如，如果全队的训练已经很刻苦了，教练员可以说练习的目标就是为了好玩。他可以让队员参与一些娱乐局的比赛，目的在于游戏的趣味性而不在于训练。这些活动可以使运动员获得短暂的休息，而且避免了训练的单调性。

2）沟通

如果电子竞技运动员能够建设性地分析自己的心理感受并与别人沟通，心理耗竭可能就会较少发生，而且即使发生了心理耗竭，其严重程度也会小一些。应鼓励教练员、电子竞技运动员、队医等把他们自己受挫折、焦虑及失望的感受表达出来，并向同事和朋友寻求社会支持。其实，应该建立和发展社会支持的网络，以便疲惫者可以在必要时有进行疏通的路径。自我觉察、及早准备可能有助于防止心理耗竭的发生。提高电子竞技运动员的沟通能力不仅是训练自己表达的过程，更是增进战队内队员之间友谊的一个良好路径。

3）放松与休息。电子竞技运动员在面对高强度的训练时一定要适时地给自己放松和休息的机会，这不仅是电子竞技运动员自身应该做的，更是教练员应该注意的。适当的休息不仅不会拖延训练，反而可以提高下一轮训练的效果。

4）学习自我调整的技巧。电子竞技运动员可以学习一些调整自我心理的技能，如放松、表象、目标设置以及积极的自我谈话等，可以减缓训练应激，防止心理耗竭。例如，许多心理耗竭的电子竞技运动员常常牺牲家庭和个人生活，这时心理学工作者可以帮助他们设置时间管理目标，规定他们每天或者每周必须和家人在一起的时间，或者安排处理训练外个人事务的时间，这样有可能会避免心理耗竭。

5）保持正面看法。有时候，电子竞技运动员由于不能承受来自外部环境和舆论的压力，可能会导致心理耗竭。例如，某知名电子竞技运动员在 LPL 赛前被大众和媒体寄予厚望，这种殷切的希望达到了"必须赢得冠军"的地步。摆脱这种压力的办法只有一个，那就是电子竞技运动员保持积极的看法，将注意力集中在自己做得最好的地方，"我已经尽力了""我已经做得很好了"，保持积极看法的意义在于使运动员专注于自己可以控制的事物，而不为自己所无法控制的东西所牵制。为了达到这一目的，有时候可以考虑向能给自己提供社会支持的人（同事、朋友等）寻求帮助，以保持正面看法。

6）处理赛后情绪。比赛结束后，运动员可能会因为失利或者发挥不好而产生消极情绪，如痛苦、沮丧、情绪消沉、恐惧和退缩等。这些消极情绪也是导致心理耗竭的原因。为此，Henschen（1988）给教练员提出了一些建议，希望他们帮助运动员减缓赛后的压力。这些建议如下：

　　① 比赛后立即提供支持性气氛。

　　② 注意队员的情绪，而不是你自己的情绪。

　　③ 尽量在赛后与队员们在一起，而不是和收音机、电视机在一起。

　　④ 对每个队员的表现进行非情绪化的、现实的评价。

　　⑤ 和每个队员谈话，包括那些没有上场比赛的队员。

　　⑥ 队员们在赛后一起做集体活动，如赛后放松餐、游泳、打保龄球、看电影等。

　　⑦ 让队员们远离那些出于好意，但问个不停的同伴或家长。

　　⑧ 不要让队员为胜利而沾沾自喜，或为失败而沮丧难过。

　　⑨ 开始为应对下一个对手做好下一个练习。

　　7）保持良好的身体状况。身体和心理是相辅相成的，身体状况会影响心理状态，反之亦然。长期的应激会反映在身体上，因此通过控制饮食和锻炼（如图2-5）来照顾好自己的身体是非常重要的。饮食不当，体重增加或体重下降太多，不仅降低自尊心和自我价值感，也会增加心理耗竭的症状。当运动员感到自己处于高应激状态时，应特别注意保持良好的身体状况，以使自己的心理状态保持最佳。

图 2-5　电子竞技俱乐部队员参与体育运动（来源：SNG 俱乐部官方微博）

3. 运动员心理疲劳的预防

　　建立合理的生活制度是预防电子竞技运动员产生心理疲劳的基本措施之一。电子竞技运动员每天训练所产生的疲劳和消耗的能量，只有在休息过程中消除和补充，才能在下一次训练中发挥正常的功能。因此，建立合理的生活制度，科学安排训练、比赛和休息时间，对预防电子竞技运动员的心理疲劳具有积极意义。

　　训练手段的多样化是预防和调节电子竞技运动员心理疲劳的重要措施。长期单调的训练刺激是运动员产生疲劳的主要诱因，因此要对这种现象给予高度的重视，一旦发现运动员产生了心理波动，要根据其具体情况及时采取措施进行调整。一般可通过减少运动负荷、改变训练方式、变换训练环境等手段，使电子竞技运动员的不良心理状态及时得到调整和控制。另外，还要丰富和满足运动员的文化和精神需求，使其在紧张的训练比赛之余，有一个宽松的环境，以达到消除疲劳、调节身心状态的目的。

心理疲劳还与训练目标有着密切的关系。在运动训练中。电子竞技运动员的一切活动都是围绕着现实训练目标进行的，而训练目标的实现是对运动员继续训练的最好鼓励，但经长期努力仍无法实现预定训练目标时，运动员就会产生不同程度的心理挫折和焦虑情绪，这就容易使其产生心理疲劳。因此，在为运动员确定训练目标时一定要充分考虑其可行性，并在思想上端正运动员的训练目的，使其保持乐观积极的训练态度，以及建立退役运动员就业保障体系等，以免除其后顾之忧。这些是避免运动员产生挫折心理，减少其焦虑情绪，预防心理疲劳产生的有效措施。

运动训练的理论与实践证明，没有疲劳，就没有训练；同样，没有恢复，就没有提高。训练与疲劳是矛盾的对立统一，这种对立和统一矛盾的相互促进与转化，使运动训练水平不断得以发展和提高。预防和消除心理疲劳及其扩散的措施是多方面的，为了延迟或避免心理疲劳的发生或减轻心理疲劳的强度，可以采取下列措施：

1）强化动机。建立正确的训练动机，使运动员通过训练发现自身的价值和能力，克服困难挑战自我后的"成就感"，并且乐在其中。

2）合理训练。训练内容要科学化、合理化，对于量和度的掌握要适中，不宜过量以至于难以完成。动作的分散练习和集中练习兼顾并使用妥当。

3）方法设计。减少无效动作，避免无意义的重复练习，合理设计符合人体解剖结构、生理特征、力学原理和心理规律的练习方法，对于心理能量的节约，延缓疲劳的出现具有积极意义。

4）优化环境。不良的训练环境会加重心理负担，导致心理疲劳。因此，应进行环境改变，消除或减少外来干扰，使环境的氛围朝着有利训练的方向改善。

对电子竞技运动员的心理疲劳分析和解决，是提高教练员训练水平的重要方面之一，并且对提高运动成绩有着十分重要的理论价值和实践意义。

📁 思考题

1. 电子竞技运动员常见的运动损伤有哪些？当出现运动损伤后，电子竞技运动员会出现哪些心理反应？

2. 电子竞技运动员出现运动损伤后，常见的心理康复方法和技术有哪些？如何拟定心理辅导康复计划？

3. 如何识别和区分电子竞技运动员的过度训练和心理耗竭？如何对过度训练和心理耗竭进行有效预防和干预？

第3章

基础心理技能训练

概述

　　心理技能训练（Psychological Skills Training，PST）是指通过有目的、有计划的训练，使个体掌握心理调控方法、提高心理素质的过程。本章主要介绍3种基础的心理技能，分别是表象训练、模拟训练和自我暗示。表象训练的目的是利用储存在记忆中的经验，创造出自己能够组织和控制的形象，并对这些形象进行操纵；模拟训练又称模拟仿真，主要帮助电子竞技运动员提高对比赛应激情境的适应能力，在头脑中建立起合理的动力定型结构，以便使技术与战术在千变万化的比赛情况下得到正常发挥；而自我暗示可帮助电子竞技运动员学会如何减轻心理压力。

3.1 表象训练

3.1.1 一般表象训练

1. 一般表象训练的类型

（1）感觉觉察能力训练

表象训练的目的是利用储存在记忆中的经验，创造出自己能够组织和控制的形象，并对这些形象进行操纵。这就要求练习者首先能够在头脑中存储动作的体验，也就是在完成动作时要主动意识到各种感觉，并将它们加工、储存到动作记忆中。练习者能够看到、听到、触到的刺激越多，在意识中觉察得越细，存储得就会越巩固，就越可能在运动表象中清晰地体验到这些感觉。

感觉觉察练习的目的是要让练习者能够较好地意识到他们在完成动作时的所有感觉，促使他们在做动作时捕捉到动作操作过程中所出现的任何细微的感觉变化。加强在完成简单动作过程中的专注练习，如光着脚在石子路上慢走，缓慢地抬臂、放下，前后、左右倾斜身体等，对提高电子竞技运动员动作感觉的意识觉察水平非常有益。这些练习要求运动员放慢动作的节奏，将注意力专注在各种感觉上，反复多做几遍练习，使感觉觉察更细致、更清晰。

可以将专注于感觉意识练习的暗示语写下或录下来，用较慢的速度复述或播放，同时注意集中地随暗示语产生动作体验。感觉意识的养成并非一蹴而就的事，它需要练习者有意识地注意日常生活和平时训练中的各种动作体验，主动培养自己善于自我观察、勤于体验的良好习惯。

（2）表象清晰性训练

表象的清晰性是评价表象能力优劣的基本标准之一，它不仅指视觉表象的清晰，而且还包括完成动作所涉及的所有感觉的清晰性。表象清晰性练习的目的是使运动表象的鲜明生动性和真实性的程度能够得到提高。因此，练习时必须利用所有的感觉经验，尽可能生动地、真实地进行表象演练。表象的内容越逼真，体验越深刻，对实际操作的积极影响也就越大。

1）"手掌"练习。视觉清晰性的表象练习对提高大脑对事物形象回忆的准确性很有帮助。进行手掌练习时，可先注视自己的手掌，仔细观察手掌纹路的深浅、粗细、走向、交叉等特征，然后闭上眼睛进行回忆。回忆得越形象、越细致越好。经反复多次的练习之后，就不用再看手掌了，每次练习时直接闭目回忆自己手掌的纹路特点，每次都设法将各个组节清晰地回忆出来。

2）"提桶"练习。肌肉用力感的表象练习能增进大脑对肌肉收缩用力大小的真实感知。例如，想象自己正用右手提着一个空水桶，直臂慢慢将其向体侧抬至与肩同高的水平边，边抬边体验手臂用力的感觉。现在，想象有人往桶里倒水，倒了 5 公斤，水桶的重量增加了，手臂所用的力量也要增加，努力去体验手臂增加用力的感受；又倒了 5 公斤，水桶的重量又增加了，手臂的用力也再次发生了变化，努力体验用力感觉的变化。随着提桶时间的延长，手臂的疲劳感不断增加，感到水桶越来越沉重，保持水桶的水平位置所花费的力量越来越大，再次努力体验这种用力和疲劳的感觉。现在，有人将水桶从手臂上拿开，手臂立刻轻松起来，想象自己慢慢放下手臂，愉快地体验手臂上所产生的轻松感觉。

3）"冰袋"练习。受伤后敷冰袋的表象练习有助于大脑产生生动、鲜明、强烈的感受体验。例如，想象自己扭伤了脚踝，疼痛难忍，并伴有强烈的烧灼感，努力体验这种受伤后的感觉。此时，医生用冰袋敷在脚踝部，以减轻可能的肿胀。脚踝部位立即产生了丝丝凉意，疼痛感与烧灼感渐渐减轻，慢慢产生凉意感觉。随着敷冰袋的时间延长，脚踝部位越来越凉，凉得发麻，凉得发疼，渐渐地变得麻木了，失去了感觉。现在，冰疗结束，医生将冰袋拿走，脚踝逐渐恢复知觉，温暖感逐渐扩散，脚踝暖和起来，但轻微的疼痛又隐隐出现。在整个表象过程中，要努力地产生各种感受，真实地去体验它们。

（3）表象控制力训练

另一个评价表象能力优劣的标准是对表象的控制力，即变化、操纵、调节表象的能力。清晰但无法控制的表象，将会是一种障碍，它们会使运动表象无法以正确的动作流畅地进行。例如，做投篮表象时，只要一拍球就"看"到球"粘"在地板上，弹回不到自己手里，游泳选手感到两臂非常沉重，怎么也出不了水面；长跑选手则觉得终点是那么遥远，筋疲力尽的样子想抹也抹不掉。这些现象的产生都是练习者对表象缺乏控制的结果。因此，必须加强表象控制力的训练。

1）比率练习。在头脑中表象一位朋友的真实、完整形象。然后，在脑中按比例将其缩小一半，想一想他变成了什么形象；再将他缩小一半，他又变成了什么形象。之后，将他放大，放大到与真人一样。再将他按比例放大一倍，想一想他变成了什么形象；再将他放大一倍，他又变成了什么形象；然后，在头脑中将他恢复至正常的形态。

2）切块练习。先在头脑中想象出一块正方形、六面都涂有红漆的木块。然后想象将此木块均匀地切成两半，得到了两个木块，这两个木块有多少红面、多少无漆的面；再在头脑中将这两个木块均匀地切开，得到多少木块、多少红面、多少无漆的面；如再继续地将木块切开，每一次切块后，将得到多少木块、多少红面、多少无漆的面。

2. 表象训练时应注意的问题

（1）从视觉表象为主逐步过渡到动觉表象为主

教练在教授新的技术动作时，首先要进行准确的示范，运用整体示范与分解示范相结合的方法，使电子竞技运动员感知完整的动作形象。然后，应鼓励运动员自己想象教练的示范动作。首先建立起清晰的视觉表象，同时，要求运动员把视、听信息转化为身体运动的信息，体会和把握肌肉运动的感觉，并通过实际动作的练习，形成和完善运动动作的肌肉运动表象。对于掌握运动动作来说，视觉表象是运动表象的前提，而运动表象对运动动作起更重要的指导作用，也更难达到清晰、准确和可控的程度。因此，教练应把表象练习的重点放在提高运动表象的质量上。为了提高动觉表象的质量，可以让电子竞技运动员像电影慢镜头那样缓慢地做动作，采用不同操作，分别完成整体动作的各个部分，以建立分化知觉，并将其作为动觉表象的基础。

（2）利用准确简练的语言提示

在形成和完善运动表象的过程中，语言具有集中和强化的作用。在教学过程中，教练要选择明晰简练的语言说明技术动作的特点，同时要求电子竞技运动员用同样的语言记忆，并借助这种语言，提示和巩固相应的动作表象。

3.1.2　结合电子竞技的表象训练

表象的基础训练之后，就可结合运动训练中的具体技能进行表象练习了。电子竞技运动员通过观察动作示范或通过教练讲述动作技能的要点，他们能够部分地获得如何完成此技能的动作概念。但此时他们还不能形成生动的运动感知，而只有通过实际操作动作技能后才能发展出相应的运动感知。当运动员有了这一动作技能轮廓的初步概念后，他们才能从运动表象中充分获益。因此，在运动训练过程中，必须牢固树立实际的动作技能训练第一，表象训练第二的思想。前者是掌握动作技能的基础，后者只能作为动作技能训练的辅助手段，绝不能以此取代动作技能训练。对于电子竞技运动员而言，比赛的意识很重要，但是技法的训练更重要，应用表象在头脑中构建出各种方案，也需要过硬的技法把方案在赛场上真正地实行出来。

对于初学者来说，他们对动作的速度、幅度、肌肉的紧张度等缺乏必要的经验。因此，在以技术练习为主，为表象训练积累感觉经验的同时，可以让练习者着重进行最易回忆的视觉表象练习。在对肌肉运动的感觉和紧张度还记忆犹新的时候，及时进行表象训练，可以逐步提高他们的动觉表象能力，并养成进行动作表象的习惯。表象练习时间不宜过长，内容不能过于复杂，应选择持续时间短，技术结构比较简单的动作，随着表象训练水平的提高再逐步延长表象练习时间和增加表象的难度。在《王者荣耀》游戏比赛中，有一个英雄叫作鬼谷子，他的第二个技能（如图3-1所示）可以将周围的敌人拉扯到自己身边并眩晕，同时会降低敌人的防御，让队友可以有一个更好的输出环境，最终取得团战的胜利。这个英雄刚刚登场时，很多的职业选手都很怕在赛场上遇到他，特别是担任主力输出的队员。KPL最佳射手位置的队员Hurt曾说："你不能因为害怕这个英雄就永远选择在比赛中禁掉他，你应该在训练中面对他，等练习的次数多了，就会形成肌肉记忆，这样你就不会轻易地被他的二技能拉中了。"

不同运动专项的技能表象练习也可按照动作感觉觉察、表象清晰性和表象控制性的分类进行安排。教练可根据不同的动作技能、学习阶段、练习目的和不同的电子竞技运动员设计相应的表象练习方法与程序，以提高表象练习的针对性和运用表象技能提高运动技能学习的效果。

结合运动专项进行的表象练习应当根据运动技能表象脚本的内容（见表3-1）进行。首先，针对某个运动技能及具体比赛环境撰写脚本。其次，电子竞技运动员熟悉脚本内容。然

万物有灵　法术　控制

主动CD: 10秒 消耗: 80

鬼谷子召唤大量玄微子在自身周围聚集，对范围内敌人每0.5秒造成100(+15%法术加成)点法术伤害，持续2秒；2秒后玄微子集结完毕，对范围内敌人造成400(+60%法术加热)点法术伤害，同时将敌人拉扯到鬼谷子身旁并其晕眩1秒；如果该伤害命中敌方英雄，鬼谷子和范围内的队友将获得可抵免500(+100%法术加成)点伤害的护盾

图 3-1　鬼谷子第二个技能的技能介绍

后，依据脚本进行表象练习。

表 3-1　运动技能表象脚本的内容

序　号	脚 本 内 容
1	比赛中要完成的某一运动技能名称（如某一英雄的各个技能）
2	比赛环境与形势描述
3	动作技能过程（简要、准确、直现、环节清晰）
4	可能产生的情绪与自我调控暗示

每一次的运动表象练习都应包括 3 个步骤（见表 3-2）。放松是为了使练习者的精神和躯体保持一定的敏感性和控制性，为动作表象练习奠定心理背景。"活化"动员使电子竞技运动员的唤醒水平得到提高，做好产生与运动实践相近的身心体验的准备；在此基础上的表象练习，能创造出更加真实、生动的动作和情境体验。

表 3-2　单次运动表象练习的步骤

步　骤	内 　容
1	短时间的放松练习，因为精神和身体任何部位的紧张都会影响表象的清晰性
2	"活化"动员，即暗示自己全身放松，头脑清醒，注意集中，准备全神贯注地进行运动表象练习
3	在暗示语的引导下想象动作技能完成的过程和体验，进行运动表象练习

运动表象可分为内部表象和外部表象两种类型。内、外两种表象之间切换的速度和效率代表着对表象的控制能力。内部表象指个体想象自己完成动作过程中，肌肉的感觉和情绪的反应体验。外部表象则是指个体想象自己在他人的位置观看自己完成动作时产生的形象。内部表象活动时所发生的肌电活动强度要高于外部表象活动时的肌电活动强度。由此可以认为，内部表象演练更有利于提高动作技能操作水平，对促进运动技能的掌握起到更为积极的作用。然而，外部表象也有着不可忽视的重要作用。它可以帮助练习者审视技术动作的外形并找出失误的环节，为纠正错误动作提供必要的信息。战术演练和情绪的调控往往也

需要外部表象的介入。因此，应根据表象训练的不同目的和要求选择内部表象或外部表象，且能够在两种表象之间进行顺利转换。能否根据需要及时地打开和关闭某个表象则是表象控制能力的另一种表现。不能随意地启动或关闭表象的个体，表明他不可能在需要时进行表象演练。

在电子竞技的相关领域，表象训练大多用于赛后复盘的环节。赛后复盘是指队员和教练一起观看比赛视频，以更专业的角度细致分析比赛的每一个细节，其中就需要用到表象训练的相关技术。当找到比赛中某一段重要节点或者重要团战，教练或者电子竞技运动员就需要应用表象在头脑中分析，如果当时选择了其他的决策方案，例如晚进场 5 秒，某个技能放给另外的敌人，会带来什么样的效果，这样会不会赢得这场团战并最终取得这场比赛的胜利。

下面选择 2017 年《王者荣耀》职业联赛春季赛总决赛最后一局的最后一波关键团战（如图 3-2 所示），QGhappy（以下简称"QG"）战队凭借着这一波团战的胜利，依靠下路的兵线一路推掉了对手 AG 超玩会（以下简称"AG"）战队的水晶，从而获得了最终的冠军。

图 3-2　2017《王者荣耀》职业联赛春季赛决胜局 1（来源：腾讯视频）

现在站在团战失败方 AG 战队的角度进行复盘，利用表象训练的方法，探讨出本次团战失败的原因。通过左上角的小地图不难看到，QG 战队的 Alan 和 Fly 所使用的英雄曹操和露娜，已经将 AG 战队的 5 人包夹在中间。把时间倒回到 2 秒前，此时 AG 战队为了击杀 QG 战队的中单选手 Cat 所使用的英雄不知火舞，所以 5 人抱团来到中路。作为 AG 战队主力输出的打野选手梦泪所使用的英雄李元芳在击杀不知火舞的过程中受到了敌方英雄和防御塔的不少伤害，导致只剩两格血量。这里不难看出原因，李元芳太急于杀掉对面的不知火舞，冲的太靠前，与此同时 AG 战队的辅助英雄并没有能够为他挡住伤害。运动员将自己代入其中，然后利用表象训练，如果这个时候李元芳可以注意站位，没有因为情绪激动而冲得太靠前，就不会承受过多的伤害。由于李元芳的血量不多，AG 战队的 5 个人不得已只能后撤。但是由于 AG 战队的 5 个人都集中在中路，以至于丢失了野区的视野，因此他们并没有注意到自己已经被 QG 战队的曹操和露娜从左右方包围。利用表象训练，如果这个时候 AG 战队的 5 个人不选择抱团后撤的路线，能够有人注意到野区的视野，就不会被轻易包夹。最后李元芳率先被对面曹操秒杀，而后 QG 战队的英雄逐个交出控制技能，AG 战队剩余 4 人几乎一直被控，最后在中路二塔处遭遇团灭（如图 3-3 所示）。

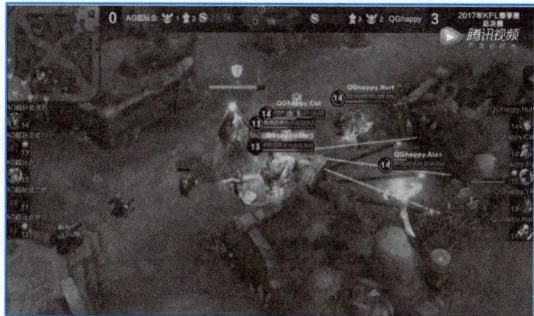

图 3-3　2017《王者荣耀》职业联赛春季赛决胜局 2（来源：腾讯视频）

表象训练的指导者应该牢固树立只有通过系统练习才能取得良好效果的观念。应将表象练习有计划地列入运动训练的日程安排，所实施的表象练习并不是一种附加的、独立的内容，而是与整个运动训练内容有机结合的一部分，并应根据电子竞技运动员的情况灵活运用。

3.2　模 拟 训 练

3.2.1　模拟训练概述

模拟训练（Simulation Training）又称模拟仿真，最早是在军事方面进行建模，然后利用仿真的技术进行模拟战局、战略、战术的方法。在实践中，模拟训练（如图 3-4 所示）对于军事作战的指挥有着很大的指导作用。具体应用到电子竞技比赛中，模拟训练是针对比赛中可能出现的情况或问题进行模拟实战的反复练习的过程，目的是适应各种比赛条件，保证技术战术在变化的情境中也能得到正常发挥。

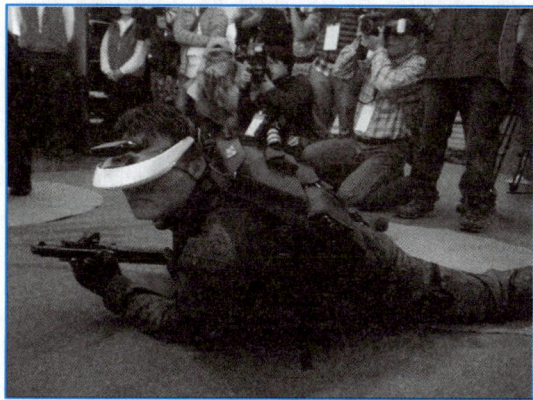

图 3-4　军事机构的仿真器（来源：央视网新闻）

模拟训练的核心思想是适应（Adaptation）。适应是指个体为自身的生存和发展，在生理机能或心理结构上产生改变以便与环境保持平衡的过程。例如，不断进行裁判错判的模拟训练，以降低对错判的过激反应，就是寻求与真实比赛情境保持平衡的过程。

模拟训练的主要作用在于提高电子竞技运动员对比赛应激情境的适应能力，在头脑中建立起合理的动力定型结构，以便使技术与战术在千变万化的赛场情况下得到正常发挥。如果不进行模拟训练，运动员对意外的超强度刺激没有做好相应的应答准备，比赛中就可能出现暂时联系的中断和自动化的消失，对这些超强度刺激产生适应不良而造成发挥失常。

模拟训练可分为实景模拟和语言、图像模拟两类。实景模拟是设置竞赛的情境和条件对运动员进行训练，包括模拟对手可能采用的技术、战术，赛场上可能出现的意外情况，比赛的天气、场地、观众的行为等。语言、图像模拟是利用语言或图像描述比赛的情境。例如，描述裁判的误判、对手的行为和自己的行动，通过电影、录像及播放录音等来显示对手的特征和比赛的气氛等，以便使运动员形成对比赛情境的先期适应。

3.2.2　可控因素的模拟训练

模拟训练所包含的内容很广，应根据比赛的实际情况和运动员本人的特点来确定。根据在比赛中能最终影响局势的因素是否受人为调控，可以将模拟训练分为可控因素的模拟训练与不可控因素的模拟训练。其中可控因素方面主要是针对对手特点的模拟。

1. 对对手特点的模拟

模拟国内外比赛对手的技术、战术特点以及他们的比赛风格、气质表现，是许多对抗性运动项目训练的常用方法。可以让队友扮演对手的各种活动，以更深入细致地了解对手的特征，演习各种有效的对策。

在电子竞技这一项目中，可在平时的模拟对抗训练中进行练习。具体方法是在对局过程中一方刻意模仿对方选手的风格，例如开局反蓝反红，中途偷龙偷塔等习惯性动作的模拟。事实上，对对手特点进行模拟的真正核心在于适应多种风格的打法与变化。这一点在《星际争霸》与《魔兽争霸》流行的时代其实更加明显，不同选手的风格区别非常明显且多变。对这一部分的模拟训练，是选手从青涩走向成熟的必经之路。

2. 对不同起点的比赛的模拟

不同起点的比赛包括领先、落后和关键点相持3种情况。例如，《英雄联盟》游戏模拟训练中可以在大龙被偷或者高地塔被推的情况下开局，以锻炼在落后情况下转败为胜的顽强意志。再如，模拟战中设置情景，模拟比赛在2:2或者3:3等赛点下开始，以锻炼在关键时沉着冷静、处理果断的品质。

以经典策略类游戏《魔兽争霸3》（如图3-5所示）为例，领先比赛的模拟可以让选手先多开1~2个金矿、英雄率先升到四级或者率先抢掉练级的大点与宝物，然后让选手开始练习，但需要注意的是，这种练习的领先水平要把控好，不要用到绝对优势的水平，这种练习的目的是让选手在领先情况下减少失误并保持优势，优势太大反而失去了练习的意义；落后比赛的模拟则是与之相反，自己在劣势情况下，如经济落后、科技跟不上，被持续骚扰与英雄等级落后的情况下，如何稳住局势，力挽狂澜，最后把比赛追平甚至赢得胜利；关键点相持的模拟除了比赛比分相持，具体到一场比赛中，往往就是局势的僵持。这种情况一般是拖到了比赛的大后期，例如科技已经升到高级，金矿被全部采空的情况下，怎样打破僵局，把局势和节奏引向对自己有利的方向。

图 3-5 《魔兽争霸 3》对战（来源：优酷视频）

对不同起点比赛进行模拟的意义在于让选手适应各种局势，并在各种顺风局或逆风局的情况下能够在第一时间进行应对。平时进行局势模拟的优势在于对局势的迅速判断与迅速决策。在紧张激烈的比赛中，往往数秒甚至不足一秒之差就决定了局势是否能够逆转甚至最终的定局；并且在实际比赛中选手们往往没有足够的时间去思考，只是凭着直觉在行动，此时如果平时对这方面有着足够的针对性训练，那么对局势反应的速度与准确率都将大幅提升，从而夺取最终的胜利。

3.2.3 不可控因素的模拟训练

在实际比赛中，有许多因素是难以控制的，如天气、裁判、观众等因素。对于这些因素，最主要的策略是对其进行适应性训练。其中，最主要的两种模拟训练是对裁判错判、误判的模拟与对观众影响的模拟。

1. 裁判错判、误判的模拟

裁判的错判、误判是比赛场上最难应付的问题之一。这种模拟可以帮助电子竞技运动员将注意力集中在可以控制的事情上，即下一步的技术、战术上，而忽略那些自己难以控制的事情，如裁判行为。

在电子竞技比赛中，最有可能出现的裁判误判情况就是在某些激烈局势下，因为网络延迟或其他原因，导致无法判断哪一方获得优势乃至输赢，在这种情况下，裁判是否误判往往决定赢家的归属或者导致是否重新开局。选手应对此有着充分的心理建设。如果判己方负，则需要及时调整心态准备下一局，不让这一局的输赢和对误判的愤怒不甘等消极情绪影响到下一盘的发挥；如果判重新开局，则需要迅速重新进入状态，不再流连上一盘对局的局势，重新开始。这种对局势的快速适应与心态调整需要在平时的训练中多加模拟，才能保证不在真实比赛过程中对误判或错判有过激反应，在真实比赛情境中保持冷静。

2. 观众影响的模拟

在传统体育竞赛中，观众的鲜明态度和立场往往通过震耳欲聋的呼喊声和激烈的表情动作表现出来，给运动员以极大的压力和干扰。在这种情况下，即便是最有经验的运动员也有可能分心或过于激动、紧张。如果在模拟比赛中组织一些观众，有意识地给运动员制造一些困难，如喝倒彩，吹口哨，为对方加油等，有助于减少运动员实际比赛时的应激反应。

而在电子竞技比赛中，因为耳机的隔离，观众喝彩等声音的影响会比较小。但考虑到电子竞技运动员大多都是16~25岁的青少年，在比赛中，尤其是在自己职业生涯的关键比赛中还是难免会紧张焦虑。以这种情况为前提，他们对场内、场外的变化是高度敏感的。这种由观众产生的影响更多的是一种心理上的来自"想象他人"的压力。事实上，观众们无论是支持或是喝倒彩都会对电子竞技运动员造成一定的心理压力，使选手分心，产生烦躁、愤怒等不良情绪。在这种氛围下，选手们极易发挥失常，产生误判、操作失误等。进行观众影响模拟的意义在于让选手们迅速适应这种线下比赛的氛围。经常可以看到，某些选手在线上比赛发挥得非常好，但是一进行线下比赛就发挥不出应有的水平，频频失误。究其原因还是在于不适应线下比赛这种成千上万人的围观，意识到自己正在被这么多人注视对他们产生了巨大的心理压力。因此，对于观众影响的模拟非常重要。

3. 心理状态调整的方法

在面对场上突发的不可控因素时，选手可采取一定的措施对自己进行调节，以平复心态，迅速回到竞技状态。

1）进行自我暗示。自我暗示是运用自我肯定和有影响力的内部语言来调节自己的需要、动机和目的，以增强自信心和稳定情绪，预防和克服自己的不良心理。例如，在比赛处于劣势或关键时刻，可以运用肯定的语言"我能行""拿下他"进行暗示，也可以用"冷静""不要正面交战"等和自己技术特点相关的语言来暗示。

2）保持情绪稳定。比赛中影响选手心理变化的有内在的和外在的因素。内在的因素有求胜心切、紧张、害怕等。外在因素也会刺激选手的情绪产生变化，像比分的变化，观众的呐喊，裁判的误判，有些对方选手会做出具有挑衅的言行来刺激对方。这些都会影响选手的情绪，这就要求运动员及时调整心态。因此，在任何的比赛情况下，选手都要保持稳定情绪，这是比赛成功的基本保证。

3）控制注意力。电子竞技运动员经常会碰到如何集中注意力的问题，选手们在比赛中经常会受到来自内部和外部的各种干扰。同时，还必须做出快速、准确的判断，在这种复杂情况下，运动员就应该排除各种杂念、感觉、声音或身体感觉等干扰，把注意力集中在现有的战场局面上，不能总在思考上一盘打得好坏，在当下保持高度注意力。只有这样，才能发挥得最好。

4）加强意志品质。意志品质是指在直观反应、判断、分析、思维的基础上为克服技术、战术、体能等一系列困难，从而实现自己既定的一种决断素质。在电子竞技比赛中，紧张、高强度的对抗在整场比赛中都会伴随着选手，在大多数比赛都是五局三胜甚至七局五胜的情况下，很多比赛都超过了2小时甚至更长，在长时间这种高压状态下，选手的身心都会出现疲劳状态，各项指标都会出现下降情况，更不要说在一些比分落后的比赛中，情况更加如此。如何克服困难是考验意志是否坚强，队员是否成熟的标志。

5）呼吸调整。呼吸调整法，是选手在比赛中消除过度紧张和焦虑情绪的重要方法之一。人的呼吸是受自身的神经所支配的，同时又受到大脑中枢的调节，在选手们过度紧张时就会引起反射性的呼吸急促、紧张、肌肉僵直等状态。呼吸调整法是运用大脑进行支配和呼吸，并且有意识地将呼吸频率放慢，降低肌肉的紧张度，将肌肉和呼吸有机地协调、统一，帮助神经系统逐渐恢复平衡，有效地提升选手们的动作稳定性，最终达到最佳状态。对此，在选手进行比赛前做深呼吸，调整自身的情绪，提升自身的信心，进一步提升选手判断与操作的质量。

3.3　自 我 暗 示

3.3.1　自我暗示训练的程序

1. 暗示训练的程序

暗示训练有如下 6 个主要步骤：

1）运动员认识到语言对情感和行为的决定作用。电子竞技运动员在非比赛阶段往往沉默寡言，会出现很少与他人进行交流的状况。RNG 战队内的 ADC 选手 UZI 在纪录片中回忆，自己在临近比赛前会沉默寡言，感到压力很大，打完训练赛也不想说话，只想休息。队友曾说自己在一场比赛中可以说 300 句话，而 UZI 往往只说 10 句话。因此让电子竞技运动员意识到语言交流对于训练的重要性也就极其重要，因为语言是作为比赛时唯一外显的一种交流方式。随着与队员们的默契度越来越高，UZI 在赛场上的话也逐渐增多起来，能够明显看出他与队友之间的交流更加通畅，并且时不时能听到他在赛场上的欢呼声。

2）确定竞技活动中经常出现的消极想法，例如：“这个英雄我算是打不好了。”前几章已经提过电子竞技运动员容易出现消极的自我观念，出现自我效能感低下的状况。

3）确定如何认识这种消极想法。当电子竞技运动员出现了消极的自我认知时，应该及时意识到自我产生了这样的念头，并调动自身机能努力尝试去改善这种消极的观念。

4）确定取代这种消极想法的积极提示语，例如：“世上无难事，只怕有心人。”有很多方法可以及时消除自身的消极观念，比如自我暗示，告诉自己能行，可以战胜眼前的困难；或者是当发现队友出现消极观念时，其他队友能够及时给予支持，那么这样就可以在极大程度上消除消极观念。RNG 队员在比赛中遇到紧张的情况时，会不断提醒自己放松心情，并且不断地进行深呼吸来缓解自己的压力。

同时还可让电子竞技运动员将步骤 3~4 的内容写在卡片上，每张卡片只涉及一个问题，有多少种主要的消极想法就填写多少张卡片。卡片正面为经常出现的消极想法，背面上方为对这种消极想法的认识，下方为对抗消极想法的积极提示语。运动员填写卡片时应注意以下几点：

① 测验和比赛时的提示语应多考虑过程性问题，少考虑结果性问题。过程性提示语的实例：去下一个草丛；再一波团战再快一点点击鼠标；尽快适应新赛季英雄的特性。结果性

提示语的实例：胜利；我们准能赢得这一场比赛。

② 步骤 3 很重要，它标志着人的整个思维方式和行为习惯的基础，应认真填写。

③ 提示语应是有针对性的、具体化的。针对性提示语的实例：固定好鼠标垫、座椅和耳机；要冷静，只有冷静才能让自己的操作减少失误；要耐心；暂时落后的补兵数量在稍后就会立马追回来。无针对性提示语的实例：遇到困难就解决困难；遭遇逆境就摆脱它。

④ 提示语应为积极词汇，不应为消极词汇。消极提示语的实例："这些观众真讨厌""这场比赛千万别输在我手上""这波团战千万别出现失误"等。积极提示语的实例："他们是在为我加油，在期待我打得更好""我有信心带领大家走向胜利""对方比我还紧张，主动权在我手里"等。

⑤ 对遇到的问题，有消极想法则改之；若无，则不要穷思竭虑，非找出一个来不可。

5）通过不断重复和定时检查，举一反三，在生活中养成对待困难的积极态度和良好习惯。如果电子竞技运动员在平时的生活中就形成了良好的生活态度并且具备了良好的心理素质，那么在处理消极心态时就会更加得心应手。因此电子竞技运动员应该树立合理的观念，那就是出现消极的情绪其实并不可怕，可怕的是明知道自己产生了消极的情绪，却不知道如何去解决它。

2. 暗示训练的具体方法

在练习阶段，首先开一个小组会议来制订和实施聪明的对话计划。聪明的对话的目的是根据目前自身的自我对话模式的质量和数量，帮助电子竞技运动员做出积极的改变。这里包含两个步骤：设计思维模式以便让对话模式尽可能积极和有效，同时使用反驳重新架构遗留的消极思维。

简单的设计意味着充分且不断地重复想法以便想法自然产生，最后成为信念。自我对话练习是一种设计积极思维的不错方法。电子竞技运动员可以使用之前所描述的过程来设计自己的练习。这是一种教练参与最少并且可以很好管理的实施过程。一开始，电子竞技运动员每天必须阅读或练习 4~5 次。当运动员表示记住自己的练习之后，开始进入自动使用阶段。

阅读或练习的黄金时间包括每天早晨的第一件事情、晚上的最后一件事情、在去听电子竞技理论课的路上、在学习的休息时间、等待约会时以及训练之前和之后。在电子竞技运动员完成了聪明的对话设计之后，他们还必须处理遗留的消极思维。

记住 3 个步骤：电子竞技运动员培养消极自我对话模式的意识，这样就可以快速发现消极思维；紧接着使用思维停止或思维改变来消除消极思维；最后，使用有效的反驳消除所有的消极思维，同时使用更具积极性和更有成效的思维取代消极思维。

1）确保定期监管自我对话模式。几周之后，电子竞技运动员可以使用自我对话记录收集几天的数据。必须及时监管积极和消极情形、情感、想法、反驳和积极的心态得分。在可能的情况下，可以使用训练视频指导第二次消极思维统计，从而刺激电子竞技运动员的回忆。正常情况下，随着训练的不断增加，电子竞技运动员可以使用聪明的对话计划来创造更加积极的心态，同时更高效地使用反驳解决仍然存在的消极思维。电子竞技运动员必须看到主要心理能力（Primary Mental Abilities，PMA）出现增长，同时消极思维的出现频率和严重性有所下降。

2）在实施阶段可以改进监管和设计。此外，电子竞技运动员可以在想象、训练和竞争情形中开始训练聪明的对话技能。

3）使用高级的自我对话监管和设计。在该阶段电子竞技运动员掌握了基本的聪明的对话技能之后，他们应该怎样做才可以持续自然地使用这些技能呢？可以鼓励电子竞技运动员坚持使用自我对话记录，但是必须在添加更多限制的情况下使用记录。如果运动员无法有效地处理消极事件，那么他或她可以使用记录描述情形，同时确定有效的反驳方式。此外，电子竞技运动员每天还可以持续监管自身的 PMA。只要 PMA 下降到 5 以下，那么就必须明确存在问题的消极情形，同时设计有效的反驳方式。类似的，当连续 3 天或者以上出现 PMA 低于 5 的情形时，就必须在接下来的 3 天里做好记录，以便确定可能导致问题的消极思维。最后，只要能够自然地持续采用积极思维，那么就可以减少阅读或展示自我对话演示的次数（例如从每天 4 次或 5 次减少到 2 次或 3 次）。

4）意象训练。鼓励电子竞技运动员记录下他们在重新架构思维模式时感觉到困难的一系列消极情形。电子竞技运动员必须在每个星期花费几分钟的时间进行几次意象训练。他们可以想象列表上最近的情形。对于每个情形，在运动员使用重新架构技能对抗错误的想法之前，他们必须认真地想象问题，同时体会对应的消极情绪。电子竞技运动员必须不断地练习重新架构思维直到情形里不再出现问题。他们可以构建应对情形的反驳方式。这些情形里专门设计了针对聪明的对话演示的问题。

5）在训练和比赛中使用聪明的对话。如果设计是有效的，那么训练和比赛中出现自我对话问题的频率会下降。问题出现时，电子竞技运动员必须尽可能快地发现、抑制和消除消极思维。此外，在时间许可的情况下，他们也可以在训练后和开始设计恰当的反驳时将这些情形添加到列表中。

3.3.2　自我暗示的注意事项

1. 训练和比赛开始之前

1）注重积极的自我认知和优点，切忌专注于消极的自我认知和不足之处。电子竞技运动员在比赛之前就需要具有积极的自我认知，对自己的优缺点有合理的认识。多对自己说一些"Nice！赞！"这类鼓励性的话语，这样才能保证在比赛开始之前，电子竞技运动员能以饱满的状态走向比赛现场。

2）注重有效的准备，切忌临阵磨枪。有效的准备包括准备好自己和准备好比赛所需要的所有物资。准备好自己是指具有良好的比赛状态；准备好物资需要教练员和电子竞技运动员自己一起合作，检查比赛的椅子、耳机、鼠标垫、鼠标、显示屏等是否出现问题，如果出现问题须要及时做出调整。

3）回顾自己之前的成功经历，切忌思考之前的失败。电子竞技运动员在比赛之前回顾自己之前的成功经历，有助于以更饱满的状态走向比赛现场，并且增强自己的信心。不过，切忌过分自满，骄兵必败。回顾自己的成功经历必须适度，所以这就对电子竞技运动员的自我认知能力产生了很大的挑战。RNG 的教练告诉队员们，在比赛中不要总是回顾前几局的失败，要清空前面几局比赛所带来的负面情绪，要强迫自己听进教练说的话。

4）注重积极的预期和目标，切忌产生不现实的预期和制定消极的目标。电子竞技运动员在比赛前可以为自己定下短期目标，即在比赛的某个时间，需要达到一定的经济实力和战斗能力，但不要定下过高的目标。

5）使用有效的反驳重新架构不合理信念，切忌不质疑不合理信念。如果在比赛之前电子竞技运动员产生了不合理信念，一定要采用合理的反驳方式对其进行反驳。例如，"我才不是拖后腿的人，我也曾带领大家走向胜利！"RNG 的队员在采访中表示，当他们在游戏开场处于劣势时，会提醒自己在游戏前期要小心点，不要着急；不要束缚住自己的手脚，放开去打游戏。

例如，RNG 的打野选手 Mlxg 在赛后接受采访的时候曾说过，从 MSI 开始，战队的教练就开始天天给自己鼓励，说自己是世界第一打野。这种方式主要给予队员一种心理暗示，从而让选手自信起来。教练这样的鼓励起到的是一种激励的作用。

2. 训练和比赛过程中

1）注重现在，而不是过去或将来，切忌在过去的错误或未来潜在的问题上踌躇不前。电子竞技运动员在比赛过程中一定要注重当下，比赛即将或者已经开始，不能将自己的注意力过多地分配在回忆过去的事情上，尤其是过去的失败；否则，将严重影响电子竞技运动员的比赛状态。

2）注重过程，而不是结果，同时使用有效的提示词，切忌过多地考虑结果。比赛的结果固然重要，但是电子竞技运动员的职业生涯不应该仅仅只关注结果。比赛有输就有赢，只关注结果的比赛无法体现良好的体育精神。在比赛过程中，很多电子竞技运动员都成了好朋友。

3）将情形评估为挑战，保持积极的预期和目标，切忌将情形评估为威胁。每一场电子竞技比赛对运动员来说都是一场挑战，而不是威胁。当运动员将比赛定义为威胁时，他们的认知、情绪都将受到不同程度的影响，以致影响动机水平。而不同的动机水平将直接影响电子竞技运动员的比赛结果。

4）重新架构思维模式，同时使用有效的问题解决策略，切忌采取有害的重新架构或者非系统的问题解决方式。电子竞技运动员要对自己产生的消极思维有合理认知并形成自己的解决方案，以积极的态度去面对。例如在激烈的比赛中，有时队员找不到手感，一时失去信心，教练可以明确公开地表示信任自己的队员，给予他们上场机会，唤回队员的手感和信心。这样的举动会在让比赛中的队员感觉到自己是被信任的，是被需要的，从而正常甚至超常发挥。

3. 训练和比赛结束之后

1）将成功归功于诸如努力、心理准备等内部且可控的因素，可以提高能力感，切忌归结于外部因素或者将失败归结于可能降低能力感的稳定的内部因素。电子竞技运动员对于每一场比赛进行事后分析时，应该多做内部归因，发现自己的不足，提高自己对于比赛的可控感。

2）设置积极的未来预期和目标，采取行动完成和实现预期与目标，切忌产生消极的预期和制定消极的目标。一场比赛结束后，运动员应及时分析每一场比赛并且展望未来，对下一场比赛充满期待并且积极认真地对之做出准备。

例如，2017 年 4 月 9 日，LPL 迎来了 3 年来最令人期待的比赛——两个全华班的对决：OMG 战队对 RNG 战队，其中 RNG 战队以 0:2 的战绩遗憾落败。RNG 战队此前的春季赛表现一直很不错，算上这次失败，目前的战绩依旧为 12 胜 3 负。这个赛季 RNG 战队一开始就很强势，但似乎鲜有突破。换句话说，他们给人的感觉似乎是原地踏步。造成这种局面的因素有很多，但一直赢，太过自信也许是其中较大的原因之一。对此 RNG 战队的教练也发表了对这次比赛失败的看法。赛后的休息室里，面对略显低落的队员，教练说了这样一番话："感谢 OMG 战队，让我们发现了自己的缺点，如果这些缺点暴露在季后赛，会更加危险。从现在开始改进，只会让我们变得更强。大家不要自责，理性讨论，理性总结。一起加油！RNG 战队会继续努力，这是我们的承诺。"

📁 思考题

1. 请选择一场最熟悉的比赛进行赛后复盘，并谈谈该如何与心理学结合进行表象训练。

2. 请结合本章内容，模拟出比赛顺风、逆风、僵持的 3 种情况，并简述接下来的比赛应该如何进行。

3. 请简述自我暗示的注意事项。

第 4 章

电子竞技比赛前的心理状态及准备

概述

　　本章共分为两节，讲述电子竞技比赛前的心理状态，以及如何在赛前进行适当的调整，以使电子竞技运动员发挥出最佳状态。第 4.1 节具体分析了电子竞技运动员在赛前的 4 种典型心理状态，以及相关心理状态的影响因素。影响因素既包括比赛重要性等环境因素，又包括特质焦虑、自尊等个体因素。第 4.2 节用了较大篇幅，从多个角度来介绍电子竞技比赛前的心理状态和准备方式，包括什么是目标训练，如何有针对性地对个人和团队进行有效的目标设置；什么是赛前注意转移，进行注意转移的合理方法；如何依据电子竞技运动员的不同需求和归因等对其进行因人而异的动机培养与激发；如何培养个人和团队的自信心，并将其运用于比赛中；应对应激即意外状况的方式；放松训练和激励训练的主要策略。

4.1 赛前心理状态

赛前心理状态是指电子竞技运动员在比赛前产生的不同的情绪状态。这些情绪状态有不同表现，也会对比赛产生不同方面的影响。本节着重介绍4种赛前心理状态：赛前过分激动状态、赛前淡漠状态、赛前盲目自信状态和赛前最佳心理状态。其中，前3种会对电子竞技运动员的比赛产生消极影响，最后一种状态则会对运动员的比赛产生积极作用。

4.1.1 典型心理状态

运动员参赛前表现出的不同情绪状态可使他们身体机能发生某些条件反射性变化，包括中枢神经兴奋水平的变化，物质代谢过程、脉搏、呼吸、血压、体温及汗腺、血糖水平等的变化。这一系列变化是由于运动员赛前对竞赛性质、意义、价值、目标和对手等的不同认识而产生的情绪体验，会对竞赛产生重要的影响。在赛前，运动员通常会有4种典型的心理状态（全国体育学院教材委员会，2005）。

1. 赛前过分激动状态

赛前过分激动状态下的电子竞技运动员，常见表现有呼吸急促、心跳快、情绪强烈紧张、四肢发颤、心神不定。电子竞技运动员处于赛前过分激动状态，往往对自身的行动没有很好的控制感，知觉和表象不连贯，注意失调，记忆力混乱，经常忘记一些重要因素，动作失调，行为无序。从生理角度分析，赛前过分激动状态主要是由于刺激物引起的运动员大脑皮层抑制过程减弱，兴奋过程过度升高，所以大脑皮层对皮下中枢和植物性神经系统的调节作用也就相应减弱，从而导致了过分激动状态。

从产生的原因分析，赛前过分激动状态与运动员的训练水平、比赛经验、意志品质、动机性质及个性特点等有密切关系。赛前过分激动状态一般出现在新电子竞技运动员身上，因为缺乏大赛经验，再加上比赛场上的高压状态及上千观众的欢呼，比赛中的突发情况都会影响着其发挥。在这种情况下，新电子竞技运动员首先要接受自己的生理和心理上的过分激动的反应，这是非常正常的反应，每一位电子竞技选手都要经历这样一个过程。然后就需要用到本书第3章表象训练中所写到的方法，电子竞技运动员可以在上场前在头脑中模拟比赛中的情景以及可能发生的种种状况，再运用放松技巧调节自己的状态，让自己可以尽快地适应这样的大赛环境。最后，教练、心理辅导师要更加关注这些新电子竞技选手，时刻注意他们的生理和心理状态，帮助他们进行调整，以更好地应对比赛。

2. 赛前淡漠状态

赛前淡漠状态与电子竞技运动员大脑皮层兴奋过程下降、抑制过程加强有关。这时运动员全身软弱无力，意志消沉，萎靡不振，情绪低落，心理过程进行缓慢，信心缺乏，体力下降，知觉和注意强度减弱，反应迟缓，甚至设法逃避比赛。

赛前淡漠状态产生的原因往往与运动员的无力感和疲劳感有关，这种感觉可能是由于过度训练，缺乏休息，也可能是出于对比赛的失利状况设想过多，却无法解决。

克服赛前淡漠状态的方法有：在比赛前给予电子竞技运动员一定的休息时间，使其得到一定的放松机会；另外，心理辅导师和教练应当及时察觉到这种状况，及时对运动员采取激励措施，鼓舞其斗志。

如果电子竞技运动员在赛前就处于淡漠的比赛状态，那么比赛就会失去意义，对于其他努力的同队队员也是不公平的。因此，运动员应该及时调整自己的状态，千万不能让自己陷入淡漠的比赛状态，失去求胜欲和自信心。战队的经理、教练、心理辅导师等也应该及时地激励队员，特别是在队伍成绩不太好，或者某些队员的竞技状态有明显下滑的时候，让队伍保持住求胜欲和自信心，以达到最好的竞技状态。

3. 赛前盲目自信状态

处于赛前盲目自信状态的电子竞技运动员，往往会低估比赛的复杂度和困难度，也会低估对手的实力，过高估计自己或本队的实力，相信自己能轻而易举地获得成功。特别是当电子竞技运动员在比赛中遇到成绩和实力远在自己队伍之下的对手，特别容易轻敌。在这种轻敌思想的支配下，运动员和教练容易不认真分析和研究比赛对策，对面临的困难和挑战盲目自信和乐观。表现在心理过程方面，知觉迟缓、思维迟钝，注意强度下降，对比赛准备不够，因此赛前盲目自信状态，会对运动潜能发挥造成不良的影响。特别容易出现爆冷的结果，成绩和实力不佳的队伍最终战胜了强敌，这在电子竞技比赛中也经常出现。

克服赛前盲目自信状态的方法是，教练员和运动员应当共同正视比赛，一起对比赛双方的优势和劣势进行具体和详细的分析，充分估计困难，特别是对本队和自己的竞技水平应有准确的认识，对对手的能力也应有正确的估计，要实事求是地恰当分析，既要敢于取胜，又不盲目乐观。切忌出现轻敌心理，每一支能够参加大赛的队伍实力都很强劲，要认真对待每一场比赛和每一个对手。

4. 赛前最佳心理状态

电子竞技运动员的赛前最佳心理状态表现在对面临的比赛任务有清楚的理解，对自己的竞技实力充满信心，又不过度乐观，有全力以赴参加比赛和夺取胜利的期望。处于这种情绪状态的电子竞技运动员，注意力集中，感知觉敏锐，情绪饱满，精力充沛，全身放松，心理平静，无焦虑情绪，具有良好的控制力等。从神经活动特点看，赛前最佳心理状态是由于运动员大脑皮层具有与比赛任务相适应的神经兴奋过程，有适宜的平衡性与灵活性，有相应的抑制过程使之平衡的结果。图 4-1 所示为常用的心理咨询室。

赛前过分激动状态、盲目自信状态和淡漠状态都会对电子竞技运动员的比赛产生不好的影响。如果运动员出现了这 3 种状态，教练和心理辅导师应当及时发现，多加引导和鼓励，寻求相应的解决方案，促使电子竞技运动员发挥自己的最佳状态。

赛前的心理状态对于比赛的胜负有着巨大的影响。太多案例表明，队员和队伍并非没有实力，而是在比赛前心态出现了巨大的问题，出现盲目自信或者淡漠的心理状态，导致其最终没能够发挥出真正的竞技实力。俱乐部的心理辅导老师要重点调整队员和队伍的赛前心理状态，让队员们可以达到赛前最佳的心理状态去迎接比赛。RNG 战队在 2018 年上半年已经

图 4-1　常见的心理辅导室

赢得了 LPL（英雄联盟职业联赛）春季赛和 MSI（英雄联盟全球季中冠军赛）两座冠军奖杯，赛后队员们接受采访时都有说到，今年队伍请来了中国女篮国家队的专业心理辅导老师，全程跟随队伍比赛和训练，让队员的心理状态，特别是在赛前的心理状态调整到了一个最佳的水平。

4.1.2　相关心理状态的影响因素

在体育运动情境中，对运动表现影响更大、更为直接的当属状态焦虑，而影响状态焦虑的原因包括对自身缺乏信心、担心在比赛中发挥不好、与其他队员有各种方面的不协调、对比赛的困难程度估计过高等。综合分析多种多样的影响因素，一般可以将它们划分为环境因素与个体因素两大类。

1. 环境因素

（1）比赛的重要程度

通常，比赛的规模越大，对于电子竞技运动员来说就越重要，所引起的运动员赛前状态焦虑水平也就会越高。此外，主场与客场、预赛和决赛、积分和排名、网络舆论、观众的态度、媒体的报道等，也都直接或间接地影响着运动员对比赛重要性的主观评价。有时，看似规模很小的竞技活动，对某些人来说因为特定的原因，也可能成为一项非常重要的活动。例如，决定首发阵容名单的测验赛，有重要人物在场的表演赛，为出席重大竞技活动而组织的队内选拔赛等。

（2）比赛结果的不可预测性

从胜负的角度来看，竞赛结果的不可预测性，既是电子竞技运动的一个重要特征，也是其主要魅力之所在，而且面对这种不可预测的结果，人们往往束手无策。例如，按照抽签结果两个实力相当的电子竞技战队必须进行一场殊死搏斗，这种对于比赛结果不可预测的进程谁都无法改变。双方队员都有可能陷入过高的唤醒水平，也就是焦虑的境地。所以，不可预测的比赛结果是产生赛前状态焦虑的重要环境因素。比赛结果的不确定性越大，给电子竞技运动员带来的赛前状态焦虑水平升高的可能性就越大。

2. 个体因素

在体育运动情境中，电子竞技运动员对于比赛的难易程度、自身的高低水平和结果不确定性的感受是不同的。个体之间在这些方面的差异会导致变化的方向和强度发生相应的改变。美国学者斯坎伦（1986）认为，与升高状态焦虑水平有关的个性特征方面的因素有两种，即高特质焦虑和低自尊。

（1）特质焦虑

特质焦虑作为一种个性因素，在一定程度上左右着人们将竞争和社会评价看作具有威胁性还是不具威胁性。相对于低特质焦虑的个体，高特质焦虑的人倾向于对比赛结果的不确定性更为敏感，认为竞争具有更大的潜在威胁，更容易产生焦虑水平的急速升高。即使是经验丰富的电子竞技运动员在面对重要比赛的时候特别容易焦虑紧张，一些有着多年比赛经验的老电子竞技运动员，都会在比赛前有特质焦虑的表现（如图 4-2 所示），比如频繁擦汗、烦躁不安等。

图 4-2　焦虑状态

（2）自尊

自尊也与对威胁状况的知觉和产生相对应的状态焦虑变化有关。与自尊水平相对较高的运动员相比，自尊水平低的运动员往往有着更低的自信、较少的经验和更高的状态焦虑。因此，通过有效的途径提升运动员的自信，对于降低运动员的状态焦虑具有十分重要的意义。最后，注重个人因素与环境因素的交互作用，会比只注重个别因素更能预测赛前状态焦虑。图 4-3 所示为赛前状态焦虑因素图。

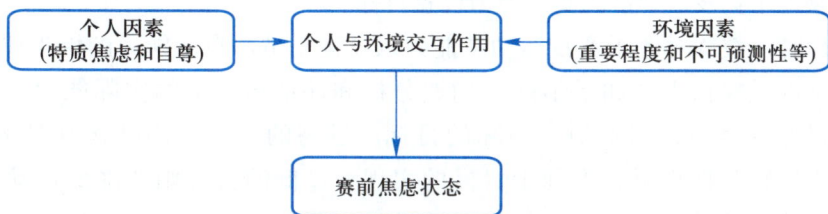

图 4-3　赛前状态焦虑因素图

如果能熟悉状态焦虑升高时的一些迹象或症状，就能更加精确地判断一个人的焦虑水平：尿频；大量流汗；发冷，手心发汗；负面的自我暗示；眼神呆滞；胃部不适；感到恶心；头痛；口干舌燥；不断地生病失眠；无法专注；只有在非竞赛情境表现较佳；肌肉僵硬。虽然没有特定数目或组合的症状能描述出状态焦虑的特质，但是那些经历过高状态焦虑的人经常会出现许多上述的症状，而最关键的是能看出这些症状在焦虑和非焦虑情境间的变化情形。

4.2 赛前心理准备

本节主要是从 6 个方面展开讲解赛前心理准备：第一，如何对个人和团队进行有针对性的目标设置；第二，进行赛前注意力转移的方法和例证；第三，如何因人而异地进行动机的培养和激发；第四，培养个人和团队自信心的方式；第五，应对应激的方法；第六，放松训练和激励训练的具体方式和策略。

4.2.1 目标设置训练

1. 何谓目标设置

目标设置理论是美国马里兰大学管理学兼心理学教授洛克于 1968 年提出来的。目标设置理论主要基于"有意识的目标影响人的行为"（杨秀君，2004）这一假设。目标设置理论认为，目标本身具有激励作用，目标能把人的需要转化成动机，使人们的行为朝向一个方向努力，并将自己行为的结果与既定的目标相对照，及时进行更正和调整，从而能实现目标（张美兰，1999）。在电子竞技运动中目标设置是指根据运动员的操作能力和思维水平，确定一定时间内所要完成的训练目标，以及完成目标所要采用的步骤、方法以及时间安排（许鹏飞，2018）。

2. 电子竞技运动中有效个人目标设置的方法

在电子竞技运动中，合理的个人目标设置能够将运动员的注意和行为指向电子竞技训练任务上；能够激发运动员的学习动机并激发其能量，提高其运动表现；能够让运动员长时间地坚持参与练习；能够使运动员为完成训练目标而主动地设计、执行最适合的实现目标的策略和手段。在设置有效目标时要遵循以下原则：

（1）根据电子竞技运动员的实际能力设置目标

设置目标时，教练对电子竞技运动员能力以及运动员对自己能力的恰当评价与判断是设置成功目标的重要依据。如果不能正确地分析和评估运动员的实际能力，就有可能制定出过高或过低的目标，即不切合实际的目标。过高的目标会高估运动员的实际能力，易使其产生畏惧感和挫折感，不利于目标的实现；过低的目标则会降低运动员的运动动机，不能激发他们的挑战愿望，容易使运动员的实际能力得不到充分发展。因此，设置目标时，应认真分析和评价电子竞技运动员现实的体能水平、运动技能水平以及心理素质，设置出合理的目标。

原 IG 电子竞技俱乐部《守望先锋》项目的教练曾提到，在了解了队伍的情况并清晰定位以后，要开始制订一套有针对性的训练计划，因为一份合理、完善的训练方案可以让队伍走向正轨，形成良性循环。这个训练计划要同时包括选手的和教练自身的计划。

在电子竞技训练中，教练员和运动员应当一起制定目标，这不仅可以尊重运动员的个人意志，促进教练员与运动员之间的相互交流和沟通，还有助于运动员提高责任感和积极性，充分发挥自身的创造性。在教学过程中，教练员应努力创造一种民主的氛围，让运动员参与到目标的制定中。例如，在对 AD 选手进行集训时，教练员让每个电子竞技运动员报出自己目前每局比赛的最高伤害，将水平相同的人分在一组，后面，教练员与各组运动员分别制定出各组努力达到的最高伤害。这样做，既体现了电子竞技运动员的个人意愿，使其感受到自己的责任感，又充分考虑到了他们之间的个体差异，有利于激发其动机。

（2）设置明确、具体、可测量且容易观察的目标

具体、明确、可测量且容易观察的目标是可以用语言加以描述和文字加以记录的目标，即可以用次数、米数、秒数等可测定的量来确定的数字目标。例如，一名电子竞技运动员想要提高自己补兵的数量，目前他每分钟的补兵数为 7，他要求自己经一个月的训练后补兵数可以达到每分钟 8~9 个，这就是一个具体而明确的目标。如果教练向这名运动员提出"再补多一些兵""再努力些"等目标，这样的目标就是模糊笼统的目标。

明确的目标可以使电子竞技运动员更清楚自己要做什么、怎样做，以及付出多大的努力才能达到目标。设置具体明确的目标有助于引导电子竞技运动员形成明确而有效的追求成功的行为，而且还有助于对目标进行评价，有助于定量化地检验是否达到了目标，尤其是对于运动动机和技能水平较低的选手，设置明晰的目标更加重要；相反，"再跑快点""尽最大努力"等这些笼统、模糊的目标就如同没有目标，不利于引导运动员的行为和对学生进行合理的评价。因此，在体育教学中，应尽量引导、帮助学生设置明确的目标。许多研究表明，设置具体的、可测量的目标会比仅仅设置一般性的目标（如"尽最大努力"）产生更大的动机推动作用并导致更好的成绩（马启伟等，1998）。

例如，俄罗斯的 lollipop21k 在 20 岁那年，放弃了自己的大学学业，投身于电子竞技事业，和一群志同道合的朋友成立公司，组建了《CS：GO》战队 Goodjob。这背后少不了 lollipop21k 的不懈努力与汗水。为了确保自己每天都在进步，他为自己设定下了具体明确的目标，每天都要进行 10~12 小时的训练，2 年职业生涯，他花在训练上的时间足足 8000 小时。这样的付出，使他赢得了不少粉丝，还让他成为了电子竞技评论员。

（3）设置既有挑战性又有可实现性的目标

一个好的目标应该既有一定的难度，又是可实现的。目标最好是电子竞技运动员需要经过较大努力才能达到的水平。只有这样的目标才具有挑战性，才能够激发运动员的运动动机。如果目标太容易完成，运动员就体验不到挑战性，无法激发学习和锻炼的动机。相反，如果目标太难，电子竞技运动员反复努力后仍达不到这一目标，就会产生无力感，怀疑自己的能力，降低动机水平，甚至放弃努力（如图 4-4 所示）。这就要求教练在设置目标时，既要掌握电子竞技运动员

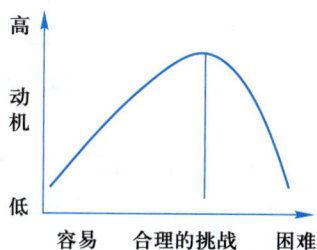

图 4-4 动机与目标的
关系曲线图

的动机与目标难度，还要了解每个电子竞技运动员的实际能力和运动员对自己能力的自我评价。因为面对同一目标，教练认为按运动员的实际能力应该能够达到，但运动员自己认为达不到，那么这个目标对他来说是不合适的目标。因此，为了保证目标既有困难又有可能实现，可将电子竞技运动员最近的能力水平作为参考，并在必要时修正目标以适应情况的变化。

（4）设置长期与短期相结合的目标

一般而言，短期目标比长期目标有效，对人的行动最容易产生立即见效的推动作用，但必须有长期目标的引导，行动才能更加自愿和锲而不舍。因此，在给电子竞技运动员设置目标时，应将长期目标与短期目标相结合，并将长期目标划分为一个个短期的子目标，当子目标被一一实现后，就会自然加大长期目标实现的可能性。

长期目标与短期目标结合最理想的是使用"阶梯形"目标设置。其具体步骤是：确定运动员经过努力奋斗和所能达到的最终目标；确定目前运动员完成该项运动的基础水平或一般水平表现；确定几个指向于实现最终目标并且难度逐步加大的目标。例如，在《英雄联盟》游戏的补兵训练过程中，一个电子竞技运动员基础补兵的命中率是30%，教练向该选手提出在训练赛结束达到80%命中率的终极目标。刚开始，选手认为这一目标很难实现，有知难而退的心理。这时，教练员要帮助该选手将这一终极目标分解成阶段性、分层级的子目标，最低一级的目标依据选手当前个人能力而定。该选手的当前水平是30%的命中率，那么，子目标一为提高10%，达到40%的命中率；子目标二为提高20%，达到50%的命中率；子目标三为提高30%，达到60%的命中率；子目标四为提高40%，达到70%的命中率；子目标五为提高50%，从而达到终极的目标——80%的命中率，如图4-5所示。

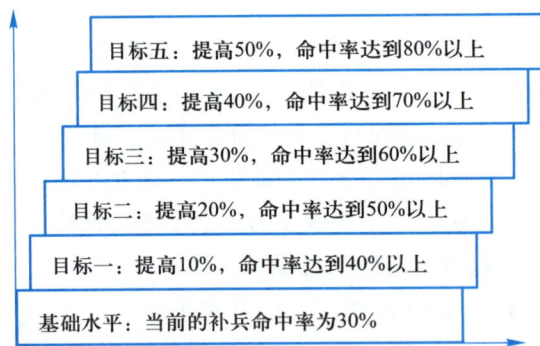

图4-5 《英雄联盟》游戏补兵"阶梯形"目标的方法

在实现目标的过程中，教练员要时刻观察电子竞技运动员实现目标的过程和行为表现，若发现其达到下一个目标有困难时，应从两个方面来分析：一个可能是子目标间的阶梯设置过高，超出了其现有的能力水平，此时可以把"阶梯目标"分解成两个或更多的阶梯；另一个可能是其没有得到恰当的指导，不清楚如何去完成下一个阶梯目标或克服阻碍达到下一个阶梯目标所需要的技能，这就需要教练员协助其掌握这个技能。

（5）既要设置目标又要提供反馈

对设置的目标提供反馈，有助于电子竞技运动员了解在向目标前进道路上的活动情况，并做出及时的改正和协调。因此，在赛前练习中，根据运动员的实际情况设置恰当有效的目标并及时提供反馈信息，能够激发其体育学习的潜能，促进其更好地掌握运动技能，提高锻炼效果。另外，教练员应该对电子竞技运动员进行积极的反馈，并指出其今后努力提高与改进的方向。

如图 4-6 所示，在对比了仅有目标设置组、仅有信息反馈组和目标设置与信息反馈组可知，目标设置组和信息反馈组的表现改进百分比显著高于控制组，目标设置与信息反馈组的表现改进百分比显著高于目标设置组和信息反馈组。

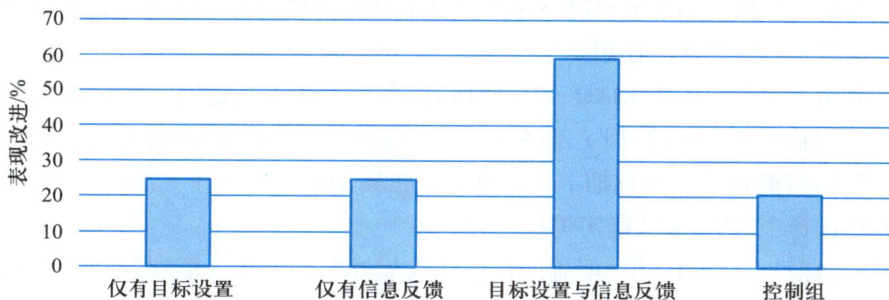

图 4-6　目标设置结合信息反馈对表现改进的效果

（6）应尽量设置技术动作完成目标，而不是结果目标

技术动作完成目标是指电子竞技运动员要完成的技术动作的标准（如比赛时，手指摆放在键盘的最佳位置上），而结果目标是指运动员将注意力集中于最终是否能够获胜上（如在比赛中要攻击敌人的水晶，获得胜利）。在比赛中要击败对手这种结果目标，只有部分处于我们自己的控制之中，实现这个目标还取决于对手的表现，以及个人能力控制范围以外因素的影响，如设备、场地、气候以及观众等。由此可见，对于技术动作的控制要优于对比赛结果的控制。

另外，当电子竞技运动员建立了结果目标后，会把注意力聚焦于如何获胜上，就会减少对技术动作的注意，不利于技术型动作的完成。况且结果目标是不容易调节的，如果不能取胜，运动员就会产生挫折感，对自己的能力产生怀疑。相反，技术完成目标是可以调节的。例如，在《DOTA 2》游戏中，会对电子竞技运动员的拉野次数进行统计。那么运动员在初期进行训练时，在一盘游戏中拉野的次数为 8 次，如果这一目标未达到，那么就可以将目标调整为 6 次，这样的目标设置不会对自己的心理产生消极影响。事实上，技术动作完成目标更加有利于引导运动员将注意力集中在需要练习的任务上，运动员也会更有自信，焦虑水平也会更低，技术动作完成得也就更好。所以，教练员应该引导电子竞技运动员尽量设置技术动作完成目标，而不是结果目标。

3. 电子竞技运动中有效团队目标设置的方法

团队目标是一个团队期望达到的结果，也是团队行动的目标。它运用团队成员的才能和能力，促进组织的发展，使团队成员有一种成就感。

（1）团队目标的功能

1）团队目标具有凝聚作用。在电子竞技比赛中，当队员在心里形成强烈、明确的目标后，那么在这个目标的指引下，团队中所有人的注意力就会集中在比赛中。

比如在《英雄联盟》游戏中，各支战队的团队目标就是赢得《英雄联盟》国际电子竞技赛事的世界冠军，并且各支战队也在为此不懈努力。

2）团队目标具有导向作用。目标不仅仅是一个结果，更重要的是它也规定了实现这个目标的方法、措施和步骤。例如，在一场比赛中，目标就是要赢取这场比赛，按照这样的目标，团队成员会制定相应的策略，如在失利的时候如何打比赛，在有优势的时候采用什么样的方法进行比赛；在僵持不下的情况下采用什么方法打开僵局等。因此，目标对于团队所采取的方法和策略具有导向性的作用。

例如，韩国电子竞技战队 KING-ZONE DragonX（简称 KZ 战队）在对战皇族电子竞技俱乐部（以下简称 RNG 战队）时，准备了充分的战术，如刻意准备的男枪、塔姆反野，针对 MLXG（RNG 打野选手）的前期节奏，这就是很典型的一个例子，面对着充分准备的 KZ 战队，在那场比赛中 RNG 战队确实稍显劣势。

3）团队目标具有激励作用。明确的目标使人能够看到前景，能够起到鼓舞人心、振奋精神的作用；制定的目标本身应具有一定的挑战性，这种挑战性可以激发人的积极性和创造性；当团队目标实现后，团队成员会在心理上产生一种满足感和自豪感，激励每一名团队成员以更大的热情和信心去承担更重要的任务。另外，团队目标也是评价团队各项工作成绩好坏、质量高低的尺度。

RNG 教练在 2018 年 5 月的季中冠军赛之后接受采访时表示："说实话，我真的很想选择 KZ 战队作为对手。但也希望我们能在最后的决赛中等待他们。毕竟，小组第一对 RNG 战队来说有很多艰苦的工作，所以在四强中选择一个更好的对手是很自然的，至少要保持更好的结果。"教练员为团队选择了不同的对手，也就意味着要制定更加详细的目标来进行战术布置。

（2）团队目标设置的阶段

团队目标的设置方法一般可分为计划、执行、检查 3 个阶段。

1）计划阶段。计划阶段包括目标确定环节和目标分解环节。

① 目标确定环节。在组建运动团队时，不仅团队的教练要对团队上一个阶段的总体状况进行总结，团队中的每一个成员也要对团队上一个阶段的总体状况进行总结。总结主要包括以下方面：上一个阶段所制定的团队目标及个人目标的达成情况；竞争对手的情况反馈；该运动项目的总体发展情况等。其中重点需要总结的是上一个阶段本团队取得的主要成绩和存在的主要问题，初步确定这一个阶段的主要任务及工作重点。

目标确定环节要注意以下几点：

第一，由谁来确定团队目标非常重要。对于团队来说，目标的确定需要有几方面的成员，首先是团队中的教师、教练必须参加；其次是团队的核心成员或团队的全体成员也要在场。

第二，团队的目标必须跟团队所要达到的目的相联系。目标是朝向目的的，它是达到目的的阶梯。所以团队的目标必须跟团队所要达到的目的相联系。例如，目的是获得荣誉及奖金，那么最后的目标就可以设定为获得冠军。

第三，采用一定的程序来随时调整或修正目标。有时候最初定下来的目标不一定就能适合现实情况，所以还需要根据监督、检查的情况，随时纠正目标的偏向，把目标引导到正确的道路上来。例如，当电子竞技比赛中发现原有的战术打法不合适时，必须适时地调整团队战术。

第四，注意将个人目标和团队目标结合起来。个人的目标来自于团队的目标，而且对于团队的目标起支持性的作用。这就要求俱乐部内部成员之间的密切联系达到心意相通的团队状态，所有电子竞技运动员都在为团队的利益而努力奋斗。

第五，及时传达团队目标：在目标确定后，必须有效地把目标传达给所有的团队成员及相关者。这些相关的人可能是团队外部的成员以及对团队负责的上级部门等。

② 目标分解环节。分解的过程就是按照"SMART"原则制定团队目标的过程。"SMART"原则是英文当中 5 个英文的第一个字母，把它们组合在一起称为"SMART"。

"S"表示 Specific，即明确性，在制定团队目标的时候，首先必须要做到清楚、明确、具体。在《英雄联盟》游戏比赛中，"抓爆下路"是一个常用的词汇，意识是针对对方的下路选手进行攻击，干扰对方下路的发育。如果指定这样的团队目标，上路、中路和打野的选手可以在赛场上不断配合下路选手达到这一目的。

"M"表示 Measurable，即衡量性。目标的设置一定要是可以衡量的，例如在《英雄联盟》游戏比赛中，击杀小兵可以获得一定的金币，可用来购买装备，可以以金币的数量来衡量一个选手的发育情况。

"A"表示 Acceptable，即可接受性。也就是说，目标确定以后使团队成员可以接受，也愿意接受。例如在针对对方下路进行战术制定时，并非一味地帮助下路进行发育和压制敌方，在进行这一战术的同时不能大幅度地干扰己方队友的发育，而一定要注重团队的整体利益。

"R"表示 Realistic，即实际性。也就是说，这个目标制定出来之后应是现实的、可行的、可操作的。所以设定的目标一定是可操作的，而不是虚无缥缈的，例如击杀对方的某个英雄或是清除对方防区的所有野怪。

"T"表示 Timed，即时限性，也就是有时间限制的。目标的完成一定要有一定的时间设置。例如在《英雄联盟》游戏中，20 分钟以内 AD 选手必须能够以游戏中的金币购买一把"无尽之刃"的武器装备。如果目标的设置没有时间限制，那么目标也就没有了意义。

如果一个目标能够符合"SMART"原则，那么它就是一个好的目标。当一个目标制定完毕，接下来就是将其转化为详细的工作计划，转化时一般要注意以下几点：

第一，确定目前的情况以及所要达到的目的。

第二，为了达到这个目的，确定需要采取的行动步骤。

第三，将责任分配到每一个团队成员身上。

第四，要规定完成这个目标的开始时间和结束时间。

第五，确定完成这些目标所需要的人力、物力资源，如需要提供什么样的训练条件和需要哪方面的支持等。

第六，要注意跟踪反馈，即对于这些目标什么时间去追踪检查一次，由谁来追踪检查，由谁来检查验收目标是否实现，这些都是在将目标转化成计划时需要注意的问题。

2）执行阶段。当每一个团队成员都有了具体的、定量的目标后，他们就会自觉地、努力地实现这些目标，并对照目标进行自我检查、自我控制和自我管理。通过监督、反馈来完善控制系统，保证目标的执行。在目标执行环节需要注意以下几点：

① 利用团队目标实现团队成员的自我控制与自我管理。利用目标来规范团队成员的行为，其最大优点是使得团队成员改变在别人的控制下才能工作的习惯，而更多地选择采用自我控制的方法进行工作。自我控制表达了团队成员是自我要求做得更好而不是敷衍了事的愿望。在目标执行的过程中，最重要的一个要素是将团队成员实现目标的进展情况不断地反馈给个人。团队每天都将队员的目标完成情况公布出来，必要时还要进行一定的排序，并将这些结果反馈给每个成员，以激励优秀者，敦促落后者。电子竞技运动员也要经常分析个人目标的达成情况，检讨自己，找出自己在训练中的问题，以便及时自我调整或得到教练和其他队员的支持。这种双向互动活动能够有效地缓解队员对目标考核的对立情绪。

② 监督与咨询。在目标的实施阶段，团队领导的监督是必要的，要监督事先制定的目标是否实现，而不是在实现目标的手段上进行过多的干预。在方法手段上充分授权给团队成员，并明确其责任，给他们更大的施展空间，充分激发队员的热情。对于一些特殊情况，团队领导还要提供必要的训练。教师或教练要抓一些重点目标的完成情况以及计划工作的执行进度、手段、方法、途径和策略，并以此为指标对那些偏离计划"轨道"的队员及时进行协调和调查，找出问题，提供咨询，寻找策略，甚至对一些例外情况做出调整，对于表现优秀且能够按照预定目标和计划进行的队员，不要过多干涉。

③ 反馈与指导。在实践操作中，往往有意料之外的情况发生，电子竞技运动员应及时将情况反馈给教师或教练，以便及时发现问题，防患于未然，也能让教师或教练了解运动员的行为动向。反馈和指导有正式和非正式之分。正式的反馈和指导，如定期召开小组会，与运动员共同讨论训练情况和完成目标的情况，当出现问题时，根据运动员的要求进行专门性的探讨；非正式的反馈和指导，如教练可以随时进入运动员中间了解情况，了解他们对于训练和对目标的看法等。

在实际工作中，反馈和指导能培养和提高电子竞技运动员的能力。实践与研究表明，及时地和具有建设性地反馈和指导往往是帮助运动员达到目标的最有效方式。通过阶段性的评价反馈，可以帮助运动员了解哪些是好的行为以及需要做出哪些改进。

④ 信息管理。信息在设置目标的过程中扮演着举足轻重的角色，确定目标需要以获取大量的信息为基础；分解目标也需要加工和处理信息；实施目标的过程也是信息转化和传输的过程。信息传递直接影响教练员与电子竞技运动员之间沟通的有效性、及时性和准确性。

队员了解教练的态度和对他们的期望，知道实际目标与教练所要求的目标的符合程度，对于所遇到的困难也容易达成共识，加深双方的相互理解。

3）检查阶段。检查阶段包括目标的激励与考核、目标的检查和调节。

① 目标的激励与考核。团队目标设置后，仅仅依赖团队中教练的监督是不够的，还需要建立健全目标考核体系来引导、约束和激励成员的行为活动。引导团队成员的个人行为与整个团队的目标执行情况在时间和空间上相一致，并通过激励来引导团队成员的个人行为。团队成员通过目标进行自我控制，每一个成员都应该明确自己对实现团队的总目标应该作出的贡献。另外，针对团队的总体目标，还应设置出与之相配套的一系列短期目标，通过对短期目标的考核、评价、反馈来判断总体目标的实现情况。

② 目标的检查和调节。对所取得的进步和成果进行检查和评价，即把取得的进步同原来制定的目标相比较。检查目标实施的进度、质量、平衡度，以及目标措施的落实情况以便及时发现问题、解决问题。同时，也需要检查其他问题，及时防止一些过错出现。例如，不宜过分强调定量指标而轻视定性的内容，要根据多变的环境及时调整目标等。

（3）设置团队目标时应该注意的问题

1）不要设立高不可攀的目标。因为一个高不可攀的目标不仅不能激起团队成员的热情，反而会使团队成员感到很泄气。例如，一支电子竞技队伍在亚洲排名第 10 名，今年定下的目标是要拿下世界比赛的冠军。这样的目标对于该队伍的运动员来说就是一个高不可攀的目标。

2）不要低估团队成员的潜力。要设置一个比现在更好的目标，还必须完全接受和认同目标，即全身心地投入到实现目标的过程中去。投入的程度越高，实现目标的可能性也就越大，从目标设置中的获益也就越大。

3）在制定团队目标的过程中，不需要用太多的文字或数字，因为这样的目标很难记住。一个好的目标应该简洁、可操作。

4）设置的团队目标要通过各种渠道让所有的团队成员都知道，好的目标应该是整个团队共享的目标。及时反馈，了解结果。经常将现有成绩与既定的目标相比较，有利于目标的调整和动机的激发，这种形式可以告知电子竞技运动员两方面的信息：一方面，目标设置得是否适宜、恰当，是否有必要进行修改；另一方面，对个人努力的程度进行评价，看是否达到了实现目标的要求。

（4）团队目标的多级化

在一些情况复杂、竞争十分激烈的领域中，为减轻内心的压迫感，人们常常设立多级目标。所谓"多级"，一般也不超过如下 3 级。这样做避免了那种"不成功便成仁"式的单一目标所造成的心理压力，更有利于现实目标的实现。但是，如果目标级数太多，目标本身也就失去了动机作用。在电子竞技比赛时，对于那些已经处于高度激活状态的电子竞技运动员，比赛前应制定多级目标，以使其成就动机保持在适宜水平。

① 最理想的目标：超水平发挥时应达到的目标。

② 最现实的目标：正常发挥时应达到的目标。

③ 最低目标：无论有什么意外发生，也应当努力达到的目标。

4.2.2　赛前的注意转移

如何使电子竞技运动员以良好的体力和精神去参加比赛，一直是赛前安排的主要问题之一。旅途跋涉（如图 4-7 所示）、异国异地的风光、社交活动、各种信息量的增加等，这些对运动员来说都是新异、刺激的。但最重要的，也是引起运动员应激反应的刺激，是比赛环境和气氛。如何转移运动员的注意，使他们摆脱这些干扰，许多教练员都有各自的方法，有经验的运动员往往也有一些适合自己特点且行之有效的措施。有的采用"封闭"形式，深居简出，减少社交来往，在房间里看书、听音乐、绘画、玩扑克等；有的采取"开放"形式，上公园、郊游（如图 4-8 所示）、看电影、去俱乐部和文化宫。

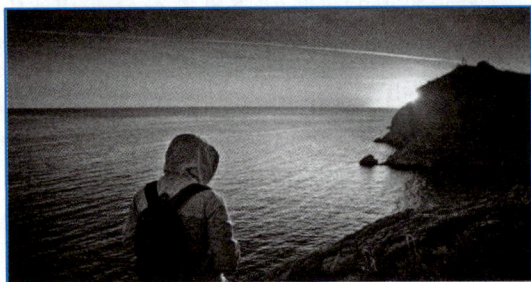

图 4-7　户外出游放松

下面展现的是几支电子竞技俱乐部进行赛前注意转移的案例。

韩国 SK Telecom T1（简称 SKT）战队经历了一个赛季的拼搏，全明星赛事结束以后，可以说在这个时间才能够彻底地放松下来，长时间紧绷的神经也得到了放松，同时 SKT 战队也顺利完成了新赛季队员的整合，先是各种户外、室内运动，然后又是温泉和烤肉。同样在结束了《英雄联盟》韩国职业联赛（简称 LCK）的季后赛之旅，SKT 战队开启了久违的假期，10 名队员和 3 名教练组成员共同出游济州岛。

2018 年 4 月，在中国《英雄联盟》职业联赛（简称 LPL）前夕，EDG 战队和 RNG 战队则选择了去成都进行比赛前夕的放松，大家的状态都很好，没有因为持续的比赛露出倦容。

图 4-8　休息放松

2015 年七夕到来之际，OMG 电子竞技俱乐部去了四川阿坝，来了一次藏羌游，虽然在之前的比赛中失利了，但这并没有影响整个队伍的情绪。

4.2.3 动机的培养和激发

动机是指激发和维持个体为达成某一目标而从事某种活动的内在动力和心理过程。对于培养和激发电子竞技运动员的动机，需要做到以下 6 点。

1. 满足电子竞技运动员的需要

能否满足电子竞技运动员的需要，是有效激发动机的关键。根据马斯洛的需要层次理论，对于电子竞技选手来说，他们的需要主要可归为以下 3 类：获得乐趣的需要（生理需要）；从属于一个集体的需要（归属和爱的需要）；展示才能和自我价值的需要（自我实现的需要）。

（1）满足电子竞技运动员在电子竞技中获得乐趣的需要（生理）

电子竞技运动的魅力之一就是富有乐趣，但同时它也可能成为一项艰辛的劳动，从有趣的活动转变为工作式的活动。

如果教学与训练安排长时间单调枯燥，过多剥夺了电子竞技运动员的训练自由或者对运动员提出了过高的要求，那么就剥夺了运动员的乐趣，导致运动动机的下降。

有的教练员发现，有些电子竞技运动员在训练中垂头丧气，但当练习结束之后，他们常主动留下来按自己的兴趣再练一段时间。这一事例说明，教练员的训练教学很可能存在问题，它没能很好地满足运动员寻求乐趣的需求。教练员应该进行自我省察，是否对电子竞技运动员品头论足，进行消极评论；工作是否杂乱无章；是否总爱命令人，非常蛮横；是否没完没了地讲授，未提供运动员充分的练习机会；训练方式是否千篇一律等。这些都是破坏电子竞技运动员兴趣的重要原因。教练员只有设法使单调无味的训练富于趣味性，满足运动员在电子竞技中获得乐趣的需要，才能更有效地激发动机。

为满足电子竞技运动员追求乐趣的需要，教练员应在教学训练安排中注意以下几点：

① 使运动员的能力适合训练的难度。如果在训练时总是失败，那么运动员就决不会觉得这项运动有趣。因此，应该有意识地控制难度，以促成运动员在训练中获得成功的体验。

② 使训练方法和手段多样化。

③ 让所有人都积极参与。如果某些人在别人积极参与时感到无事可做，他们就会感到厌烦。

④ 在练习中根据运动员的特点分派任务，使他们有机会在完成任务的过程中享受乐趣。

⑤ 允许运动员在训练中有更多的自主权。

（2）满足运动员归属集体的需要（归属和爱）

可能所有的运动员都有归属的需要，对于大多数电子竞技运动员来说，融入到一个团队或俱乐部中是非常重要的，这样可以从中获得温暖，获得帮助和爱，从而减少或消除孤独和寂寞感，获得安全感。

甚至有少数电子竞技选手，他们参加电子竞技运动就是因为希望能成为俱乐部团队中的一员，他们需要归属于一个能使自己感到有意义的集体，为他人所接受就是这些人的主要动机，他们的主要目标就是满足这种需要，而不仅仅是去赢得荣誉。他们甚至愿意在队伍中担任得不到上场机会的替补。QG 电子竞技俱乐部的主力队员 Alan 曾经发过一条微博，这是俱乐部训练室上的一张海报（如图 4-9 所示），上面写道："为了取得比赛的胜利，要我做什么都可以，不管是坐在板凳上给队友递毛巾、递水，还是上场执行制胜一投。"这是著名篮球运动员科比·布莱恩特的一句名言。从这里不难看出，QG 俱乐部队员之间的紧密关系。Alan 也在 2018 年 KPL 春季赛的后半段坐到了替补席，让更年轻状态更好的替补选手顶上了自己首发的位置，也让 QG 战队的成绩有了起色。如果取胜是团队的一个目标，这样的队员会为之努力，因为他们迫切希望成为集体的一部分，迫切希望被教练员和集体所接受。

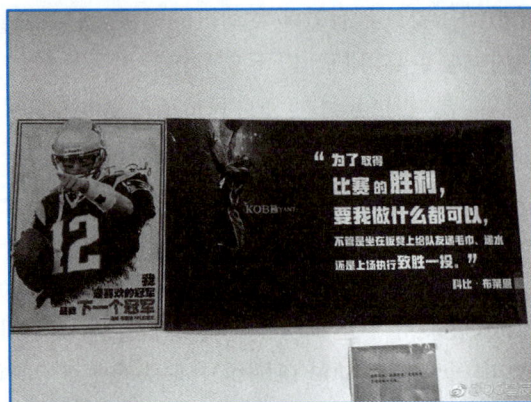

图 4-9　QG 俱乐部训练室海报

教练员可以将电子竞技团队打造成一个温暖的家园，他不仅需要关心运动员的比赛及训练情况，也应当关注他们的日常生活，尤其是情感生活。在他们失落、沮丧的时候给予适当的安慰，在他们满足、开心的时候共同欢笑。只有这样，电子竞技运动员才能够感受到整个团队是一体的，才能获得更多归属感，更愿意为团队建设出力。

（3）满足运动员展示自我、实现自我价值的需要（自我实现）

感到自己有价值（能力与成功）的需要是电子竞技运动中最普遍最强烈的需要。简单来说，电子竞技运动员实现自我价值最重要的途径，就是取得比赛的胜利。这种需要的特点是由运动员归因的特点决定的。可以根据归因的特点将运动员分为两类：成功定向的运动员和失败定向的运动员。

归因（Attribution）时具有更多积极特征的运动员称为成功定向的运动员，归因时具有更多消极特征的运动员称为失败定向的运动员，他们各自的特点见表 4-1。

表 4-1　成功或失败定向运动员的特征表

变　　量		成功定向运动员的特征	失败定向运动员的特征
成功/失败经历		不断的成功	不断的失败
总的情况		积极的、乐观的	消极的、悲观的
归因	成功时	能力	幸运或任务容易
	失败时	努力	能力
责任	成功时	归功于自己	不归功于自己
	失败时	应当承担责任时就承担责任	对失败承担责任

续表

变　量		成功定向运动员的特征	失败定向运动员的特征
任务选择		中等难度	非常容易或非常困难的（因此可预测成功和失败）
情感	成功时	满意	有点满意
	失败时	不满意	非常不满意
运动的重要性		提高（参加运动给运动员带来了关于自己的好消息）	降低（参加运动削弱了运动员的自我价值感）

对于电子竞技运动员来说，自我价值感（Perception of Self Value）也许是他们最为珍惜和悉心保护的精神财产，展示自己在电子竞技方面的才能并使他人承认自己的价值，或者不必得到他人的尊重而只需自认为有价值、有能力，都可以满足这种需要。电子竞技训练和比赛时时都在向运动员的能力提出挑战，作为教练员，必须尽可能去承认运动员，不要使他们失去自我价值感。

成功定向的电子竞技运动员，通过体验比赛的胜利感受自我价值。教练员应当引导队员将胜利归因于自己的努力训练，技术水平强于对手；而将失败归因于自身努力不够，技术水平弱于对手。

对于失败定向的运动员，教练员应帮助他们重新确立目标，并尽可能想办法通过胜利的体验来满足他们展现自我价值，表现才能的需要，引导他们积极改善归因的控制点，这样才能有效地培养和激发他们的内部动机。例如，对于屡受挫折、自尊心受到极大挫伤的运动员，应帮助他们重新确定切实可行的目标，引导他们将成功归因于能力（成功定向），并积极为其创造鼓励性的训练环境，提高其自我价值感，保护其自尊心。

2. 合理运用强化手段

动机既可以从内部被激发，也可以从外部被激发。

前文所说的生理需要、归属和爱的需要，比自我实现需要更容易得到满足，一旦这些需要得到满足，它就不再成为人争取达到的目标，因面也就失去了动机作用。从这个意义上说，培养和激发内部动机比外部动机更重要。

强化（Reinforcement）是指出现可接受的行为时，或者给予奖励，或者撤除消极刺激的过程。正确的强化，主要是一种从外部激发动机的方法。如果运用得当，强化不仅可以激发外部动机，也有利于内部动机的培养。如果运用不当，强化则可能既破坏内部动机，又破坏外部动机。强化可分为以下两种。

1）正强化：出现特定的行为时就给予奖励。例如，教练员的微笑、表扬、注意等精神奖励，以及奖金、奖品等物质奖励。

2）负强化：通过撤除消极的刺激来鼓励特定行为。例如，由于电子竞技运动员在训练比赛中表现较好，教练员可以取消之前对运动员定下的惩罚。

一般来说，强化的方法优于惩罚的方法，因为它比惩罚更能鼓励正确的行为。但适当的惩罚也是必要的，因为它有利于减少错误行为反复出现的可能性。进行强化时应注意以下原则：

① 明确规定应获奖励的行为、条件和标准。

② 最好对达到标准的良好表现进行没有规律的强化（奖励）。

③ 鼓励运动员间的相互强化。

④ 奖励不能过量，不能让运动员感到教练员正在企图控制他们的行为。

⑤ 应使运动员懂得，奖励不是最终目的，它只是能力、努力和自我价值的标志，这有利于加强内部动机。

但是强化运用不当时，会损坏内部动机。内部动机意味着做某事是出于自己的目的，追求活动本身和完成活动的乐趣。当用奖励去强化某个行为时，会使电子竞技运动员产生外部动机，变成为了获得奖励而去进行训练，破坏了他的内部动机。例如，父亲对孩子说："儿子，如果你每天坚持练 2 小时的足球，我可以每天给你 5 角钱。"过了一段时间，孩子对父亲说："爸爸，我不练足球了，你给我的钱太少了。"这就是父亲错误使用强化手段消除孩子内部动机的例子。

3. 因人因时因地而异，直接激发动机

有 3 种直接的方法可用来影响运动员的动机：依从方法、认同方法和内化方法。教练员可以因人而异地选择一种方法，也可以因时而异或因地而异地交替结合采用这 3 种方法。

1）依从方法。依从方法（Compliance Method）指利用外部奖励和惩罚的作用来激发运动动机的方法。例如，教练员对运动员说："如果你今天赢了，那我们星期一就不练了"，或者说："你要是再不听，下场比赛就不让你上场"。这就是通过依从法来激发动机。该方法是激发动机的有效手段，特别是对于那些没有建立起良好的行为习惯、自我观念很淡薄的运动员来说尤其如此。

2）认同方法。认同方法（Identification Method）指利用教练员与电子竞技运动员之间的关系来激发运动动机的方法。它是依从法的隐蔽形式。例如，教练员说："如果你关心全队，为全队尽力，那你也是帮了我的忙。"这就是通过认同法来激发动机。这种方法实际上是依从方法的隐蔽形式，这句话的潜台词是："如果你按照我的要求做，你就会得到奖励；如果你不这样做，就会受到惩罚。"要成功地利用认同法来激发运动动机，教练员就必须与运动员保持良好关系，使运动员觉得自己应该照教练员的要求去做，应当看到，过分依赖惩罚和消极强化的教练员容易同运动员产生隔阂，运动员服从教练只是因为怕受罚。

3）内化方法。内化方法（Internalization Method）指通过启发信念和价值观来激发内部动机的方法。例如，教练员赛前对运动员说："为了准备这次比赛，你的确练得很努力，你应当对准备工作感到满意，我相信你肯定能充分发挥出自己的水平。我想，你一定知道，无论比赛结果如何，我都会为你感到骄傲。"这就是教练员通过内化法来激发动机的典型例子。

使用上述 3 种直接方法时，应注意以下一些问题。

① 在技能发展的初级阶段，依从方法与认同方法最有效，因为该阶段运动员尚不成熟。电子竞技运动员大多年龄较小，心理水平还处于半成熟、半幼稚的状态，需要教练员适当地

启发引导来激发运动员的动机。

② 随着年龄的增长和心理的成熟，内化方法会起作用，也最适宜。通过帮助电子竞技运动员建立稳定的信念、价值观等内部动机，能使选手获得足够的心理安全和心理自由。

③ 对于那些十分习惯于依从法而不适应、不接受内化法的运动员，激发其动机的方法取决于目标：如果首要目标是取胜，则应充分依靠和运用依从法和认同法，因为它更省时、更容易，也很有效。如果首要目标是帮助运动员成熟和发展，特别是要使他们在心理上不断成熟和发展，从而建立积极的自我意识和完整的价值观念，然后才可能用内化法激发和培养其运动动机。

④ 运动员归因的控制点（Locus of Control）不同，激发其运动动机的直接方法也不同：对于内控归因的运动员，更适合使用内化的方法。对于外控归因的运动员，更适合使用依从和认同的方法。

4. 变化训练比赛环境，间接激发动机

改变教学与训练的环境是培养与激发运动动机的间接方法，这个环境包括物质环境和心理环境。教练员应当精心安排每一次训练和比赛，使之具有趣味性和启发性，以满足电子竞技运动员接受刺激、追求乐趣的需要，进而培养和激发内部动机。例如，变换训练场地，改善训练设备条件等，这是改变训练的物质环境。又如，在某些人不在场的情况下组织训练，取消消极评语，改变队员的分组，改变传统的练习方法等，都是改变训练的心理环境。

5. 给予自主权，培养责任心

许多研究表明，给人以控制自己生活的权利，可以加强动机，提高成就，促进责任感和自我价值感的发展。这一点对于培养和激发运动动机尤为重要。在电子竞技运动领域中，毫无疑问，教练员对于训练和比赛所做的安排往往是比较适合于运动员发展的。但也应看到，最了解运动员状况的，莫过于运动员自己。一旦运动员学会了如何自己设置训练计划，掌握了作出正确决策的方法，他们可能会设计出更好的计划，可能会有更强烈的责任心去执行自己亲手制订的计划。

中国古代有句名言："授人以鱼，则供一餐之需；授人以渔，则其终身受益。"有许多教练员不给运动员提供自己选择的机会，训练方案一概由教练员包揽，运动员对此没有任何发言权，他们只是按计划训练，成为执行计划的机器。其实，这种做法不利于运动员主观能动性的发挥，很可能挫伤运动动机。教练员应根据运动员的能力和水平，在有组织的范围内下放权力，培养运动员的责任心、自觉性以及在有限的条件下作出正确决策的能力。这样做不仅能培养和激发内部动机，而且会使运动员在将来的生活和工作中受益。

在下放自主权的过程中应注意以下问题：

① 根据运动员的能力和水平，有选择地下放自主权。

② 放权后耐心帮助运动员进行决策，不要急于求成，过分指导。教练员应花些时间同运动员一起讨论决策的方法和决策中应注意的问题，并让他们了解自己过去曾作出的一些决策的原因。同时，应允许运动员在决策中出错，出错时要帮助他们从中汲取教训，待运动员对他们的责任习惯后，错误自然会减少。不适当的过分指导，往往会损害运动动机，因为这

样做实际上剥夺了运动员学习自我调整、自己作出决策的机会，而且运动员也很难一次改正过多的错误。

③ 教练员应具有共情的能力。共情是一种理解运动员感情和态度的能力，一种会站在运动员的角度来观察思考问题的能力。这种能力会在师生关系之间创造一种信任感。教练员应充分理解运动员所面临的困难。

6. 因材施教，区别对待

由于电子竞技运动员之间在家庭背景、个性特征、需要、归因特点、文化程度等方面存在差异，因此在培养和激发动机的过程中应充分考虑这些差异，做到因材施教。在电子竞技运动领域中激发动机，没有同时适合所有人、所有情况的方法。教练员应该从实际出发，因人制宜，创造性地运用各种方法以取得良好的效果。如果一味教条式地生搬硬套，就会适得其反。例如，有些运动员可能会把教练员的惩罚看成一种奖励，也有人可能把奖励看成一种惩罚。比如，在你大声训斥某人时，他却觉得自己成功地引起了你对他的注意；对于性格特别腼腆的运动员，你让他带领全队做准备活动以示奖励，他却可能将此事看成一种惩罚。这些都是强化运用不当的表现。

4.2.4 自信心训练

1. 培养和保持个人自信心的策略

自信是一个重要的心理技能。如果没有健康且现实的自信基础，电子竞技运动员将不可能达到自己真正的潜能水平。为了帮助电子竞技运动员，特别是对自身充满怀疑且无安全感的运动员培养和保持自信，一般可以采用4种行之有效的策略：表现成就，间接性经验，口头说服，唤醒控制。

（1）表现成就

提升自信的最佳方式就是构建表现成就的历史。只要电子竞技运动员将成功看作自身努力和能力的反映，那么每次成功都能够让他们感到更自信。一般情况下，如果电子竞技运动员和战队曾经在一些比赛中取得过胜利，那么他们就会期待在未来也取得胜利；反之，如果电子竞技运动员和战队在过去出现过失败，那么这种失败可能会加剧电子竞技运动员和战队的消极预期。

1）能力表现结果影响自信培养的3个方面。

① 稳定性。一方面，即使是在能力提高并不明显以及对手相对比较弱的情况下，成功的模式也能够提升自信；另一方面，经常性的失败一般会降低自信水平，即使在这个过程中会夹杂着少数重大的胜利或者能力表现改善。

② 近因。相对于以前的成功和失败，电子竞技运动员更看重最近的成功和失败经历。

③ 成功的质量。相对于在面对容易的任务和普通对手的情况下，在面对困难任务和强大对手的情况下取得的成功更能够提升电子竞技运动员的自信。类似地，在面对较弱的对抗或者简单任务的情况下出现失败会极大地打击电子竞技运动员的自信，而在面对强大的对手或者困难任务的情况下出现失败则不会对运动员的自信造成太大的伤害。

2）训练策略。根据能力表现结果影响自信培养的 3 个方面，可以使用两个训练策略：目标设定、个人成就墙和个人成就精选片段。

① 目标设定。一个系统的目标设定计划，有利于帮助电子竞技运动员获得良好的能力表现结果。首先，为了设计一个完善的计划，运动员需要制定每天和每周的目标，并经常评估这些目标。每次实现目标后运动员的自信会得到提升。其次，可以鼓励运动员经常回顾目标日志，从而提醒他们关注自身能力表现结果的质量和数量。

此外，电子竞技运动员应当专注于重大且稳定的个人实现，其中包括重要的比赛以及日常的训练赛。目标设定计划主要针对将自信提升到最高水平的具体策略。对于技能发展较慢的运动员，可以要求他们绘制自我进步的曲线图，帮助他们更容易地掌握所取得的收获。每隔几个月，可以鼓励运动员系统地评估自身的长期发展。一般情况下，他们会吃惊地发现自己在短短的几个月中取得了重大的进步。这是一种不错的构建自信的方式。

② 个人成就墙和个人成就精选片段。个人成就墙只需要一张纸就可以进行。让电子竞技运动员在这张纸上列出自己在运动和生活方面的成就，帮助他们回顾所取得的大量成就，只要运动员觉得这些成就很重要就可以，而其他人如何看待这些个人成就墙则并不是很重要。

首先要求电子竞技运动员列出他们个人觉得很重要并且能够让他们拥有成就感的事情，接着再在日志上添加他们所取得的新的成功事件。教练和运动员也可以制作个人成就精选片段，以便展示他们出色的操作或者其他能够让他们回想起自我进步和成功的时刻。可以在精选片段中按照时间顺序添加剪辑，这样就可以很容易地看到所经历的过程以及所收获的成功。电子竞技运动员必须经常回顾他们的个人成就墙和精选片段，以便提升自身的自信水平。

以《英雄联盟》选手 UZI 为例制作个人成就墙（见表 4-2）。

表 4-2　UZI 的个人成就墙

年份	UZI 的个人成就墙
2012	TGA 冬季总决赛亚军 HAN 游戏圈《英雄联盟》职业联赛季军 GUNNAR 杯《英雄联盟》邀请赛冠军 G 联赛四强 NGF 英伟达游戏群英汇季军
2013	S3 全球总决赛中国区预选赛冠军 S3 全球总决赛亚军 WCG 中国区预选赛季军 NEST 全国电子竞技大赛总决赛殿军 GEC 影驰电子竞技嘉年华季军 G 联赛八强
2014	S4 全球总决赛亚军 TGA《英雄联盟》SOLO 精英挑战赛冠军 最佳年度 MVP 最佳 ADC 德玛西亚杯年度最佳 MVP 德玛西亚杯年度最佳 ADC

续表

年份	UZI 的个人成就墙
2016	最受欢迎选手 全明星 SOLO 赛冠军 巴塞罗那全明星个人 SOLO 赛冠军
2017	年度最佳 ADC 年度最受欢迎选手 全明星赛 SOLO 冠军 LPL 春季赛亚军 LPL 夏季赛亚军 全明星赛团体冠军 《英雄联盟》最受欢迎选手 《英雄联盟》最佳 ADC 全明星赛个人 SOLO 冠军 全明星团体赛冠军
2018	LPL 春季赛冠军 MSI 季中赛冠军

（2）间接性经验

间接性经验是培养自信的第二个最佳策略。这意味着帮助电子竞技运动员间接地体验成功。这种体验包括示范（观看他人演示如何实施操作或执行策略），或者通过意象（一种自我示范，运动员可以在这种类型中形成如何执行技能的心理想法或者在心理上预演所掌握的技能）两种方式。想象成功是一种构建强大自信的方式。

1）示范。教练可能都熟悉使用示范帮助电子竞技运动员学习或提高水平的方法。这种示范也可以很好地提高运动员的自信水平。学习复杂的操作或者面对难以对付的对手往往会是一件令人心生畏惧的事情，而观看队友（或对手）如何面对挑战则可以显著地提升运动员的自信，特别是在当该运动员与示范中的队友（或对手）经历和能力相似的情况下。

例如有两位电子竞技运动员，A 是两人中技术比较高的一位，但是他不是很情愿尝试新的打法，而且他也没有采取措施提升自己的自信水平；相反，B 是一名技术不如 A 但是比较大胆的选手，而他期望接受新的打法策略。A 觉得自己比 B 在操作上更优秀，因此他在看到 B 掌握了新的打法策略时，会感到更自信："如果 B 都可以做到，我也可以。"结果，A 使用间接性经验提升所需的自信，从而战胜了自己对新的打法不适应的感觉。

观察能力水平比自己更高的运动员的比赛，可以让运动员找到必要的能力表现线索，从而进一步掌握技术。

2）意象。意象是另一种重要的间接性经验类型。这种方式可以显著地提升运动员的自信。一个顶尖的电子竞技选手，当他在赛场上时，他会让观众觉得，他会成功地完成比赛中的操作和策略。随着运动员的自信提升，他的技术水平会稳定增长。于是，他开始认为他所想象的一切都可以做到。电子竞技运动员必须定期使用意象来培养自信，并可以按照以下指导方针，将意象整合到训练中：

① 在意象训练的每一天，要求电子竞技运动员经常尽可能具体地想象自己的成功经历、

比赛成就、训练收获以及积极的个人特性。

② 在观看视频时，可以帮助电子竞技运动员专注于成功的经历，将这些成功的经历反复播放几遍，同时充分地回顾错误或糟糕的能力表现，以便他们了解所犯的错误。

③ 要求电子竞技运动员仔细地想象训练或比赛计划，同时了解他们是否成功处理了问题。

（3）口头说服

赞扬、积极的回馈，甚至积极的自我对话都可以构建强大的自信，接下来了解两种口头说服的形式：来自教练、队友、父母和媒体的正强化反馈；积极的自我对话。

1）来自教练、队友、父母和媒体的正强化反馈。电子竞技运动员经常听到别人对自己的称赞会带来很大的好处。这些称赞来自诸如教练、队友等专业人士时，正强化反馈可以帮助他们构建自信。教练帮助运动员理解他们正在正确地执行技能，或者至少正在提高自身的执行能力时，运动员的自信会得到提升。因此，教练可以采取积极的技术培养方法。使用广泛的鼓励、正强化以及以尊重的方式传达正确的反馈。

同时，教练还必须以保持真诚的态度，利用所掌握的知识执教。越是懂得尊重、可信、值得信赖，具有权威性和真诚的教练，他们的反馈越能够帮助运动员构建自信。此外，教练还必须做到持续地强化电子竞技运动员，并及时做出反馈。持续性的反馈比反复无常的反馈更能够提升运动员的自信。

2）积极的自我对话。自我对话是一种个人口头说服的形式，这是一个提高自信的强大工具。进行消极的自我对话，电子竞技运动员将无法进入比赛状态。但是，运动员也可以利用自我对话创造积极的心态和提升自身的自信。教练员应当帮助运动员找出最容易让他们自信下降的消极或非理性的想法，然后培养和预演有效的反驳方式。从而在出现消极想法时，运动员可以使用这些方法提高自信。

电子竞技运动员可以系统地创造自我对话模版。这些模版可以侧重于关于自信方面的语句，或者简单地包含几个可以保持自信的快速提醒。侧重于自信的自我对话模版必须提醒运动员关于个人的强项和优势，回顾过往的成功。特别是在相似情形或者面对障碍、失败或者困境的情况下，要强调自身通过平时训练所做的准备；积极且乐观地总结成功和失败的原因；同时将情形评估为挑战而非威胁。

例如，某名电子竞技选手在比较小型的比赛中可以打出不错的战绩，但是在大型的比赛中却会出现糟糕的能力表现。他在训练中的表现，证明了他具备与国内顶尖的电子竞技选手竞争的天赋，但是他在赛前总会怯场、焦虑、无法集中注意力、缺乏自信。他的教练帮他制定了一系列自我对话的模板，这个模版强调了他作为电子竞技运动员的天资，所做的精心准备，以前获得的成功，处理错误的能力，以及出色的心理技能。在参加比赛前，这个选手每天都会通过这个模板进行自我对话 4~5 次。这种方法可以帮助他在面对任何比赛时都能够建立良好的比赛自信。自我对话模板如下：

我不想模仿任何人，我只想成为最好的自己。

我的优势和资源

我是一个有电子竞技天赋的人。

我有能力让自己成为更好的电子竞技选手，同时在很多方面帮助自己的战队获得胜利。在未来，我将具备能力对抗任何对手；这是我对成功的承诺。

最后的想法：我做到了。

目标以及实现目标的方式

我的目标是成为能够做到的最好的自己。

努力训练和不怕辛苦，才能实现梦想。

为比赛付出最大的努力才能收获最好的结果。

最后的想法：保持专注，同时活在当下。

我以前的表现以及心得

我以前也克服过类似的障碍。因此，我可以再次做到。

失败让我看到自己有待提高的不足之处。

我知道，这只是时间问题。努力付出一定能得到回报。

记住以前所有的成功，同时成为自己有能力成为的电子竞技选手。

最后的想法：接受好的方面和不足的方面，然后让两者都变得更好。

准备的数量和质量

我会跟其他人一样努力训练或者比其他人更努力；在紧要的关头，这些训练将帮助我稳定发挥。

我会为自己的努力和训练感到自豪；它们将给予我克服困境的自信。

我已经做好了充分准备，将自己的优势发挥到最高程度，并将把自身的弱点降到最低程度。

最后的想法：我做好了充分准备。

困境是挑战，而不是威胁

每个人都会面对失败和困境，冠军也是从困境中产生的。同时，冠军会将问题看作成为优秀者的机会。

我会将每个问题看作挑战来处理。这是一个成为更好的电子竞技运动员的机会。

错误总会发生。在错误发生的时候，我将最充分地利用它们并从中汲取教训。

最后的想法：挑战是冠军与想成为冠军的分水岭。

没有消极的想法，只有积极的想法

"贴标签是无能的表现。"不要给自己或他人贴标签。

我无法控制自己的对手或他人的改变；我所能做的就是控制自己的努力程度。

不要觉得对不起自己。生活可以更糟糕。不要抱怨。

最后的想法：恢复力就是我的个性。

成功源自努力

我知道，努力和持续练习终会有回报，并且能够助我取得成功。

我不会被失败打败，我会战胜失败。

冠军是创造出来的，而不是天生的！

最后的想法：我会全力以赴成为更优秀的电子竞技运动员。

我之所以成为一名电子竞技运动员是因为我热爱比赛。

（4）唤醒控制

唤醒是一种简单的生理准备状态。唤醒的症状包括心跳加快、手掌出汗以及胃部痉挛等，这些症状可以被电子竞技运动员消极理解为焦虑，也可以积极理解为兴奋，如果出现非常明显的心理唤醒症状，运动员会将这些症状消极理解为焦虑，从而出现注意力或专注力问题，或者产生没有做好准备的感觉。所有这些情况都会导致电子竞技运动员自信水平的下降。因此，只有当运动员具备较强的唤醒控制能力时，才能变得更自信。教练可以帮助运动员使用一些技巧控制唤醒水平。通过这种方式，运动员可以积极理解自身的唤醒症状，从而提升自身的自信水平。

总之，教练可以通过以上 4 种方式，帮助电子竞技运动员培养自信，其中包括帮助他们回忆自己所取得的成就，观看他人所取得的成功或想象自身所取得的成功，接受反馈和使用积极的自我对话，以及学习控制自我唤醒水平。

2. 培养和保持团队自信心的策略

在电子竞技运动中，整个战队的信心可能比运动员个人的自信更重要。个人和战队的自信显然存在差异，运动员可能对自己的能力发挥充满自信，但是却对战队获胜的能力缺乏信心。其他人虽然可能对自己的能力持怀疑态度，但是对战队的出色表现却充满信心。事实上，战队有能力将队员团结到一起并发挥协同作用，而且战队能够发挥出比队员个人的能力更好的表现。一支拥有悠久成功历史和出色领导的战队经常能够达到这样的表现状态。

团队信心在协同作用下能够发挥很大的作用，就像它在所有的团队能力表现领域中一样，团队自信包含几个重要的因素（除了提升个人自信的因素）：理解个人角色同时在团队效率中发挥个人最大的作用；培养技能，同时成功地发挥角色作用；构建积极的环境以便支持团队合作和凝聚力以及巩固较高的效能；培养集体解决问题的策略。

每一名运动员在理解自身的角色同时做好充分准备时，整个团队会变得更加有信心。如果运动员无法充分发挥自身角色的作用，那么团队的能力表现以及团队的信心都会受到影响。大多数电子竞技运动员都喜欢在战队中担任重要位置，以便获得知名度和媒体关注，但是无私地接受较为低调的角色，有时可以更大程度地提高团队的效率。教练必须明确每名运动员必须担任的角色，同时帮他们理解角色的重要性。运动员清楚地理解了自身的角色后，会感到更自信，帮助他们根据这些预期设定目标，这样运动员的自信就不只是以结果目标为基础。很多运动员实现了基于角色的能力表现目标时，就可以培养团队的协同作用，引导团队体验成功的螺旋式发展。

积极的团队环境有利于提升团队信心，巩固凝聚力和高效率。一支团队想要取得胜利，运动员必须相信自己的队友能够做好自己的工作，反之亦然，越是积极和充满支持的团队环境，队友之间就越能够做到彼此信任，越努力地争取更好的成绩，从而具备更高的自信水平。

最后，如何解决问题会影响团队的自信。团体整体是否具有系统性，特定的决策是否高质量，实施决策是否顺利，这三方面达成的一致性越高，团队的集体信心水平就会越高。

例如，成立于 2014 年的 Wings 电子竞技俱乐部，在 2016 年通过预选赛进入第六届《DOTA2》国际邀请赛（The International DOTA2 Championships，简称 TI）之后，一鼓作气，从小组赛的跌跌撞撞，到淘汰赛的势不可挡，深不见底的英雄池，强大的团队执行力，让他们拿到了冠军（见图 4-10），获得了超过 900 万美元的奖金，在这一系列赛事中，团队合作的自信心和凝聚力达到了顶峰。

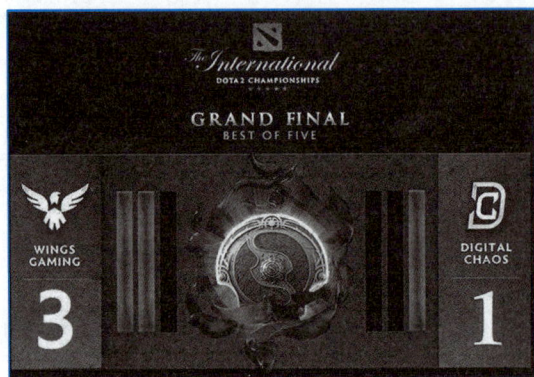

图 4-10　中国战队 Wings 以 3 : 1 击败 DC 战队获得冠军　（来源：新浪网）

而在取得 TI6 冠军后，队员们的状态开始变得起伏不定。俱乐部拿到了高额奖金后，对其他电子竞技项目进行投资，却没有什么起色，在有 TI6 冠军这份殊荣所带来的名气和关注度下，没有实质性的发展，因此俱乐部开始出现拖欠工资的问题。而面对没有经济收入来源的同时，战队队员之间也发生了各种口角，并且出现很大的队内矛盾，无法正常训练，导致战队无法再参加第七届《DOTA2》国际邀请赛，虽然最终工资补上了，但是整个战队显然已经失去了信心和凝聚力。

3. 在比赛中培养和保持自信心的策略

在比赛中培养自信，与在训练中培养自信是一样重要的。而运动员最感兴趣的可能是如何在比赛中保持较高的自信水平，特别是在重要比赛关头发生改变的情况下。在此起彼伏的比赛过程中，运动员评估情形以及处理压力的方式会对自信产生重大的影响。

压力是一种明显的不平衡现象。这种现象源自于环境要求条件与自身应对能力之间的不协调。电子竞技运动员将这种不协调看作威胁时，自信水平会下降，但是，当他们将它评估为一种挑战时，会保持自信，甚至提升自信水平。可以根据电子竞技运动员对两个关键问题的回答，来了解他们是倾向于将压力情形看作挑战还是威胁：

① 通过有效的处理方式，是否可以减少或消除压力来源？

② 我（或团队）是否具备了必要的技能以及做好了有效处理压力的准备？

如果这两个问题的答案都是肯定的，那么这种情况一般可以被看作一种挑战，并且电子竞技运动员能够保持或提升自信水平；相反，任何一个问题出现否定回答时，那么这种情况会被看作减少自信水平的威胁评估。

以下是在比赛过程中可以用来减少自信水平波动的方法。

① 在赛前做好生理和心理准备，同时培养身体和心理技能。这样在比赛时面对对手时，电子竞技运动员能够积极地评估情形，并且即使在落后的情况下也仍然能够保持自信。

② 确保团队做好了处理预期问题、障碍和困境的准备。在比赛激烈时刻，调整策略战术和应对变化要求的能力会直接关系到电子竞技运动员的自信水平。制订克服预期障碍的计划，同时进行预演，直到运动员能够自动执行这一技能。

③ 当然，电子竞技运动员仍然会面对无法预测的事件和情形。教练可以通过获取准确的对手情报、等待恰当的行动时机、以领导角色、以系统的方式解决问题来帮助运动员保持自信水平。这些方法可以帮助运动员在情绪上保持冷静、沉着以及专注。

④ 即使在比赛激烈的时刻，也要让电子竞技运动员专注于比赛的过程和表现自己的能力（而不是专注于比赛的结果），以便减少威胁的感觉，同时保持积极的观点。比如："稳住，别急""没关系，没事的，心态别崩""我们其实已经打得很好了"。

在了解了如何在比赛中培养和保持自信后，接下来将了解教练的预期会产生什么影响，从而探讨教练员在培养电子竞技运动员自信中的预期作用。

4. 教练的预期对自信心培养的影响

教练可以通过各种不同的方法影响电子竞技运动员的自信，但是教练的预期对运动员能力表现的影响这个因素往往被人们所忽视。在教练的鼓舞下，运动员会成为自己所认为的更好的运动员。虽然预期只是间接影响自信水平，但了解自我实现预言的强大本质，对理解这个过程是非常重要的。

自我实现预言是指个人会无意识地塑造自身的行为以符合预期，使预期成真。教练的预期促使运动员按照预期要求表现或执行时，就会出现自我实现预言。

举一个经典案例，罗森塔尔和雅各布森（1968）从学术能力方面对两组学生进行了比较，接着调查了教师对每一组学生学术研究过程的预期影响。教师们被告知，测试证明了他们班里所选择的学生都是学术上大器晚成者。这些学生在次年能够获得更大的教育收获。令人吃惊的是，在学年结束时，这些被认为大器晚成的学生，比起被教师们寄予了正常预期的对照组的学生，取得了更大的成就收获

这是一个相当不明显的过程，在运动中"预期—表现过程"可以描述为 4 个主要步骤（如图 4-11 所示）。

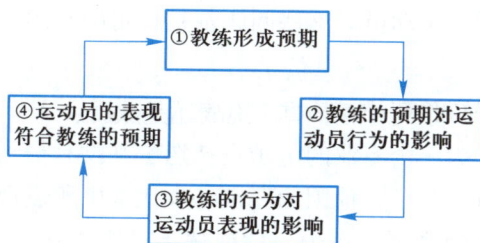

图 4-11　"预期—表现过程"示意图

① 教练制定电子竞技运动员必须如何表现的预期。

② 教练的预期影响他们对个别运动员的看法。

③ 教练的行为影响运动员的学习速度和能力表现水平。

④ 运动员的行为或能力表现符合教练的预期时，循环才完成。

教练员的预期除了会影响电子竞技运动员的表现，也会影响他们的自信水平。运动员非常关注教练对他们的看法。随着时间的推移，教练执教方式也会对运动员的发展和能力表现产生各种微妙的影响。因此，通过因材施教，相对于被寄于较低预期的运动员，受到较高预期的电子竞技运动员会更快地发展，达到更高的能力水平，变得更加自信和富有高动机，较少出现焦虑，更出色且稳定地发挥自己的能力，以及更能表现潜能。运动员的能力表现符合教练的预期时，这个过程就是一个完整的循环。

课外阅读

考虑以下几个问题，了解自己作为教练员是否接受这个自我实现预言类型：

● 你觉得你的运动员具备了巨大的潜能，而其他运动员只具备一般潜能吗？

● 相对于其他运动员，你是否与一些运动员相处的时间多一些？你是否对一些运动员比对其他的运动员更亲切且更关心呢？

● 你是否期望有些运动员学习更多的技能同时即使这些运动员在学习的过程中遇到问题，你还是会坚持教他们难度较高的技能呢？

● 相对于其他运动员，你是否会对一些运动员提供更多、更具体的关于如何改正或提高自身表现的反馈呢？

● 你是否会将一些运动员的成功归结为努力，而将一些运动员的成功归结为运气或碰上容易对付的对手呢？

● 你是否会将一些运动员的失败归因为他们可以提高的方面，而有些运动员的失败归因为他们较低的能力水平呢？

符合预期的能力表现能够进一步加强教练原来判断的认知正确性，从而让自我实现预言本身更可能持续发展。这对自我实现预言作用持怀疑态度的运动员特别重要，因为这些电子竞技运动员大都处于青少年时期，缺少经验，自我认可程度较低，更具可塑性，更看重成功的重要性。

如果与大多数教练一样，运动员对这些问题都是肯定的答案，那么教练就可以在团队里很好地应用自我实现预言。

要注意的是，教练应保持预期的灵活性。在某支战队中，Y 选手是一名技术算不上顶尖的主力输出队员。虽然他作为一个专业的电子竞技选手并没有得到很好的战绩，但是他的气质很快就吸引了教练的注意。最后，他因为在训练和比赛中所表现出来的能力，教练让他担任起了辅助的角色。在后来的诸多比赛中，这位选手的表现让人无法指摘。虽然 Y 选手并没有达到教练起初所预期的顶尖主力输出位，但是教练的预期是灵活的。这个选手证明了他是一名具备辅助气质的出色的电子竞技运动员时，教练改变了自己的评估方式。

自我实现预言可以显著地提升自信水平。但是，自我实现预言是一把双刃剑，教练必须与所有的运动员积极地交流对他们的预期，才能充分地利用它。

例如，原 RNG 总教练赛前指导 RNG 队员："你不要有心理负担啊，你在顾忌什么呢？我们实力是比他们强的。没有关系，每个队伍都会遇到这种问题，比赛输了大家都不开心这种情况，但是不影响下一局，刚刚只是一个小意外而已，不要太被这个影响了，其实也没有什么压力的。而且你队友跟你的聚合力都是比他们大的，我们全华班齐力同心。

我们每次面对强队的时候，都能放开然后取得好的结果，面对自己能赢的队的时候，大家就会觉得自己接受不了失败，何必这样呢？我们之前赢了其他队伍，丢了这一分还是可以接受的，不要去想结果，打好自己的就好了。"

4.2.5　应对应激的方式

应激是指由危险的或出乎意料的外界情况的变化所引起的一种情绪状态。生活中，困难、挫折和挑战常常突然出现（如图 4-12 所示），使个体处于应激状态下，带来短期或长期的影响。

图 4-12　战争、疾病、灾难等应激事件（来源：新浪网）

比如，一个电子竞技运动员将电子竞技运动视为第一生命，他即将参加一项重要的选拔赛，成功与否将决定他的整个职业生涯；又比如，一个电子竞技运动员决定转会至另一个俱乐部，此时他可能面临与新俱乐部的队员们重新磨合，融入到一个新的团队中的问题。对于这些困难、挫折和挑战，必须勇敢面对，以适当的方式应对应激。

1. 第一评价与第二评价

第一评价（Primary Appraisal）是对应激情境严重性的最初评判，涉及的问题包括"发生了什么事情""这件事与我有关吗""这件事对我不利吗""这件事对我已经造成了伤害还是可能造成伤害"以及"我有必要采取什么行动吗"等。一旦确认需要采取行动，就会开始进行第二评价（Secondary Appraisal）。第二评价是对可以利用的个人资源或社会资源进行评价，并考虑需要采取什么行动，所涉及的问题包括"我有能力自己应对这件事吗""我能不能请别人帮助""我应不应该请别人帮助我""有谁可以帮助我""我可以采取哪些行动""这些行动有作用吗"等。作出应对反应时，评价会继续进行，所涉及的问题包括"这样做有效吗""需要改变策略吗"等。在同样的应激刺激面前，不同的人会产生不同的反应，同一个人在不同的时间也可能产生不同的反应。

2. 问题定向的应对策略与情绪定向的应对策略

根据应对行为的目的，可将应对行为分为问题定向的应对（Problem Focused Coping）和情绪定向的应对（Emotion Focused Coping）。

问题定向的应对，旨在面对和解决应激刺激带来的问题，采取能直接解决问题的行动，以改变应激刺激或个体与应激刺激的关系；情绪定向的应对旨在减轻应激刺激带来的不愉快感受，但并不一定直接解决问题。问题定向的应对行为对于那些可控性较大的应激刺激是有效的和适宜的。例如，对于比赛失利、训练受伤这类的应激刺激，就可以采用问题定向的应对策略。

相比之下，情绪定向的应对行为对于那些可控性较小的应激刺激可能更为有效，也更为适宜。比如，对于身患重病的母亲，有责任长期照顾护理，即便这给生活和工作带来很多不便。在这种情况下情绪定向的应对策略可能更为有效，也更为合理。

面临应激情境时，可资利用的应对策略和资源越多，就会越坦然；可资利用的应对策略和资源越少，就会越紧张。因此，应当注意开发、增加和保护应对的策略和资源，以使自己"有备无患"。

3. 社会支持

社会支持（Social Support）是人们应对应激刺激的重要资源，它是由别人提供的，是在社会交流和互相帮助的基础上形成的，可使人们体验到被爱、被关心、被尊重和被接受。社会支持包括3种形式：情感性的（爱、关心、尊重、接受等）、物质性的（钱、交通工具、住房、食物等）和信息性的（建议、消息反馈等）。人们周围的重要社会关系，如家人、朋友、队友、同学、同事、领导、教练，都可能成为社会支持的来源。有一项研究探讨了严重肾病患者的死亡率，结果发现家庭支持每升高一个测量单位，死亡的可能性就下降13%（Christensen，Wiebe Smith，Turner，1994）。这一类研究提示，遇到困难、挫折和挑战时，如果人们能够有机会寻求其他人的帮助，就可以更好地应对失业、离婚、丧偶等严重事件以及工作、生活中的日常琐事，而且还可以延长自己的生命。简而言之，社会支持对于身心两种健康都是必不可少的。常言道：朋友是最好的"药"。

4.2.6 放松训练和激励训练

1. 放松训练概述

（1）放松训练的概念

放松训练（Relaxation Training）是通过暗示语集中注意力、调节呼吸，使肌肉得到充分放松，从而调节中枢神经系统兴奋性的过程。目前普遍采用的放松训练方法有3种，分别是美国芝加哥生理学家雅克布森（Jacobson，1938）首创的渐进性放松方法、德国精神病学家Schult和Luthe（1959）提出的自生放松方法和中国传统的以深呼吸和意守丹田为特点的松静气功。这3种放松练习方法的共同点是：注意高度集中于自我暗示语或他人暗示语，深沉的腹式呼吸，全身肌肉的完全放松。

（2）放松训练的作用

在日常生活中，当个体处于心理紧张状态时，其骨骼肌也会紧张，表现为全身有发冷的感觉，肌肉发抖僵硬，说话哆嗦等；反之，当个体心理放松时，骨骼肌也自然放松。这说明大脑与骨骼肌之间的信号传导是双向的，信号从大脑传至肌肉，也从肌肉传往大脑。从运动器官向大脑传递的神经冲动，不仅将身体情况报告给大脑，而且也作为一种刺激，引起大脑兴奋。因此，当个体肌肉活动积极时，从肌肉传往大脑的神经冲动就多，大脑就更兴奋。比如在运动前，个体往往通过一些准备活动调动肌肉活动，引起并保持大脑兴奋性；反之，肌肉越放松，向大脑传递的神经冲动就减少，大脑的兴奋性就降低，心理上便感到不那么紧张了。

放松练习后，大脑呈现一种特殊的放松、安静状态，简称松静状态，又通俗地称为半醒的意识状态。在松静状态下，个体的受暗示性极强，对言语及其相应形象特别敏感，容易产生符合言语暗示内容的行为意向。总的来说，放松练习的作用主要有以下几点：

1）降低中枢神经系统的兴奋性。

2）减少由于情绪紧张而产生的过多能量消耗，使身心得到适当休息，加速疲劳的恢复。

3）为进行其他心理技能训练打下基础。

放松训练最主要的和直接的目的是使个体达到一种放松状态：全身各部位肌肉放松，中枢神经系统处于适宜的兴奋状态，注意力高度集中，这是许多心理调整练习的基础。

（3）放松训练程序

1）自生放松训练程序。

① 预备姿势。舒适地坐在一张椅子上，胳膊和手放在椅子的扶手或自己的腿上，双腿和脚取舒适的姿势，脚尖略向外，闭上双眼；或者仰面躺下，头舒服地靠在枕上，两臂微微弯曲，手心向下放在身体两旁，两腿放松，稍分开，脚尖略朝外，闭上双眼。

② 自生放松练习。自生放松（Autogenic Relaxation）练习要在他人指导语或自我指导语的暗示下缓慢地进行，常用的指导语如下：

平静而缓慢地呼吸，我的呼吸很慢、很深。

我感到很安静。

我感到很放松。

我的双脚感到沉重和放松。

我的踝关节感到了沉重和放松，我的膝关节感到了沉重和放松，我的双脚关节、膝关节、臀部全部感到了沉重和放松。

我的腹部、我的身体的中间部分感到了沉重和放松。

我的双手感到了沉重和放松，我的手臂感到沉重和放松，我的双肩感到沉重和放松，我的双手、手臂、双肩全部感到沉重和放松。

我的脖子感到沉重和放松，我的下巴感到沉重和放松，我的额部感到沉重和放松，我的脖子、下巴和额部全部感到沉重和放松。

我整个身体都感到安静、沉重、舒适、放松。

我的呼吸越来越深，越来越慢。

我感到很放松。

我的双臂和双手是沉重和温暖的。

我感到十分安静。

我的全身是放松的，我的双手是温暖的、放松的。

轻松的暖流流进了我的双手，我的双手是温暖的、沉重的。

轻松的暖流流进了我的双臂，我的双臂是温暖的、沉重的。

轻松的暖流流进了我的双腿，我的双腿是温暖的、沉重的

轻松的暖流流进了我的双脚，我的双脚是温暖的、沉重的。

我的呼吸越来越深，越来越慢。

我的全身感到安宁、舒适和放松。

我的头脑是安静的，我感觉不到周围的一切。

我的思想已专注到身体的内部，我是安闲的。

我的身体深处，我的头脑深处是放松、舒适和平静的。

我是清醒的，但又处于舒适的、安静的、注意内部的状态。

我的头脑安详、平静，我的呼吸更慢更深。

我感到一种内部的平静。

保持一分钟。

放松和沉静现在结束。深吸一口气，慢慢地睁开双眼，我感到生命和力量流通了我的双腿、臀部、腹部、胸部、双臂、双手、颈部、头部。这种力量使我感到轻松和充满活力。我恢复了活动。

从以上描述可以看出，自生放松是一种通过暗示语使身体各部位直接放松，最后全身放松的方法。自生放松强调的是呼吸调节、温暖感和沉重感。

2）渐进放松训练程序。

① 准备姿势。准备姿势可参照自生放松练习程序选择。

② 渐进放松（Progressive Relaxation）练习。请注意倾听以下指示语，它们会有助于你提高放松能力：

每次我停顿时，继续做你刚才正在做的事。好，轻轻地闭上双眼并深呼吸3次……

左手紧握拳，握紧，注意有什么感觉。…（注：一个"…"代表5秒钟的停顿）现在放松……再一次握紧你的左手，体会一下你感觉到的紧张状况。…再来一次，然后放松并想象紧张从手指上消失……

右手紧紧握拳，全力紧握，注意手指、手和前臂的紧张状况，…好，现在放松……再一次握紧右拳。…再来一次…请放松……

左手紧紧握拳，左手臂弯曲使二头肌拉紧，紧紧坚持着。…好，全部放松，感觉暖流沿二头肌流经前臂，流出手指……

右手握紧拳头，抬起手，使二头肌发紧，紧紧坚持着，感觉这紧张状态。…好，放松，集中注意这感觉流过你的手臂……

请立即握紧双拳，双臂弯曲，使双臂全部处于紧张状态，保持姿势，想一下感觉到的紧张。…好，放松，感觉整个暖流流过肌肉。所有的紧张流出手指……

请皱眉头，并使双眼尽量闭小（戴眼镜的人要摘掉眼镜）。要使劲眯眼睛，感觉到这种紧张通过额头和双眼。好，放松，注意放松的感觉流过双眼。好，继续放松……

好了，上下颚紧合在一起，抬高下巴使颈部肌肉拉紧并闭紧嘴唇。…好，放松……

现在，各部位一起做。皱眉头，紧闭双眼，使劲咬上下颚，抬高下巴，拉紧颈肌，紧闭双唇。保持全身姿势，并觉到紧张贯穿前额、双眼、上下颚、颈部和嘴唇。保持姿势。好，放松，请全部放松并体会刺痛的感觉……

现在，尽可能使劲地把双肩往前举，一直感到后背肌肉被拉得很紧，特别是肩胛骨之间的地方。拉紧肌肉，保持姿势。好，放松…

重复上述动作，同时把腹部尽可能往里收，拉紧腹部肌肉，感到整个腹部都被拉紧，保持姿势。…好，放松……再一次把肩胛骨往前推，腹部尽可能往里吸。拉紧腹部肌肉，紧拉的感觉贯穿全身，好，放松……

现在，我们要重复曾做过的所有肌肉系统的练习。首先，深呼吸 3 次……

准备好了吗？握紧双拳，双臂弯曲，把二头肌拉紧，紧皱眉头，紧闭双眼，咬紧上下颚，抬起下巴，紧闭双唇，双唇向前举，收腹，并用腹肌顶住。保持姿势，感觉强烈的紧张贯穿上述各部位。好，放松。深深呼吸一次，感到紧张消失。想象一下所有的肌肉都松弛——手臂、头部、肩膀和腹部。放松……

现在轮到腿部，把左脚跟紧紧靠向椅子，努力往下压，抬高脚趾，结果使小腿和大腿都绷得很紧。紧抬脚趾，蹬紧后脚跟。好，放松……

再一次，把左脚跟紧紧靠向椅子，努力往下压，抬高脚趾，结果使小腿和大腿都绷得很紧。紧抬脚趾，蹬紧后脚跟。好，放松……

接着，把右脚跟紧紧靠向椅子，努力往下压，抬高脚趾，结果使小腿和大腿都绷得很紧。紧抬脚趾，蹬紧后脚跟。好，放松……

双腿一起来，双脚后跟紧朝椅子压，压下双脚后跟，尽力使劲抬高双脚趾，保持姿势。好，放松…好，深呼吸三次。…正像你所练习的一样，把所有练习过的肌肉都拉紧，左拳和二头肌、右拳和二头肌、前额、眼睛、颚部、颈肌、嘴唇、肩膀、腹部、右腿、左腿，保持姿势…好，放松……深呼吸三次，然后从头到尾再做一次，接着全部放松。在你深呼吸后全部绷紧接着又放松的同时，注意全部放松后的感觉。好，拉紧，放松。…接着，进行正常的呼吸，享受你身体和肌肉完全无紧张的惬意之感……

放松和沉静现在结束。深吸一口气，慢慢地睁开双眼，我感到生命和力量流通了我的双腿、臀部、腹部、胸部、双臂、双手、颈部、头部。这力量使我感到轻松和充满活力。我恢复了活动。

从以上描述可以看出，渐进放松是一种通过暗示语使身体各部位先紧张再放松，最后达到全身放松的方法。渐进放松强调的是肌肉不同程度的紧张和放松的准确体验。

（4）使用放松技术的时机

一旦比较熟练地掌握了放松方法，就可在下列情况下使用。

1）表象练习之前：有助于集中注意力，使表象更为清晰、逼真、稳定。

2）临睡前：有助于消除疲劳，使身心得到充分休息。

3）电子竞技比赛前过于紧张时：有助于降低能量消耗，使唤醒水平处于最佳状态。

（5）放松策略

放松可以通过完全放松策略和快速放松策略两种方式来实现。完全放松策略需要较长的时间才能让电子竞技运动员进入到全面放松状态。在电子竞技运动员能够在比赛关键时刻按照需求实现快速放松之前，运动员必须坚持做到完全放松。

1）常见的完全放松策略。大量完全放松的策略都被用于提升运动表现。这里只重点简述4种最有效而且适合电子竞技运动员的策略：膈肌呼吸、意象放松、自我导向放松以及音乐放松。不管选择哪种技巧，电子竞技运动员都必须遵循以下指导方针：选择一个干扰最少、安静且舒适的环境；采取专注于呼吸方式、放开焦虑和担心的态度；找出舒服的姿势，最好是坐在舒服的椅子上，双臂放在扶手上、双脚不交叉、同时闭上双眼（平躺并不是最好的选择，因为往往会睡着）。

① 膈肌呼吸。练习深度膈肌呼吸可以促进躯体的舒张，通过扩展肺部与腹腔之间的膈膜，使整个肺部充满空气。鼻子吸气可以导致膈肌稍微向下移动，鼓起腹腔并创造出一个空间。肺部可以通过3个清晰的阶段将这个空间从上到下充满空气。首先，在膈膜扩展以及腹部向外鼓起时，随着空气充满肺下叶，肚脐下方会变大。接下来，随着胸腔扩展，空气会充满肺部中间部位。最后，稍微挺胸和提起双肩，这时空气会充满肺部上面的部位。吸气的过程必须遵循有益健康的暂停方式，接着通过嘴巴慢慢地完成呼气。吸气的过程必须缓慢且从容，时间长度必须跟呼气一样。在呼气最后可以稍微叹气，从而将气体全部呼出。

② 意象放松。在意象放松中，电子竞技运动员可以想象到一个悠闲且舒服的地方度小长假。如在安静的树林里散步，坐在偏僻小屋的炉火旁，躺在温暖阳光照耀的沙滩上，夏日凉风吹拂，海浪有节奏地拍打着海岸（如图4-13所示）。事实上，他们可以想象任何一处他们觉得放松的地方，包括家里的卧室。最重要的是，想象一个他们确实能够彻底放松的地方。

意象放松主要是基于一个简单的理念：如果我们无法改变环境造成的压力，那么我们仍然可以改变对环境的看法。这种能力是人类大脑优质能力的其中一个方面，但是这种能力却很少被人们使用。电子竞技运动员可以思考自身放松的地方，选择一个让他们总是觉得舒服且安全的地点，然后彻底放松。电子竞技运动员必须尽可能生动地想象自己身处特别的地方。他们可以听到声音、闻到气味、感觉沙土，可以使用所有感觉来想象这个地方。在这个特别的地方，他们越多地感觉到自己的存在，就越能够放松自己。电子竞技运动员必须不断地练习想象这个地方，直到他们能够在心里快速生成这个情形并感觉到与之相关的放松。

图 4-13　想象自己在海岸边的场景

课外阅读

意象放松示例

这个技巧被称为意象放松。它可以帮助电子竞技运动员通过到一个非常休闲且惬意的地方度小长假进行放松。这个地点可以选择海滩、僻静的山地湖、平静的草地、树林空地，甚至家里的卧室。地点并不是最重要的，重要的是要感觉到放松。

现在，我将指导你进行放松，请倾听我的声音。首先是完成几个深度膈肌呼吸。鼻子深深地吸气，先感觉腹部的扩展，然后胸部完全扩展，短暂地屏住呼吸；接着从嘴巴慢慢地呼气。每一次深度膈肌呼吸都会吸进让人精力充沛且新鲜的氧气，然后再呼出紧张和压力。必须集中精神呼吸，同时确保吸气的时长基本接近呼气的时长。

通过意象放松，可以使用想象实现深度放松。现在我们就开始训练。想象自己在一栋两层高的大房子里，并且站在长长的楼梯的最上面。你身处自己喜欢的类型的房子里，而且楼梯也是自己喜欢的类型。你伸出手并抓住楼梯的扶栏。注意手心触碰抛光木材时所产生的凉爽和光滑的感觉。在自己感到很舒适的时候，现在你开始慢慢地从楼梯下来，一步一步走下来。每走一步楼梯，你都要进一步深度地放松。在下楼的过程中，你一步一步地下楼，同时也越来越彻底地放松。每下一级楼梯，你就更进一步深度放松。在完全控制了深度放松的方式之后，现在感到很舒服、很放松时，你就可以停下来了，在下楼梯的过程中你必须专注呼吸。每下一级楼梯，你都可以精力充沛地吸取新鲜的氧气，同时释放紧张和压力。

当你觉得舒适且放松时，现在可以打开楼梯的门，然后走进自己专属的地方。这个特别的地方就是你选择的自己可以完全感到放松的地方，这个地方可以是海滩，有温暖的阳光照在身上，海浪轻拍着海岸；也可以是深山，凉爽且新鲜的空气让你感到精力充沛，美丽与宁静的景色又让你感到心情平静；甚至还可以是自己家里的卧室，每天晚上你的身心都可以恢复活力，不论你的专属地方在何处，只要这个地方能够让你感到放松，使你自己体会到完全舒适和安全，以及平静。这个特别的地方必须没有消极的想法或担忧、日程安排或截止日期、失败或不幸，这是一个你可以彻底放松和完全做你自己的地方，你不需要担心自己的着装或行为，你到这里的唯一目的就是彻底放松，远离尘嚣，享受放松的感觉，采用呼吸的方式帮助自己提升这些感觉，放松是一个持续的过程，你越努力放松就越有可能让自己的身体和肌肉变得更加松弛、平滑、舒展和放松。

注意心情平和的程度以及身体释放、柔软、稳重且放松的程度。同时还要注意自己的思维模式，随着忧虑和担心的消失，你会注意到，你不再胡思乱想，因为不需要解决问题和按时完成任务，当你的脑子里突然出现偏离的思绪或担忧时，你需要放开这些焦虑，让这问题慢慢地且毫不费力地从自己的脑子里飞走。只需对自己的思绪采用被动的方法，简单放开问题，让自己只专注于放松和与完全放松相关的感觉。全神贯注于深度放松的感觉，同时让这些感觉越来越强烈，让自己的心情变得越来越冷静、平和、安宁和舒适。你的心情与你自己本身、自己所做的事情以及周围的一切都处于平和状态，你从身体上和心理上都感到非常、非常放松。你的心思完全专注于身心彻底的深度膈肌呼吸和完全的放松。

在深度放松的状态下，现在开始了解有条件的放松，在进行 15~20 次呼吸时，每次呼气，你都必须对自己重复放松提示词（如放松、平静或冷静）。你的注意力必须完全专注在深度膈肌呼吸以及身心彻底深度放松的感觉上。有条件的放松意味着尝试在提示词和这些深度放松感觉之间培养一种强烈的关联，因此所使用的提示词稍后可以在日常生活需要的情况下引起快速放松，也就是说，你注意到自己在考试、演讲、工作面试或尝试赢得比赛时会出现过度紧张。在这种情况下，你可以做到通过尽可能放松来达到自己最佳的能量水平，从而培养和保持心理愉悦，并做出最佳表现。在这个有条件的放松过程中，当你在提示词和深度放松状态之间培养了一种强烈关联时，才能实现这种快速放松反应。

这是一个你可以度小长假的特别的地方。在这个地方，你可以做到深度且全面放松。同时，这还是一个可以实现意象、更清晰思考、解决主要问题和做出重要决定的好地方。这是一个适用于各种用途的逃离场所，你可以在这个地方稍微休息和恢复，或者在这个富有成效的工作环境中练习意象、解决问题和做出决定。只要你喜欢，你想来这个地方多少次都可以，住多长时间、什么时候离开这里都可以。你所需要做的事情就是重新调整步伐。最后，你可以打开门，离开这个特别的地方，然后重新踏上楼梯。这次，当你开始慢慢地一步一步走上楼梯时，每走一步你都要重新调整自己对于双腿、身躯、双臂、颈部和头部的感觉，重新找到身体每个部分正常的感觉。类似的，每一步都可以帮助你的心灵与现实接触，同时提升自己对自己身处何处以及房间周围正在发生的事情的认识。每往上走一步，你都可以进一步接触到身体的感觉，提升自己对于周围正在发生事情的现实感，以及让你重新认识自己的意识心志，当你到达楼梯最上面时，你会发现自己可以很舒服地睁开双眼，适应自己周围的一切，同时清醒地意识到自己周围世界的变化。你会有一种获得重生、精神焕发的感觉，就像你刚刚从短暂但爽快的小睡之后醒过来一样。你的身体会感到非常释放、柔软、稳重且放松，但是却充满活力并做好了一切准备。你的心情会非常平静、祥和、静谧且舒服，但是灵敏、专注，同时做好了实现所有已经设定的目标的准备。你很放松且精力充沛，做好了克服所有障碍，实现所有目标的准备。

（引自 D. Burton 和 T. Raedeke，2008，Sport Psychology for Coaches）

③ 音乐放松。大多数电子竞技运动员都已经能够利用音乐来帮助自己放松。不管他们是在聆听音乐作品的歌词、韵律还是节拍，都可以促进自身在潜意识里放松。运动员可以想象具备放松效果的音律或节拍，接着使用这种效果在竞赛的重要时刻或比赛的特定赛点进行适当的放松。

2）选择放松策略

没有任何一种策略对于所有运动员都是同样有效的。运动员的选择可能取决于主观感受，包括舒适层次、个人有效性、简易操作和个人愉悦性。在针对性满足个人需求的情况下，恰当的放松策略可以发挥最大的效果，因此电子竞技运动员可以自主选择放松技巧，并且根据自身实际情况混合使用多种放松技巧。

2. 激励训练概述

（1）什么是激励

激励是放松的对立面。它包含激活身体，帮助身体做好发挥最佳能力的准备。激励要求电子竞技运动员学习如何加速心率和呼吸，促使血液流向肌肉，以及增强大脑活动。与放松类似，激励是一种通用的心理训练工具，可以以不同的方式应用到比赛中，包括完全的激励策略和快速激励技巧。激励的优点包括控制唤醒、增强注意力和提升自信心。

1）控制唤醒。在训练时和比赛后期，电子竞技运动员往往会变得毫无生气和没有激情，缺少积极进取的能量。快速激励技巧可以帮助毫无生气的运动员在现场精神焕发，实现最佳唤醒和达到最佳能力水平。

2）增强注意力。当执行者的能量级别太低时，由于他们可能关注的范围太广，导致很容易被干扰。因此，当电子竞技运动员将唤醒层次提升到接近最佳能力范围时，必须缩小注意力范围以减少干扰，同时专注于重要的能力发挥，关注细节。

3）提升自信心。激励技能可以增强电子竞技运动员能力方面的自信心。在感到疲劳，进入比赛后半段以及面对困难的情形之下，选手可以通过激励实现更成功的能力发挥。这是一个显著提升自信心的策略。通过这个策略，电子竞技运动员能够认识到，他们可以在需要的时候激励自己，在压力下控制自身的唤醒水平。

（2）激励策略

与放松一样，电子竞技运动员必须学习完全激励策略，这样才能在竞争情形下实现快速激励。电子竞技比赛的本质是动态、流动、充满压力且有时间限制的。它要求激励策略必须快速、有效且个性化。以下着重介绍 4 个技巧：提神呼吸、意象激励、能量机器和音乐激励。

1）提神呼吸。提神呼吸类似于用力的呼吸方式。这种呼吸方式可以激励和促使电子竞技运动员做好全力以赴的准备。提神呼吸指通过快速的呼吸，然后想象向工作肌肉快速传送尽可能多的氧气。要求运动员使用胸腔用力而不是膈肌，进行多次节奏较快的浅呼吸，对于提升唤醒水平特别有效。

2）意象激励。在意象激励中，电子竞技运动员可以想象自己重新体验比赛经历。在想象成功发挥能力水平的过程中，运动员将获得充分激励，而且不会经历疲劳感。在使用意象促进完全激励时，电子竞技运动员需要生动地回忆他们所看到、听到、感觉到、品味到、闻到和触摸到的东西以及自身主要的情绪。可以专注于回顾能力表现，而不是所选择的某个能力表现水准，从而帮助选手感觉到激励。关键是要感觉到亢奋水平的提升。如果运动员能够经常想象这些生动的事件类型，那么他们就能够培养激励水平的能力。

3）能量机器。电子竞技运动员使用能量机器这个意象策略，可以想象从强大的外源（复杂的能量灌输机器）接受能量灌输来激励自己的身心。当运动员成为"技能成像器"和倾向于想象自身能量来自于外部资源的情况下，能量机器会特别有效。

4）音乐激励。大多数电子竞技运动员已经利用音乐作为激励技巧。不管歌曲的歌词如何，快节奏的音乐节拍一般都可以产生激励效果，而韵律和节奏可以在潜意识中提高能量水平。当电子竞技运动员默唱歌曲时，特定韵律或节拍可以作为提示，在比赛的关键时刻引发激励。

（3）提示性激励——完全激励和快速激励之间的纽带

提示性激励可以作为主要的快速激励策略，因为它可以与完全激励技巧一起应用到广泛的运动环境中，而且大多数执行者都可以很快掌握这种技巧。提示性激励可以在高激励水平下重复配对提示词，从而在两者之间形成强大的联系。比如，在提神呼吸时可以使用提示词来引发快速激励反应。

电子竞技运动员一般可以通过 3 个基本步骤掌握提示性激励：首先执行能够对自身产生作用的完全激励技巧，接着将提示词与被高度激励的情感配对，然后在第三次提神呼吸之后重复提示词 15~20 次。提示词必须具备强烈的激励含义（如用力、努力、坚强、强大或运气）。最后，通过快速完成 6 次提神呼吸以及在每隔 3 次呼吸之后重复提示词的方式，运动员可以使用提示性激励在 3~5 秒内促进快速激励。一旦运动员掌握了这个技巧，他们就可以在几秒内激励自己达到最佳的能力水平。

（4）选择激励技巧

鼓励电子竞技运动员尝试多种激励技巧，然后选择一种对自身作用效果最佳的技巧。这个技巧必须是快速、个性化、舒适、有效、易于使用且令人愉快的，运动员必须能够自由地、个性化地应用这些策略，以便提高这些策略的有效性。事实上，很多电子竞技运动员需要使用多重激励技巧以便适应环境需求。例如，可以选择将音乐、提神呼吸和激励意象组合到一起，作为训练和比赛的主要策略。同时，他们还可能在艰难的训练或受伤的情况下使用能量机器帮助恢复，应对个人控制或能量水平调整等问题。

📁 **思考题**

1. 赛前可能存在哪些心理状态，其中最佳心理状态应该是怎样的？
2. 如何有效地设置个人目标和团队目标？
3. 常见的放松和激励策略有哪些？请简单介绍。

第 5 章

电子竞技比赛中的心理调节

概述

　　电子竞技行业的所有服务都是为了能让电子竞技运动员以更好的状态参加电子竞技比赛，所以电子竞技比赛中运动员的心理状态及其变化就显得尤为重要。本章就电子竞技运动员比赛时会因为心理状态的变化而带来的影响做出了详细分析，同时也针对这些电子竞技比赛时的心理状态在赛场之外应如何调控列出了详细方法。本章分为 4 节：第 5.1 节分别阐述了比赛中间领先、相持和落后时会产生的心理状态，以及针对各种心理状态的调控方法；第 5.2 节围绕注意力的相关内容，集中介绍了注意力的特点、注意力的维持和集中以及一些有效的注意力训练手段；第 5.3 节涉及电子竞技比赛时运动员的实时沟通问题，着重介绍了可能出现的沟通障碍及其解决方式；第 5.4 节就电子竞技比赛时的战略决策进行具体分析，分别列举了决策的原则、类型和有效决策的方法。

5.1 电子竞技比赛时的心理状态及调控

在电子竞技比赛过程中，比赛局势瞬息万变，这使得电子竞技运动员心理状态容易起伏不定，当这种状况较为严重时，会影响运动员的临场表现，因此需要了解运动员在比赛时的心理状态，重视相关心理状态的调控。

5.1.1 比赛时的心理状态

在比赛过程中，由于参赛双方实力对比和比赛进程的变化，总会遇到领先、落后和相持等局面。不同的局面会对电子竞技运动员的比赛心理产生不同程度的影响，从而使运动员的比赛行为发生变化，这些变化可能是积极的，也可能是消极的。教练员和运动员如能了解并掌握这些比赛中的心理变化，便可以有效地进行调控，使运动员的技能水平能在比赛中更好地发挥出来，有利于取得好成绩。

1. 领先时的心理状态

电子竞技运动员比赛过程中逐渐占据场上优势时，可能出现的积极心理变化使运动员取胜的自信心增强。此时可能会表现出最佳竞技状态，即对比赛的感知清晰，注意力集中，思维判断准确。表现在运动员的比赛行为上，即电子竞技实际操作技巧得以流畅发挥，失误减少，游戏技术发挥好，成功率高。

占据场上优势时，电子竞技运动员也可能会出现消极的心理变化，主要表现在以下方面：

1）为了尽快取得比赛的胜利，急于求成。在这种情况下，往往欲速则不达，运动员对比赛的感知变得粗糙，对运动技能各环节的注意广度变得狭窄，注意分配能力下降，表现在运动行为上，即技术变形，失误增多，经常容易被对手抓住反败为胜的机会。

例如，2018年《王者荣耀》职业联赛（以下简称 KPL）春季赛保级赛 QG 战队对 YTG 战队的第二小局，在最后推水晶前 QG 战队一直占据优势，全队急于击杀对面英雄，没有攻击水晶，结果水晶仅剩 50 血没能被点破（如图 5-1 所示），QG 战队 5 人被团灭，YTG 战队从中路一路摧毁 QG 战队水晶，实现惊天大翻盘。

2）担心对手缩小比赛优势，紧张情绪加剧。电子竞技运动员由于惧怕失去优势，产生紧张情绪，这会使其对比赛的感知能力下降，思维变得狭窄，在运动行为上表现出过于小心谨慎，缩手缩脚，进攻意识减弱，防守意识增强，不能坚持以攻为守的策略，从而缓解了对对手在心理、身体、技术和战术等方面的压力，使对手有了调节身心状态的时间。如果对手能有效地利用这个喘息之机，调整好运动技能状态，那么比赛"鹿死谁手"便很难预料。电子竞技比赛中，如果一方在前期占据了优势，但是却没能够把优势转为胜势，最终赢得比赛，那么当比赛过渡到后期，这时候双方经济都已经饱和，英雄身上的装备也都基本上成型，那么前期的优势就会荡然无存，双方将再次站在同一起跑线上。

图 5-1　"50" 血 YTG 战队翻盘（来源：腾讯视频）

3）思想放松，心态麻痹。在这种情况下，电子竞技运动员盲目自信，轻视对手，认为自己能轻易取胜，警惕性降低，对比赛的感知能力下降，注意力不集中，在比赛行为上会表现出运动员表面上"傲气十足"，其实是缺乏斗志、态度散漫、不认真，对比赛中的技术细节应付处理，降低了完成技术动作的质量。此时如果对手把双方差距逐渐缩小，盲目自信的运动员很难重新集中精力比赛，往往会变得惊慌失措，失误增多，经常上演"骄兵必败"的悲剧。

2. 相持时的心理状态

在比赛中，由于双方的运动实力和竞技水平发挥相接近，会使比赛出现激烈的对抗竞争，双方交替领先，比赛焦灼，进入赛中相持阶段。

相持时，运动员积极的心理状态表现为敢于相持，坚信自己能取胜。这类运动员具有强烈的竞争心理和不服输的精神，他们敢于和强手比赛，并把战胜强手看成自己的荣耀，能在激烈对抗的比赛中体会到运动的愉悦感。在比赛中，他们感知准确，注意力集中，战术意识清晰，能够根据场上变化迅速、准确地进行预测，判断比赛进程，支配自己的身体做出相应的行为反应，其技能水平发挥准确、流畅。具有这样心理状态和行为表现的电子竞技运动员，会在比赛中越战越勇，取胜的可能性大大提高。

相持时，消极的心理状态则表现为害怕相持，担心对手领先。这类电子竞技运动员往往担心自己的能力难以适应长时间的激烈对抗，想竭尽全力首先打破比赛僵局争取领先，但又没有把握，在相持中运动员出现矛盾心理和焦虑情绪。这时，运动员不能全神贯注进行比赛，对比赛已经分心，导致失误增多，出现由相持到落后的概率增大。

3. 落后时的心理状态

电子竞技运动员在比赛中，经常出现由于开局不利，使自己陷入落后的被动局面。

（1）落后时积极心理状态的可能表现

1）敢于拼搏，具有顽强的意志和不服输的精神。虽然落后，但只要有一线取胜希望，也要尽自己最大努力，拼搏到底；即使在比赛逆境中，也能集中精力打好比赛；即使输掉比赛，也不让对手看轻自己，即"输人不输阵"，不让对手在心理上占到任何便宜。这是比赛落后情况下良好的心理状态。教练员应在平时的训练和生活中，注意培养电子竞技运动员顽强的意志品质和逆境中的拼搏精神。

例如，2018 年 KPL 春季赛（如图 5-2 所示），YTG 战队一直在保级区徘徊，但是这支队伍并没有因此丧失信心。在常规赛的后半程多次在先失两局的情况下，全体队员共同努力连赢 3 局，赢得比赛。最终 YTG 战队成功赢得了保级资格，继续征战 2018 年 KPL 秋季赛。

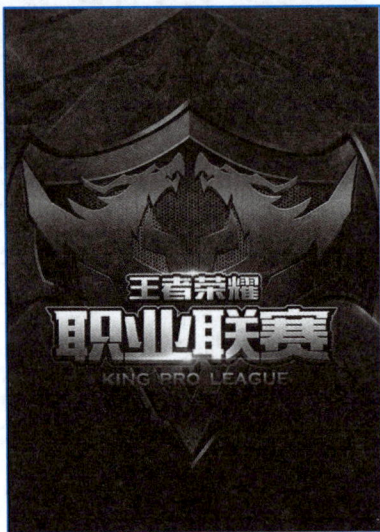

图 5-2　KPL 职业联赛（来源：腾讯新闻）

2）由于落后，反而放下了思想包袱。这类运动员处在落后情况下，常对比赛进程有这样的认识："反正也是输，不如放开打。"而这种认知的结果恰好克服了"想赢怕输"的心理障碍，缓解了比赛中的紧张情绪，使焦灼的心理得到放松。虽然这是一种被动的心理放松，但这种心理放松使电子竞技运动员放下心理枷锁，敢于在比赛中大胆做动作，从而提高了电子竞技实操技术质量，减少了失误。如果这时运动员能够控制并保持这种竞技状态，就有反败为胜的可能。如果这时对手心理上出现松懈，反败为胜的概率将大大提高。

（2）落后时消极的心理状态的可能表现

1）由于落后，电子竞技运动员的心理变得紧张、焦虑、不知所措。这时，运动员情绪波动大、思维混乱、运动表象模糊，不能集中注意力来考虑怎样抓住对方的弱点，怎样发挥自己的技术特长，而是过多考虑失败的后果。表现在运动行为上，即焦躁不安，电子竞技实操技术明显变形，失误多。此时会出现"越赛越急、越急越输、越输越紧张"的恶性循环，这对比赛是极为不利的。

2）由于落后，丧失比赛信心，放弃比赛。如果不是从战略上考虑，为了保持身心能量，放弃与强大对手的比赛，集中力量对付主要竞争对手而有意识地放弃比赛，则教练应对在比赛逆境中主动放弃比赛的电子竞技运动员给予严厉批评，运动员也要对自己这种消极的比赛态度进行深刻地反省。

5.1.2　比赛时的心理调控

比赛过程中，电子竞技运动员的心理会出现一系列波动，需要教练员、领队和队友根据赛场情况，适时开展工作。比赛过程中常用的心理调控方法有以下几种。

1. 来自电子竞技运动员内部的心理调控方法

来自电子竞技运动员内部的心理调控方法又可以分为针对认知的心理调控和针对情绪与行为的心理调控这两种类型。

（1）针对认知的心理调控方法

针对认知的心理调控方法主要是指思维阻断技术。

思维阻断技术源自认知疗法，又称思维控制疗法、思维停止疗法。它是一种矫正强迫性思维的方法，是当运动员想象强迫思维的时候，通过外部控制的手段，人为地多次抑制并中断其思维，从而促使强迫思维症状消失的一种心理治疗方法。思维阻断疗法的理论假设是：外在行为能通过控制来加以阻止，那么内隐行为也能通过控制来去除。比赛过程中，电子竞技运动员有时会出现一些消极性的强迫思维，如"一招不慎，满盘皆输""这个对手太强大了，我们就没赢过"等。这些想法会严重分散运动员注意力，无法全身心投入比赛，进而影响竞技水平发挥，导致比赛成绩不佳。为了防止这些想法对比赛的消极影响，可以运用思维阻断技术。

在比赛中，当电子竞技运动员出现消极的强迫思维时，在头脑中对自己大喝一声"停止"，通过这种手段，停止消极思维，把注意力重新集中到比赛任务中。

为了能够让电子竞技运动员在比赛中更好地运用思维阻断疗法进行心理调控，应当在平时对运动员进行思维阻断疗法的训练。在进行思维阻断法训练的过程中，需要注意以下几个阶段的有序进行。

第一阶段包括以下步骤：

① 团队内部心理辅导师担任指导者的角色，而电子竞技运动员则是求助者角色。首先，指导者帮助求助者进入放松状态。

② 让求助者关注那些令人不愉快的思想活动。

③ 当指导者发出"停止"的命令时，要求求助者高声命令自己"停止"令人不愉快的思维活动。

④ 让求助者清晰地想要让强迫思维停止时，就竖起食指示意。

⑤ 当求助者竖食指时，指导者即大声说"停止"，求助者也跟随着指导者大声要求自己"停止"。在进行这一步时，可以运用一些帮助措施，如掐自己一下，或用手拍自己的大腿等，这种意外的刺激能帮助求助者脱离自身的强迫思维。如此重复上述步骤。

在第一阶段中，可根据求助者进入想象潜伏期的时间来确定练习的次数。想象潜伏期是指从让求助者开始强迫想象到他竖起食指示意这一过程中的时间。如果练习有效，潜伏期应该增长。指导者发现潜伏期变长了，求助者觉得想起那些意象有困难时，可进入第二阶段。

第二阶段的过程与第一阶段的过程大体相同，只是在步骤⑤中指导者不使用任何帮助措施，只是大声说"停止"，如果这一阶段的治疗也有了效果，即可进入第三阶段。

第三阶段，指导者不再大声说"停止"，而是由求助者大声命令自己"停止"。

第四阶段，指导者让求助者改用小声命令自己"停止"。

第五阶段，当强迫思维意象清楚时，求助者在头脑中对自己下令"停止"。

上述 5 个阶段最好都保证 16 次的阻断，从而保证练习的效果。另外，指导者从一开始就应要求求助者对每天出现的强迫思维的次数进行观察和记录。随着治疗的进展，如果求助者记录下来的次数渐渐减少，那么就说明练习是有效的。指导者还应该给求助者布置任务，督促其练习。

（2）针对情绪与行为的心理调控方法

针对情绪与行为的心理调控方法包括暗示调节、表象重现、活动调节、呼吸调节等。

1）暗示调节。暗示调节是指通过言语，概括而言主要是第二信号系统作为调节、控制情绪和行为的方法，也可以通过手势、表情或其他暗号来进行暗示。暗示现象在日常生活中有着广泛的作用，既有消极的，也有积极的，暗示调节正是利用了暗示现象的积极作用。暗示既可以影响人的心理和行为，也可以影响人的生理变化。

暗示还可以分为自我暗示和他人暗示。竞赛之前和竞赛之中，教练员与运动员应尽量用积极词汇分析对手情况，制定策略，并且确立自信。应尽量多地使用积极词汇，少用消极词汇，如用"我很平和"代替"我不害怕"，用"我充满活力"代替"我还没有疲劳"等。教练员和运动员还应十分关注自身的表情，如身体表情、面部表情等，这些都是传达信息的渠道，表情的不同，很有可能对他人的心理产生不同的作用。

2）表象调节。表象是事物不在面前时，人在头脑中出现的关于事物的形象。表象调节是指通过表象调节情绪和行为的方法。上场比赛之前和比赛休息时，电子竞技运动员可以在脑中再现自己以前的最佳比赛表现，重新体会当时的身体感觉和情绪状态，有利于加强信心，集中注意力，增强获胜的可能性。成功动作的表象是一种积极的意念，可以间接地激活植物性神经系统，进而促使心跳加快、呼吸加强、新陈代谢过程的血流量加大，糖分解加速、热能供应充足，使整个身体增力感觉和增力情绪加强，为成功完成电子竞技实操技术动作做好准备。

3）活动调节。活动调节是指通过身体活动调控情绪的方法。大脑与肌肉的信息是双向传递的，神经兴奋既可以从大脑传至肌肉，也可以从肌肉传至大脑。肌肉活动积极，从肌肉向大脑传递的冲动就多，大脑的兴奋水平就会上升，情绪就会高涨；反之，肌肉越松弛，从肌肉向大脑传递的冲动就越少，大脑的兴奋性就会减少，情绪就不会高涨。

采用不同速度、强度、幅度、方向和节奏的动作练习，也可以用来调节运动员临场的情绪状态。例如，情绪过于紧张时，采用一些强度小、幅度大，速度和节奏慢的动作练习，可以降低情绪的兴奋性，减少过度紧张的情绪，情绪低沉时，则采用些幅度小、强度大、速度和节奏快的变向动作练习，可以提升情绪的兴奋性。

4）呼吸调节。呼吸调节是指通过改变呼吸的频率、深度和方式调控情绪的方法。深沉的腹式呼吸可使电子竞技运动员的情绪平和起来。情绪紧张时，常有呼吸短促现象，特别是过于紧张时，运动员会有喘不上气来的感觉，这是由于呼吸不完全造成的，这时可以采取平缓的吸气和呼气进行调整，这将有利于减少情绪兴奋性。情绪沉闷时，可采用长吸气与有力的呼气练习，这将有助于提升情绪的兴奋水平。这种方法之所以有帮助，是因为情绪状态与呼吸之间有着必然的联系，情绪紧张时，呼吸快而浅，由于快呼吸，使体内进入大量氧气，呼出大量二氧化碳。一旦二氧化碳呼出过多，会使血流中的二氧化碳失去平衡，时间一长，中枢神经便迅速做出抑制性的保护性反应。这时，可采用减少呼吸频率的方法来消除紧张，一段时间之后，情绪就会变得平和。

2. 来自运动员外部的心理调控方法

来自运动员外部的心理调控方法通常包括同伴的鼓励和教练员的临场指导两种。

（1）同伴的鼓励

在电子竞技的赛场上，同伴间的相互鼓励既可以是语言交流，如"没关系，再来""打得漂亮""稳住，我们能赢"等（借助游戏自带的团队语音功能），也可以是肢体动作等形式的互动，如比赛时的点头示意、目光交流和赛后的鼓掌、相互拥抱等。无论哪种形式，同伴鼓励对于增进相互沟通、团队合作、团队凝聚力都有很大的积极意义，进而让电子竞技运动员斗志昂扬地投入比赛。当成绩领先时，同伴间的相互鼓励能鼓舞斗志，增强信心；当成绩落后时，同伴间的相互勉励能获取理解、安慰和支持。

为了能够让运动员在赛场上互相鼓励，管理团队就应在日常训练过程中重视这方面的要求。对于电子竞技比赛这种大多需要互相配合的群体性项目，加强呼应与配合，互相支持尤其重要。

与同伴鼓励相对立，起到负面作用的是同伴之间相互抱怨，甚至恶语相向。对于团体性项目来说，运动项目的特点要求队友之间必须发挥团结协作的力量，相互信任，互相配合，才能夺取最终的比赛胜利。但比赛过程中，运动员难免会因为身体疲劳、团队默契度欠佳、队伍指挥不统一等原因出现配合失误，这种情况下，很容易导致同伴之间相互抱怨现象的产生。

为了避免这种现象的发生，在日常训练过程中，要加强队员间的人际沟通训练和团队建设，建立一种相互信任、互相支持的团队氛围。同时，日常训练过程中教练员一旦发现类似现象，应及时予以纠正，引导运动员换一种方式去表达情绪情感，用适宜的手段实现沟通的目的。

（2）教练员的临场指导

在电子竞技比赛中，教练员的指导时间多在多局比赛的中场休息时间，教练员的临场指导对运动员特别重要。因为运动员作为当事人，容易受到比赛成绩，自身情绪变化的影响，并且容易出现"旁观者清、当局者迷"的情况。教练员可以在赛场下观察各个运动员的竞技状态，并根据每一个运动员的表现，给予他们细致的技术指导。此外，这种指导还包括心理状态的引导（如图 5-3 所示）。

临场指导对教练员提出了多方面的要求（林建成，1993）。

1）牢牢把握指导目标。教练员在比赛中的指导内容，应抓住关键性的心理状态问题，

图 5-3　教练正在临场指导（来源：新浪新闻）

不用重点关注那些需要经过长期训练才能改正的心理问题。

2）指导的语言应简明、扼要、不含糊。当教练员有机会进行场上指导时，语言应该简单明确，不能长篇大论。简明扼要的语言有助于运动员记住指导重点，同时这种语言也向运动员传递着教练员对比赛的信心。含糊的语言，如"可能""大概"等，以及相互矛盾的语言会使运动员犹豫不决，对教练员的权威性以及指令的明确性失去信心。

3）灵活机动地应用"默契"语言。教练员在电子竞技比赛中场休息中，应该运用平时与运动员沟通的神情、手势和简短的语言，使运动员在尽可能短的时间内理解教练的意思，做到"心有灵犀一点通"，这将是对教练员指导比赛很有实用价值的指导艺术。

4）教练员的应变能力要强。比赛中一旦发现对方改变战术或者己方队员处境不利的情况下，教练员应该能及时改变策略，并采取恰当的应对措施。

5）在中场休息制定下一场战术时，教练员最好不要随意走动，要神态自如，充满信心地观战和指挥。教练员的神态对电子竞技运动员心理的感染力极强，哪怕是在最危急的情况下，教练员神态自如，信心十足，对运动员都是一种无形的鼓舞，能稳定运动员情绪，增强运动员战斗力，应该注意，运动员由于情绪失控造成技、战术水平无法发挥的情况时，教练员更要控制情绪，采取恰当的措施解决问题，这无疑对教练员提出了更高的要求。

6）比赛中的批评要注意时机、因人而异。比赛过程中的批评是为了打好比赛，如果批评的时机不对，反而收不到应有的效果。批评时特别需要注意，要针对运动员的个性特点进行。有的运动员经不起批评，那就不批评，而有的运动员需要严厉批评才能鼓舞斗志，振奋精神，那就不妨适当地运用批评策略。

7）教练员应熟练掌握裁判法。这有助于教练员在比赛过程中合理利用规则，并把握运动员和裁判员冲突的分寸；否则，可能引起运动员的对立情绪，甚至导致裁判员评判尺度的偏差。

8）要善于利用头脑中随机产生的"灵感"处理比赛中的问题。这种"灵感"的产生往往不是无中生有，而是经由多次的比赛、训练经验升华而来的直觉思维，教练员和运动员不应轻易地否定其价值，并且这种直觉思维还能够起到一种安慰和精神寄托的作用，对稳定教练员自身的情绪也能起到帮助作用。

电子竞技比赛时的注意力常识

5.2.1　注意力的特点

注意力（Attention）是和意识紧密相关的一个概念，但又不同于意识。简单而言，注意力是心理活动或意识对一定对象的指向与集中。注意力有两个特点：指向性、集中性。

注意力的指向性是指人在每一瞬间，他的心理活动或意识选择了某个对象，而忽略了另一些对象。例如，电子竞技运动员在激烈的比赛中，大量的心理资源都耗在比赛界面上，对于场外观众的欢呼等就会"视而不见"（如图 5-4 所示）；或者太过专注于当前所执行的任务而忽视了队友的指示从而发生差错（这点在专业队员上较少见，多见于新手）。注意力的指向性是指心理活动或意识在某个方向上进行活动。指向性不同，人们从外界接受的信息也不同。

图 5-4　选手在观众注视下比赛（来源：多玩游戏）

当心理活动或意识指向某个对象的时候，它们会在这个对象上集中起来，即全神贯注，这就是注意力的集中性。例如，比赛中运动员专注于对控制单位的操作与对局势的把握，这时即使跟他说话或别的无关活动，都会被他排除在意识之外。如果说，注意力的指向性是指心理活动或意识朝向某个对象，那么集中性就是指心理活动或意识在一定方向上活动的强度或紧张度。心理活动或意识的强度越大，紧张度越高，注意力也就越集中。

人在高度集中自己的注意力时，注意力指向的范围就缩小。这时候，他对自己周围的一切同样可能"视而不见，听而不闻"。因此可以了解到，注意力的指向性和集中性是不可分割的。

5.2.2　注意力的维持和集中

1. 比赛中的心理定向

比赛心理定向（Mental Set in Competition）是指电子竞技运动员赛前和赛中的注意焦点。它埋藏在选手的潜意识里，但它无时无刻不对其产生着某种影响。这种影响作用于以下方面：

① 比赛教育中，比赛是教育的手段。在竞技体育中，比赛是训练的目的。比赛必然会有一个结果，这个结果的表现形式通常是胜或负、成绩、名次和是否出线。电子竞技运动员在参加比赛之前，都自觉或不自觉地对比赛有着某种心理定向。这个心理定向有时并不表现在具体目标。

② 比赛方案的制订（包括技术、战术等方面）。

③ 赛前心理准备（心理程序的制定）。

心理定向（Mental Set）决定着电子竞技运动员的参赛状态。积极的心理定向是将注意放在比赛过程上，放在当前任务、自我调节和技术战术上（如图5-5所示）。积极的心理定向会成为电子竞技运动员努力发愤和平衡心态的动力来源。消极的心理定向则是将注意放在过去或未来的比赛结果上，放在与他人进行的社会比较上。消极的心理定向会成为电子竞技运动员的额外负担，影响技术水平的发挥。如何做好心理定向是一个看起来简单，但实践中往往不好解决的问题。

图5-5　教练在做赛前定向（来源：新浪新闻）

心理定向的原则如下：

1）过程定向。比赛心理定向的第一个要点是过程定向（Process-orientation），即比赛时将注意定向比赛的过程要素而不是结果要素。这里，比赛过程要素主要指与比赛表现直接相关且自己可以调节的要素，如比赛之前的饮食调节、休息、练习，以及竞赛之中的技术战术、体能分配等。比赛结果要素主要指比赛名次、比赛成绩、与他人相比的差距等。将注意指向比赛最终结果之所以不利于电子竞技运动员的比赛发挥，是因为：第一，思考结果及其即将造成的影响会使电子竞技运动员的紧张程度不由自主地升高，甚至达到难以自控的不适宜程度；第二，比赛结果是比赛进程的最终环节，主要受先行事件的影响，如电子竞技运动员准备活动的充分程度。将注意集中在比赛最终结果上，会干扰对先行事件的必要准备，进而使比赛最终结果不能达到预定目标，产生越想结果而越出现坏结果的情况。

2018年《英雄联盟》季中冠军赛（简称MSI）小组赛中，RNG战队力克Team Liquid战队，不仅给自己拿到了加赛争夺小组第一的机会，也为Fantic俱乐部创造了通过加赛获得出线权的条件。之后的结果也正如分析所预料，两队都顺利地获得了前往巴黎的资格。RNG 战队全体队员在赛后采访中也承认，就是因为赛前的放松，才让团队整体发挥都很好。赛前保持轻松的心情，有利于比赛的正常发挥，事实的确如此，RNG 战队发挥得确实不错。在任何一场比赛上，都需要电子竞技运动员保持轻松的心态，紧张的心态会影响正常发挥，只有心态轻松，才能保持最好的水平。

2）当前定向。比赛心理定向的第二个要点是当前定向（Present-orientation），即比赛时将注意的方向定位在当前任务而不是过去的结局和将来的结果的认识倾向。电子竞技运动员参赛过程往往是一个较为持续的过程，前一轮的比赛结果往往会对运动员接下来的比赛表现产生重要作用。因此，如何在比赛过程中不断进行自我调控，树立正确的心理定势，是电子竞技运动员保持优势或力挽狂澜的重要支持。当前定向的原则要求运动员在不断进行心理调整的过程中，保持从零开始的态度，将注意集中在急需完成的即时任务上，既不过多集中于已经发生的事件上（不论是积极事件还是消极事件），也不过多纠缠在将要比赛的结果上。这一要点具体化到电子竞技比赛中，可以简单地表达为"打一场丢一场，场场从零开始"。

例如，2018 年的 KPL 比赛进展到第 10 周，一匹"黑马"杀出，那就是 eStarpro 的选手伪装。KPL 第一中单的桂冠就稳稳地戴在了他的头上。他在首轮比赛全程都发挥了核心输出作用，eStarpro 战队在整场比赛的危急时刻都是他站了出来。最终 eStarpro 战队以 3：1 的成绩战胜了 RNG. M 战队。在 2018 年《王者荣耀》KPL 春季赛常规赛第 10 周 eStar 战队对战 RNG 战队第一场比赛 25 分钟的时刻，RNG 战队发起后期团战，接二连三歼灭对方团队核心，一路推进高地。在所有人都以为 RNG 战队就是这场比赛的胜者时，伪装再一次站了出来，上演了一次绝地反击。整个水晶血量不足五分之一时，他复活了，在这个时刻，他没有手忙脚乱，而体现了一个精英赛手的冷静。在打倒对方两名关键核心后，他冷静分析了当前局势，没有选择乘胜追击，为了让 RNG 战队失去拆水晶的机会，他选择先清理兵线（如图 5-6 所示）。与此同时，这个完美救场后，RNG 战队也就失去了取胜的机会。更让观众惊艳的是，在最后的团战中，他如有神助，利用地理优势完美发挥，整个团队一场完美配合，在无人阵亡的情况下拿下胜利。

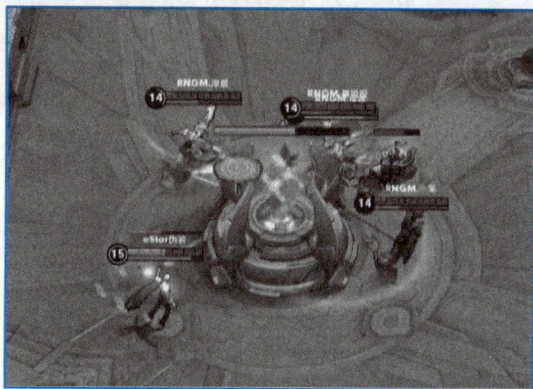

图 5-6 伪装选手冷静对敌（来源：腾讯视频）

同样的事情发生在 2018 年《王者荣耀》春季赛首场季后赛，GK 和 JC 两支队伍背水一战。纵观历史，双方截至目前交手的几次比赛，JC 战队胜多负少，在历史战绩上占据着绝对的优势。在最近的 5 场比赛数据上，JC 战队在整体 KDA、每分钟平均经济以及每分钟平均伤害上，都要优于 GK 战队，竞技状态也远超 GK 战队，但竞技比赛的可看性就在不可预知性上，JC 战队在 3:0 领先的情况下，竟然被 GK 战队反超比分取得胜利，简直不可思议。这创造了 KPL 首次落后 3 局反败为胜的历史记录。

3）主位定向。比赛心理定向的第三个要点是主位定向（Self-orientation）。众所周知，决定比赛结果的因素很多，如裁判、场地、观众、天气、对手的基本技术战术体能水平、对手的比赛发挥情况以及电子竞技运动员自己的比赛表现等。这些因素中，有很多是运动员难以控制或根本不可能控制的，如对手、气候和裁判。关注那些不能控制的因素，不但会使运动员产生无力感，从而减少自信心，而且还干扰了他们对于竞赛的重要准备工作。主位定向的原则要求电子竞技运动员将注意集中在可控制的因素上，而可控制的因素主要是和运动员自己有关的一些因素，如运动员在下场比赛中要采用的战术战略，思维和表象的内容，以及与教练员的沟通等。同时，应使用一切可能的方法，摒除与自己无关和与比赛过程无关的信息。例如，在电子竞技比赛的间隙里，在人较少且较安静的地方，戴上耳机，闭目听自己预先准备好的轻音乐，以放松精神，摒除干扰信息，更好地为下一场比赛养精蓄锐。

2018 年珠海德玛西亚杯决赛第四局的禁选英雄阶段（以下简称 BP），RNG 战队出现了选择英雄失误，并在第一时间告知官方（如图 5-7 所示，其中 RNG 战队最后选择时因为没有找到英雄角色而系统自动选择了"龙血武姬"），按照现行德玛西亚杯规则 6.7.4 细则，符合"犯错的队伍必须在另一支队伍锁定下个选择之前告知赛事官方，并且在官方进行沟通期间，没有任何队伍进行下一个有效锁定。"在沟通双方俱乐部后，官方将 BP 恢复到错误开始之前。

图 5-7　在错选英雄后第一时间通知主办方（图片来源"腾讯视频"）

课外阅读

德玛西亚杯规则 6.7.4 详情

6.7.4 选择失误如果出现错误的选择或者禁用英雄，犯错的队伍必须在另一支队伍锁定下个选择之前告知德杯官方，并且在官方进行沟通期间，没有任何队伍进行下一个有效锁定。这样，禁选阶段将会重新开始，并且恢复到错误发生之前的状态，以让犯错的队伍能改正自己的错误选择。如果在犯错队伍告知德杯官方前或官方进行沟通期间，下一个选择已经确定，则错误选择将无法被撤销及更正。在报告错误之后，队伍必须在 3 秒内告知裁判原本正确的选择，否则该选择将无法被撤销及更正。只有选择英雄错误被允许申请重开，禁用英雄错误除非遇到 Bug 或其他硬件上的不可抗力情况，否则不被允许申请重开。整个重开的流程必须在德杯官方人员的指示下完成，如果选手在没有得到德杯官方指定及允许的情况下自行重开选择/禁用英雄阶段，则该选手会受到相应处罚。德杯官方有权定义该局比赛的禁选阶段是否重开。

诸如此类不可预见的情况不可避免，如果电子竞技运动员过分关注这样的不可控因素将对自己的比赛状态带来消极影响。

比赛结果是很多因素综合作用的产物，在这些因素中，属于一名电子竞技运动员所能控制的因素只有运动员能否发挥出自己的水平，而这一方面的因素所占的比例是很小的。即使发挥了水平，比赛的结果也可能不是运动员所期望的。如果把心理定向定在比赛结果上，很有可能会摆脱不了对比赛的社会影响的考虑。"赢了会怎样？输了又会怎样？我到底能赢吗？"高期望值、侥幸心理不仅会白白消耗一些心理能量（心理能量是有限的，注意也消耗心理能量），还会引起焦虑、失眠和各种生理反应，造成神经和肌肉的疲劳。想赢怕输的内心活动也会逐步发展，最终形成失败恐惧。

2. 持续性注意——专注力

最后的难题是学习持续关注，将注意力集中到当前任务上。虽然专注力（Concentration）和注意力（Attention）这两个词汇经常被作为同义词使用，但是事实上两者是存在区别的。专注力是长时间保持注意力集中在指定刺激因素上的能力。帮助运动员提高专注力技能是注意力训练的关键部分，专注当前任务是非常具有挑战性的。例如，人群嘈杂等外部干扰可以分散运动员的注意力，同时，电子竞技运动员自身的所思所想也会影响专注力。即使运动员阻止了所有外部和内部干扰，保持高度集中的专注力仍然是非常困难的，因为这需要消耗能量。电子竞技运动员长时间保持专注力时，会感到精疲力尽。尝试做到注意力集中往往无法产生积极的效果，越是努力尝试，就越会变得难以集中注意力。事实上，有效的注意力集中要求"不费力的努力"或者让自己的大脑在此时此刻将注意力集中到当前任务上，而不是尝试让自己做到注意力集中。

（1）专注力需要消耗能量

电子竞技运动员必须学会何时以及如何开启和关闭专注力。在真实比赛中，运动员都遵循开始比赛，接着等待比赛，然后再进行比赛的方式。因此，运动员必须慎重地使用专注力。如果没有做到慎重使用专注力，那么运动员很可能会出现精神疲劳，无法有效地选择正确的刺激因素，出现疏忽，做出糟糕的决定，同时还很容易受到干扰。

（2）练习集中注意力

通过练习，电子竞技运动员将能够越来越长时间地集中注意力。有些运动员没有意识到练习这个技能的必要性，而有些进行注意力练习的运动员又很少在参加比赛时做到持续长时间注意力集中。电子竞技运动员必须花时间练习保持注意力集中。在参加比赛时，他们也可以完全使用相同的方式保持注意力集中。此外，教练员还可以制定要求注意力集中的练习活动，帮助运动员培养注意力技能。

（3）影响有效专注力的障碍

专注力要求静心或"停止思考"。电子竞技运动员应该充分认识到"停止思考"的关键时刻是"当下"。运动员必须将注意力全部集中到当下的任务上，并且不要分心。虽然这方面理论上看似简单，真正练习起来需要付出很多努力。过度思考、缺少信任、疲劳等内部因素都会阻碍注意力集中。

（4）过度思考

有些电子竞技运动员存在注意力很难集中的问题，因为他们会一直抓住过去的事情不放，例如，裁判的误判、深入了解对手的打法或者不断出现的错误等。运动员还可能因为脑中一直想着其他的事情而无视现场的比赛情形。

例如，某一时间点，电子竞技运动员的思绪可能十分混乱：一方面他会担心如果发挥得有失水准会带来怎样的糟糕局面；另一方面他在极力克制自己，不断尝试着使自己摆脱紧张的情绪。

（5）缺少信任

信任是一种包含释放意识对动作的控制和允许自己自动采取行动的技能。如果要求一个人走过只是刚好高过地面的平衡木，他会做出怎样的反应呢？正常情况下多数人会不假思索地走过平衡木。如果要求再次走过平衡木，但是这一次平衡木与地面相距 100 英尺（30 米），这次会做出怎样的反应呢？相对于相信自身的行走能力，这种情况下可能还会有意识地尝试保持平衡，同时注意不要从平衡木上跌落。在这种情况下，这个方法会使任务变得更难。这个道理同样适用于电子竞技。例如，在比赛时，特别是在大型的比赛中，电子竞技运动员都迫切地希望自己做得更好，从而不相信自己所接受的训练和技能。

（6）疲劳

具备完善注意力技能的电子竞技运动员多数有能力很好地消除疲劳感。而专注力技能较弱的运动员会因为疲劳而很难对手头的任务保持注意力集中。相对于全神贯注于自身的能力表现，疲劳会让运动员变得无精打采。

3. 克服专注力障碍

采用什么方法可以帮助电子竞技运动员提高克服注意力障碍的能力呢？这不是一个简单策略就可以解决的问题。接下来，将围绕这一话题阐述几个关于如何提高专注力的技巧。

（1）静心训练

静心训练的关键在于尝试清空脑子里所有的思绪。电子竞技运动员努力平静内心，让自己专注于自我对话技能，可以在运动员意识到自己目前无法集中精神的情况下，帮助他们重新集中注意力。作为教练员可以制定具体的运动策略来帮助运动员平静内心并关注眼前情形。

（2）诱发因素

可以使用诱发因素来提高电子竞技运动员的专注力。诱发因素包括词语或动作，这些词语或动作可以提醒运动员集中注意力。当运动员出现分心时，有些教练员会使用"集中注意力"作为温馨提示，让运动员将注意力重新集中到任务上。

（3）做好应对干扰的准备

即使电子竞技运动员已经进行了将注意力集中到正确线索的训练，但是掌握将注意力集中到正确线索的技能难度非常高。各种外部和内部干扰都会影响运动员的注意力。紧张或意外的刺激特别容易吸引注意力，如突然大声吵闹、一束灯光，甚至是视觉周围轻微的动作。关注这种刺激类型的自然倾向被称为定向反应，但是与安全和运动表现没有关联的定向反应便只是干扰。电子竞技运动员必须阻止无关的干扰，同时将注意力集中到当前任务上。幸运的是，通过反复面对干扰的练习，运动员可以习惯刺激因素，而且不再对这些刺激因素分心，还有一部分运动员会通过喝水等行为来让自己缓解紧张，集中注意力（如图 5-8 所示）。最有效避免不必要定向反应的方法是让意外成为预期，让不正常成为正常，同时让不寻常变得寻常。

图 5-8　选手通过喝水来缓解紧张，集中注意力（来源：新浪新闻）

（4）释放

当一些消极的想法和情感影响运动员专注于眼前情形，电子竞技运动员也可以使用释放来消除消极想法和感受。特里·奥利克（Terry Orlick）是一名世界知名的运动心理咨询师，他提倡使用"暂停"日常训练来提高训练的质量以及帮助运动员提高专注力。运动员进入训练场所时，教练员会指导他们将手放在一个物体上（如长凳的一端），然后想象任何与该物体相关的个人问题或日常关注，这样做可以让运动员在训练的过程中放松思维。在完成训练之后，教练可以把整个过程反转过来，这时，运动员不需要"暂停"关注这些问题，而且他们还可以按照需要解决这些问题。运动员也可以使用释放来放开错误或其他干扰障碍。运动员重新开始触碰物体时，他们可以想象与该物体相关的错误或干扰障碍。接着，运动员就可以抛开这些错误或干扰障碍。

（5）指引注意力避开分心的想法和感受

电子竞技运动员也可以使用控制呼吸和快速放松来避开干扰的想法和感受。关注呼吸有利于运动员平静内心和专注于眼前情形，同时还可以降低过度唤醒，减少最佳注意力干扰，提升注意力集中。此外，运动员还可以使用自我对话技能重新让自己保持镇静，并且将注意力重新集中到当前任务上。另一个策略是关注环境中的一个物体，转移意识思维的注意力。从表面上看，学习集中注意力可以将焦虑所产生的想法降低到最低程度。

（6）自我控制——制订重新关注计划

所有的电子竞技运动员都会在某个时刻出现注意力不集中，这是不可避免的。优秀的选手与一般的选手之间会存在一定的差异，其中的一个因素就是，在出现注意力不集中的情况下，优秀的运动员具备重新快速集中注意力的能力。在对干扰的情形做出反应的基础上，心理坚韧性强大的选手能够使用恢复计划，例如"意识、放松和重新关注"，重新集中注意力。第一步是电子竞技运动员意识到自己注意力不集中，需要重新集中注意力。接下来，运动员可以使用自我对话和膈肌呼吸进行放松。最后，运动员可以将注意力重新集中到当前任务上。运动员往往会在对情形做出反应时而不是在控制如何对情形做出反应时分散注意力。因此，使用重新关注计划有利于重新集中注意力。

4. 过度专注的隐患

专注力技能非常重要。但是，如果电子竞技运动员只专注于一件事情，并且无法在需要时转移注意力，那么过度专注就会影响选手的能力水平发挥。这就是关于专注力技能的最后一个问题：电子竞技运动员必须能够根据任务需求转移注意力。转移注意力要求选手们在发挥能力的过程中意识到自身在不同的时刻所需要的不同的专注方式。同时，运动员还必须培养选择性注意技能，这样他们才可以将注意力集中到与任务相关的线索上。此外，运动员还必须学会管理压力，这样才不会在需要时影响运动员集中和转移注意力的能力。事实上，压力管理是教练员必须教导运动员的一个最重要的技能。这个技能可以提高运动员的注意力技能，如果运动员具备良好的注意力技能，那么他们就比较不会感到有压力，因为他们会全身心地投入到比赛中。因此，这两个技能的提高是相辅相成的。

课外阅读

注意集中训练的操作方法

1. 纸板练习

剪一块方形黑纸板，边长 15 英寸（1 英寸＝2.5400 厘米），再剪一块方形白纸板，边长 2 英寸，将白纸板贴在黑纸板的中心，再将纸板挂在墙上，图案中心的高度与眼睛并齐，室内要求光线充足，保证人能清楚地看到图案。

用放松方法使自己处于放松状态。

闭眼 2 分钟，想象有一块温暖、柔软的黑色屏幕，就像电视机没有打开时的屏幕一样。

　　睁开眼睛，对着图案的中心集中注意看 3 分钟，看图案时不要眨眼，也不要太用力。

　　慢慢将眼睛移开，看着空白的墙壁，这时在墙上会出现一个黑方块虚像，直到它消失为止，当它开始消失时，要想象它仍在那里。

　　虚像消失后，闭上眼睛，在头脑中想象那幅图像，使头脑中的图像尽量稳定。

　　重复上述整个过程。

　　这套练习做一周，每天一次，每次约 15 分钟。

　　2. 五星练习

　　剪一块方形硬纸板，黑色，边长 15 英寸，再剪一个白色五角星，8 英寸宽，将白色五角星贴在黑色纸板正中间，将纸板挂在墙上，坐在距墙 3 英尺远的地方，进入放松状态。

　　闭上眼睛，在头脑中想象一个黑色屏幕。

　　睁开眼睛，注视五角星的图案，凝视 2 分钟。

　　把眼睛移开，看墙上的五角星虚像。

　　闭上眼睛，在头脑中重现这个虚像。

　　也可在室外借助自己的影子做这种练习，站或坐在阳光下，使自己身旁产生影子，盯着人影子的脖子看 2 分钟，然后看淡色的墙（如在室外，则看天空），注视影子的虚像，闭上眼睛，在脑海中重现图像。

　　3. 记忆练习

　　这个练习可以训练集中注意力和提高想象力，还可以帮助培养记忆力。在开始这个练习前，至少先练习一周前面介绍的观察图案的技术。

　　找一个僻静的地方，将灯光调暗，脸朝上躺着。

　　做一节放松或集中注意力练习。

　　闭上眼睛，想象有一个温暖、柔软的黑色屏幕。

　　想象在屏幕上出现一个白方块，边长 12 英寸，距自己一尺远，努力使这个图像稳定。

　　然后想象在屏幕上出现一个硬币大小的黑圆圈，集中注意力看这个白方块中的黑圆圈。

　　整个图像突然消失，想象这时突然闪过脑海中的各种图像。

　　这种练习可以帮助回忆过去曾进入大脑的信息，在进行回忆时先闭上眼睛自我暗示："我一定要想起来（名字、事实、地点）"，然后做记忆练习。

　　让图像保持几秒钟，使图像消失。闭上眼睛待 10~15 秒，看看自己是否能回忆起遗忘的东西。

　　4. 实物练习

　　电子竞技运动员可以使用身边的用品（如网球）来做这个练习，凝视手中的球，观察球的纹路、形状、颜色等一些细节，也可以用石头块、苹果或半导体等手边的其他东西来做这种练习。

5. 秒表练习

注视手表秒针的转动，先看 1 分钟，假如 1 分钟内注意没有离开过秒针，再延长观察时间到 2 分钟、3 分钟，等到确定了注意力不离开秒针的最长时间后，再按此时间重复三、四次，每次间隔时间为 10~15 秒。如果能持续注视 5 分钟而不转移注意力，就是较好成绩。每天进行几次这样的练习，经过一段时间，注意力集中的能力便会提高。

以上 5 种练习可以在有干扰的情境中进行，如在有音乐、电视、训练场、汽车站等背景中进行，以提高在恶劣环境下的抗干扰能力。

5. 注意力训练

（1）选择性注意

每个人每次只可以专注一定数量的刺激因素。选择性注意是一个专注于特定信息同时忽视或筛选剩下信息的过程。电子竞技运动员必须懂得，哪些信息对于他们的能力表现好坏是至关重要的，接着他们必须将注意力集中到这些信息上。在很多情形下，通过反复试验和无数次的训练，电子竞技运动员可以学会在正确的时间将注意力集中到正确的事情上。可以通过教导运动员关注哪些线索的方式来加快和改进这个学习过程。

（2）关注相关线索

为了帮助电子竞技运动员学习选择性注意技能，可以指导运动员注意他们必须关注的线索，以便实现出色的能力表现和阻挡干扰。可以教导运动员来帮助他们掌握这个能力，并帮助学习（和大量练习）将注意力集中到至关重要的线索上，同时培养留心这些线索的心态。

（3）预判技能

专业电子竞技运动员往往看起来具备"看透"正在发生的事情以及在恰当的时刻进行完美操作的能力。其中一个原因是，专业电子竞技运动员擅长使用线索预判即将发生的事情并做出恰当的反应。专业电子竞技运动员相对于资历较浅对手的明显优势在于预判或预测动作的能力，他们可以通过关注正确的线索发挥预判能力。

电子竞技的预判不同于一般体育运动，包括预判敌方技能、预判敌方走位、预判己方技能落点、预判卡位等专业操作，而一旦加入团战，需要处理的信息量就呈几何级数增加。这就需要不断、持续的大量练习。在比赛中所看到选手们近乎直觉的一个细小的电子竞技实操技巧，往往是上千次练习堆积而成的结果。

5.3 电子竞技比赛时的实时沟通

5.3.1 电子竞技比赛中沟通的典型问题

电子竞技比赛中，运动员之间的交流有语速快、频率高、即时性强等特点。在比赛中，团队内部的意见沟通往往受多种因素干扰而发生障碍。

（1）语言表达、交流和理解不当

语言使用不当会造成意见沟通的障碍。例如，发信息者口齿不清楚、文理不通顺、使用非规范化的语言（如方言、土语、用词不当、生造字词）、语速过快等，都可能使对方听不懂或不理解；接收信息者由于注意、认知、思维及经验水平等原因，不能正确地理解意见、领会精神，同样会造成沟通上的障碍。

沟通障碍可能听不清，也可能听清楚了但不理解，还可能是误解或曲解。可能是发信者或接信者单方面的原因，也可能是两方面原因。例如，外援与本土队员之间的交流，会存在一定障碍。中国电子竞技战队近年来引进了不少韩国运动员与教练员，虽然依靠翻译、学习语言、训练磨合等方式，可以在一定程度上解决语言不通的问题，但是沟通的效率与顺畅程度还是比不上本土教练员与运动员。SNG 战队的韩国教练 Sim 在加入这个战队之前，曾经在台湾居住过两年，虽然能进行一些交流，但是中文还是学习得不够好，平时需要有翻译一直跟随（如图 5-9 所示）。

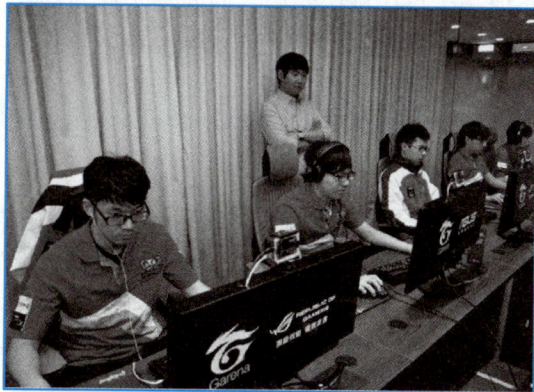

图 5-9　SNG 战队教练 Sim 正在指导队员训练（来源：新浪新闻）

（2）团体成员对人对事的态度、观点和信念不同，思想感情存在差异

一些电子竞技运动员对教练员或其他队员的正确指示怀有"不过如此"无所谓的态度，或抱有"为我所用""各取所需"断章取义，甚至阳奉阴违的态度等，都会造成信息沟通的障碍；有时沟通双方出现感情疏远、心怀敌意、互不信任、恐惧等也会严重干扰意见沟通。OMG 战队在 2015 年组成了号称《英雄联盟》最强全华班，但由于队内磨合不足以及资源分配出现了矛盾，在各种比赛中频频失利，随后爆出了战队成员之间出现内讧，在沟通时互相指责。对此，管理层除了将队伍阵容进行轮换，并没有实质上的改善措施，反而加剧了战队的沟通矛盾与磨合问题，导致后来这一组合的分崩离析。

（3）人的气质性格等个性特征存在差异

通常一个战队中，领导者（队长或教练）诚实正直、以身作则，其下达的意见与指示，容易被其他队员信任接受；而品格低劣、作风差的领导者传达的意见，队员会有一种抵触情绪，往往不轻易相信和接受。一个性格开朗，对人热情的领导者易于听取大家意见；相反，以自我为中心、优越感很强的领导者很少主动听队友的意见，常常不让别人把话讲完就发表意见做指示，引起队员反感，很少再与他交换意见。情绪镇定者对信息理解较正确，性情暴躁者可能引起沟通障碍。例如，著名电子竞技选手 UZI 在 2012 年加入 RNG 战队，经历了几次转会之后，在 2016 年重新回到了 RNG 战队，经历了几年的沉淀与历练，他的性格从任性狂妄逐渐变得成熟稳重，成为了真正的队内核心、灵魂人物。

（4）隐性心理冲突

隐性心理冲突，是指双方或一方在沟通前存在的潜在的心理隔阂与阻断，产生心理排斥，导致人际障碍与隔阂，是一种心理上的拒绝。

主要的沟通心理障碍如下。

① 利己心理，导致情感冷漠与排斥拒绝。

② 控制心理，导致自我防卫心理发生，产生笼统拒绝、贬损、曲解、排斥、逆反。

③ 蔑视心理，以自我为中心，轻视或不愿与人沟通交往。

④ 对反馈信息的期望值太高产生的求全心理，使沟通双方出现尴尬和窘迫。

⑤ 否定心理与反抗心理产生直接排斥作用，而断绝沟通与交往。

⑥ 各种偏见心理导致的沟通障碍等。

5.3.2　沟通问题的解决办法及交流模式

1. 意见沟通障碍的解除

意见沟通障碍的解除，必须由意见沟通的双方共同努力，双方应做到：沟通时明确要表达的内容，注意表达方式，做到思路清晰，表达流畅；沟通时双方应坦诚相待，增强双方之间的信任度，以建立情感交流的纽带；沟通时要选择适当的时机，选择适宜的方式；沟通是"说"与"听"的艺术，与人沟通，不仅要会说，还得会听，在学会表达自己意见的同时，也要学会聆听他人的声音。

电子竞技比赛中，运动员之间交流障碍的解除可以具体从以下几方面进行。

（1）提高沟通的心理水平

要想提高沟通的心理水平必须注意以下心理因素的作用：

① 在交流时，认真感知，集中注意力，有助于信息准确、及时地传递和接收，避免信息错传，减少接收信息时的信息损失。

② 通过心理调节，培养稳定情绪和良好的心理气氛与个性特征，有助于电子竞技运动员之间心平气和地传递信息和正确地判断信息，避免因偏激而歪曲信息。

③ 通过满足各种心理需要、激励沟通动机、促进利益的互动、激发交流兴趣等，来提高与调动电子竞技运动员之间的沟通积极性。

④ 对教练员来说，以良好的心态与队员交流是成功沟通的关键，必须把自己放在和队员同等的位置上，只有"开诚布公""推心置腹""设身处地"，才有利于消解心理隔阂，使沟通成功（如图 5-10 所示）。

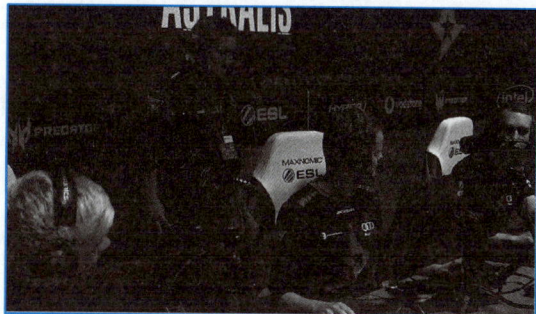

图 5-10　教练和选手在比赛时保持交流（来源：百度图片）

（2）沟通制度的改革，建立有效沟通的制度

针对每个战队本身的特点以及战队发展的需要，制定适合战队的沟通制度，并且对沟通制度不断地进行改革和补充，以保证有效沟通。

建立例会制度，经常或定期召开内部会议，由一定范围内的管理人员，教练和电子竞技运动员共同参加，就训练、比赛等情况进行及时沟通；建立建议制度，鼓励运动员就任何他们所关心的问题提出意见；建立战队网页和网站，开辟专栏，刊载运动员的不满和意见。

（3）学会有效的沟通方法与艺术

① 谈话时，坦诚有礼，精神要集中，要看着对方，态度诚恳而积极，不要打断对方讲话，要用商量的口吻有针对性地表达自己的看法。

② 良好沟通要注意学习化解争执的艺术。电子竞技运动员之间常常会由于误会引发矛盾、争执。对于这种情况，教练员绝不能掉以轻心，因为有时因误会造成的裂痕是永远无法弥补的。一定要及时与运动员进行认真、耐心的平等沟通，先使其平静下来，然后采取有效措施，尽快加以解决。

③ 沟通在一定程度上可以化解电子竞技运动员之间的矛盾和争执，任何轻视沟通的念头都是错误的，其他具体化解方式如下。

当对方愤怒时，千万不能以同样的情绪争执，激化矛盾，但也不能妥协，应向对方表示希望双方冷静地分析问题后，再根据情况，在谅解和宽容的基础上予以解决。

当对方冷漠时，不要有任何臆测，不妨以友善态度表示你想协助他，如果因感情或疾病等私人问题影响工作情绪时，建议找人谈谈或休假。

当对方不合作时，不要一味地指责对方或表示不满，最好找个时间两人好好谈谈，因工作繁忙无法配合，可再安排时间或找他人帮忙，需要耐心和细心，多花一点时间沟通，寻求问题的症结及解决办法。总之，退一步海阔天空，充分、有效的沟通能够化解各种争执与冲突。

2. 沟通技巧

（1）表达有效信息

有效沟通指的是发出的信息能够清楚地表达预期的内容，并按照预期的方式被接收。对电子竞技运动员而言，最重要的是判断是否需要发送信息。发送的信息过多，并不一定能提高战队的胜利机会，反而会给战局决策造成困扰。而在训练过程中，有些教练员会漫无边际地讲过多让人厌倦或干扰运动员的话；而有些教练员则一针见血，短短几句话就可以让队员理解他的意思。后者表达的次数不多，但是有效地传达了信息。

（2）信息的影响

有研究发现，电子竞技运动员对提供以下内容的教练员反应积极。

① 在良好的能力表现和努力之后做出积极反馈。

② 在运动员能力表现中出现错误时，会提出矫正指令和鼓励。

③ 技术指令以及与表现水平无关的一般性鼓励。

相反，运动员不喜欢以下教练员。

① 未能注意到或强化良好的能力表现和努力。

② 没有对错误做出批评。

③ 在运动员于重要时刻犯错后未能提供指导。

教练员可以将积极反馈看作鼓舞士气的讲话，从而反省自己与运动员的沟通方式，同时优先提高自己的沟通技巧。以下 16 点是发送有效信息的具体策略。

① 信息直接明了，避免曲解、误解。

② 表达来自于自己的信息，而不是利用他人的信息来支持自己所表达的内容。

③ 信息必须完整、具体，不遗漏重点。

④ 信息要清晰连贯，避免前后矛盾使其他电子竞技运动员感到困惑。

⑤ 清晰表达需求和情感。

⑥ 将信息中的事实和看法分开。

⑦ 信息每次只侧重一件事情。

⑧ 信息必须传达，可以是立即传达，也可以是等到较好的时机再传达。

⑨ 信息不应包含其他意图或目的。

⑩ 发出的信息必须是对他人有帮助的，避免传递威胁、讽刺、消极的信息。

⑪ 语言信息与身体姿势、面部表情必须一致。

⑫ 利用不同的表现形式，重复信息中的关键点。

⑬ 要传达符合接收者阅读和理解水平的信息。

⑭ 应检查并确保接收者是否理解了信息。

⑮ 传达可吸引他人注意力的信息。

⑯ 应考虑每名运动员的学习方式（视觉、听觉、动觉）。

3. 给予反馈

有效地使用反馈是一种艺术。优秀的教练员都掌握了这种技术，他们会采用一种能激发和鼓励运动员潜能的方式来做出反馈。

（1）应该对电子竞技运动员的努力做出回应

有时教练员会专注于帮助电子竞技运动员提高他们的战术意识、个人技术等，而没有意识到他们在努力、执行力和团队配合方面的提高。教练员过于注重运动员必须提高的方面，而忽视了其他方面，这是一个非常容易犯的错误。事实上，当教练员未能意识到运动员的努力和能力时，这种情况会向运动员传递负面信息，同时让运动员怀疑他们的努力和改善是否能够获得认可和重视。

能够有效沟通的教练员可以通过强化运动员能力水平的方式来创造一种积极的战队文化。这种方式可以通过语言或非语言形式来强化运动员的能力，改善、执行较难的技术或努力尝试。他们可以发表鼓励性评论，如"这次很努力""注意切入战局的方式"或者"你们这次配合得很好，但还有进步的空间"。除了口头评语，在传达对运动员努力和能力的认可时，一个简单的微笑、拍背或竖起大拇指都有很大的帮助。积极的反馈可以营造一种氛围，这种氛围可以感染运动员做正确的事情，而不是错误的事情，并鼓励他们继续努力（如图 5-11 所示）。

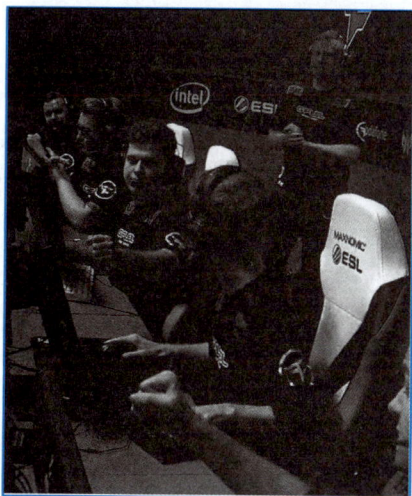

图 5-11　教练鼓掌鼓励选手（来源：百度图片）

但是，教练员提供的积极反馈不是越多越好。一些研究表明，有时受到最多赞扬和鼓励的运动员，并不一定比受到较少赞扬但是获得更多正确指导的运动员那么自信。

事实上，受到最多赞扬的运动员所接收到的赞扬并不都是根据他们能力水平做出的反馈。这些运动员可能会在成功完成简单的任务时受到大量一般的鼓励和赞扬，而不是在成功完成挑战性任务时得到描述性的反馈。提供反馈，重在质量。不真诚或轻率的赞扬其效果会适得其反。在运动员清楚自己并没有很好表现的情况下告诉他"你很棒"，只是传达出他想让运动员觉得好受一些的意思。在运动员完成一件简单的任务时表达"做得不错"的反馈，事实上传达的是对于运动员的能力不是很有信心。除了做出更加积极的反馈，教练必须致力于提供适应运动员技术水平的更高质量的反馈。

并不是所有积极的反馈都是有效的。在做出一般性的反馈时，教练可能会说出诸如此类的内容："不错""加把劲"或者"坚持下去"。此类积极反馈并不会对电子竞技运动员造成显著的影响；相反，甚至会让人觉得不真诚，而且容易让运动员忽视。一个比较好的方法是提供具体的描述性积极反馈，即描述电子竞技运动员的能力表现，同时明确他们做得好的地方。例如，"你在摆脱对手追击方面取得了很大进步"或者"不错，你在比赛过程中一直保持和队友的交流"这种类型的反馈会对运动员产生积极的效果；同时，这种具体的反馈会让人觉得特别真诚，而且很可能产生强化效果。另外，反馈的内容也是非常重要的，必须让运动员清楚地知道他们在哪些方面做得出色。

（2）提供鼓励和指导性反馈，而非建设性批评

教练员也应该学会如何对运动员的错误、能力表现不佳和缺乏努力做出有效的反应。运动员会犯错，而且也会出现能力表现不佳，这是学习过程中很自然的一部分。

运动员犯错后教练员必须鼓励他们，因为这是运动员最需要鼓励的时刻。如果运动员清楚使用技术的方式，那么简单鼓励即可。教练员可以说："今天是一场苦战——继续努力。"如果因为不够努力而导致犯错，那么恰当的做法是让运动员知道教练员不满意，但评论内容必须针对不够努力的行为，而不是运动员本身。教练员可以说"我希望看到你们训练得更努力一点"，而不是批评运动员懒惰。

教练员应懂得不要以消极、侮辱或挖苦的方式进行指导性反馈。惩罚并不是简单叫喊，人们可以通过语调、反感的表情和各种其他非语言表情来暗示惩罚。不管是什么形式的惩罚，惩罚性的反馈往往导致运动员变得沮丧，同时出现不满态度。这是一种破坏性的方式，而非构建沟通桥梁的方式。

所以重要的是，教练员要学会如何提供激励和鼓舞运动员的指导性反馈。与积极的反馈一样，指导性反馈可以发挥很大作用。这种反馈方式可以清楚且客观地描述教练员所观察到的行为，它会让运动员更清楚地看到自己的行为。这种反馈类型在保护运动员自信的同时，还可以帮助运动员学习技术。

例如：

① "表现不错，但是你操作时机不太好。"

"表现不错，下次操作时可以适当注意一下时机。"

② "你的走位仍然不够灵活。"

"下次走位再灵活一点，你可以做得更好。"

在这两组反馈中，第一句侧重于运动员之前所犯的过错，而第二句针对未来进行导向，同时侧重于运动员必须改善的方面。指导性反馈的重点是未来，同时也是一种行为导向形式。这种行为导向可以解决关于运动员必须完成什么的问题，而不是他们必须避开哪些方面。举个最简单的例子，假如命令一个人不要想象粉红色的大象，而结果会恰恰相反，他可能立刻就会想象出粉红色的大象。教练员要确保所提供的反馈可以鼓励运动员关注于要他们做的事情，而不是要他们避开的事情。

（3）增强运动员接纳反馈的能力

首先，教练员在进行指导时，不要太过于注重信息内容，而忽视了信息对于电子竞技运动员情感方面的影响。教练员可以先从一些积极的方面开始来提高运动员的接受能力。校正错误是执教过程中最重要的一部分，教练对运动员所讲的大部分内容都涉及校正错误，而在

这个过程中，最重要的是讲话的方式，其中在积极的评论中插入校正反馈（三明治方法）是一种有效的策略。

① 从电子竞技运动员做得好的方面开始描述（积极）。

② 接着针对运动员可以改善的方面，提供具体的未来导向性反馈（校正反馈）。

③ 最后以鼓励性语气结束（积极）。

通过这种方式，不仅可以树立电子竞技运动员的自信心，同时还可以告诉运动员怎样做才能提高能力。同时，这种方法还可以实现令人愉快的校正反馈。

需要注意的是：避免使用"但是"。讲出这个词之后，前面的所有内容都会大打折扣，而后面所有内容的意思都会被放大。例如，"这场比赛你的表现不错，但是你操作的时机不太好。"电子竞技运动员会专注于"你操作的时机不太好"。而采用插入校正反馈的技巧，可以这样表达："表现不错，下次操作时可以适当注意一下时机。继续努力，你会越来越棒的。"（如图 5-12 所示）

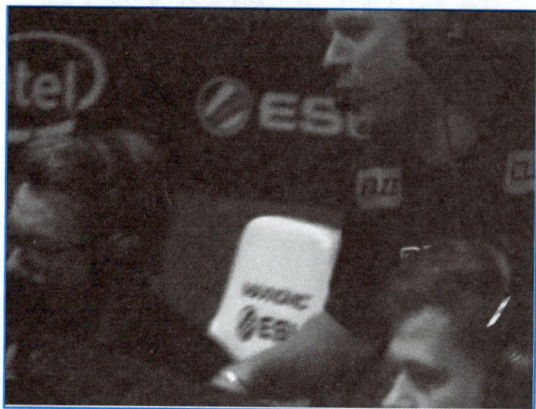

图 5-12　教练走到选手身边鼓励选手（来源：百度图片）

4. 人际关系的"PAC 分析模型"

加拿大蒙特尔精神科医生柏恩于 1964 年在《人们玩的游戏》一书中，提出了人际交往中人格结构的 PAC 分析模型。他认为：人的个性由 3 种心理状态构成，父母（Parent）、成人（Adult）、儿童（Child），简称 PAC 分析。

① 父母（P）的行为是权威和优越感及长者自居的心理标志，其行为的表现常常是统治人、训斥人、权威式、命令式、家长式的作风，其待人处事的态度为主观、独断、专行、滥用权威；其说话的语气常常是"你应该……""你必须……""你不能……"等强制命令的口气。

② 成人（A）的心理是成熟、实事求是、理智的标志，其行为表现较冷静、慎重、理智、明断；其待人接物的态度较民主、平等、尊重别人，决策冷静；其说话的语气常常是"我个人的想法……""你考虑考虑……"等商量讨论的口气。

③ 儿童（C）的行为是幼稚、不成熟、冲动任性，或者顺从、任人摆布的标志，其行为表现是幼稚、可爱又讨厌、感情冲动、无主见、依赖、遇事畏缩；其待人接物的态

度不稳定、易耍小孩子气；说话总是用"我猜想……""我不知道……"等夸张而幼稚的语气。

上述 3 种心理状态在个体心理与行为中，有不同表现，因而形成不同个性特点，在每个人身上，3 种心态的比重也不相同，形成了不同的行为特征，主要有以下类型。

① "P 高 A 低 C 高"为专制幼稚型。其行为特征为喜怒无常，难以共事，支配欲强，有决断能力，喜欢听赞颂和被照顾捧场。

② "P 高 A 低 C 低"为专制型。其行为特征是墨守成规、照章办事，家长作风，不合潮流，喜欢下属依赖自己。

③ "P 低 A 低 C 高"为幼稚型，其行为特征有稚气，用幼稚幻想进行决策，喜欢寻求友谊，对人有吸引力，是讨人喜欢但不称职的管理者。

④ "P 低 A 高 C 低"为正统成人型。其行为特点是客观而重现实，工作刻板，待人较冷漠，只谈公事，不谈私事，难以共事，别人不愿与他谈心。

⑤ "P 高 A 高 C 低"为父母成人型。其行为特征是易把"父母"心态过渡到"成人"状态，经训练学习和经验积累，可成为较好的管理者。

⑥ "P 低 A 高 C 高"为成人与儿童型。将"成人"和"儿童"心态结合在一起，是理想的管理人员，为人处世都能搞好。

根据这一理论模型，可以利用相互作用的原则来优化电子竞技战队中沟通双方的关系：电子竞技运动员要学会尽量以 A 的状态控制自己，并以 A 的状态（语调和姿态）来与对方交流；教练员要避免以 P 的状态对待电子竞技运动员，而是同样以 A 的状态来与队员交流。

5.4 电子竞技比赛时的战略决策

决策是指从两个以上的备选方案中选择一个的过程（杨洪兰，1996）。在电子竞技比赛中，时刻会发生着决策过程，如挑选什么样的英雄，根据敌方队员不同的策略而决定自己选择什么样的应对方式。例如，在《英雄联盟》游戏中，购买什么样的装备、同一时间点支援地图其中一路还是清理兵线，在这些情况中都需要电子竞技运动员做出一定的决策行为。

而且决策的好坏，直接影响到行动的效果。在电子竞技比赛中，以《英雄联盟》游戏为例，释放技能的先后顺序其实也是一个决策。在通常的比赛中，运动员会优先选择控制型的技能来束缚住敌方英雄，然后再选中其他攻击技能对其进行击杀（如图 5-13 所示）。但是，如果在这时运动员在释放技能的顺序上出现了不同的选择，那么结果也就可能完全不一样。而在电子竞技运动这一新型运动上，微小的改变往往会导致相对应的结果有很大的不同。

图 5-13　《英雄联盟》游戏中英雄多样性搭配，图中为英雄"佐伊"（来源：百度图片）

5.4.1　电子竞技比赛中的决策原则

1. 有限的理性

著名心理学家西蒙（Herbert Alexander Simon）从心理学的角度研究决策问题，提出了行为决策理论。在行为决策理论中提到，决策者的理性是有限的理性，这是因为每个人的认知能力都是有限的，加之情境决策的复杂性，决策的人不可能找到所有备选的方案，也不能准确地预测所有方案的结果。

例如，在《英雄联盟》比赛中，在己方处于劣势且敌方在打大龙时，这时己方选择阻止对方打大龙还是清理兵线就需要电子竞技运动员做出决策，并且在很大程度上存在着不止以上两种选项的可能。所以说，每个电子竞技运动员也只具有有限的理性，没法找到所有处理战况的方法。

2. 满意度原则

由于电子竞技运动员无法找到所有解决紧急情况的方法，因此最优的决策是不太可能实现的。西蒙等人提出决策的标准是"满意性原则"。所谓"满意性"，是指决策时个体并不考虑所有可能的选项及其可能的结果，而是仅仅考虑几个选项，一旦感到满意，就会立即停止搜索。这就好比在《英雄联盟》比赛中，选手不可能对所有应对敌方的方法逐一进行选择，一般是习惯的打法之上，同时结合一定的情境，在一定的范围内选择。一旦发现符合自己标准的满意的方法，就会做出决策，而不再考虑其他的方法。

3. 有限的信息

在电子竞技比赛中，战局往往瞬息万变，运动员往往来不及反应一些情况。在这样高强度且紧张的比赛过程中，运动员往往只能获取很少的一部分信息，由于获得的信息非常有限，因此在比赛中也给运动员带来了很大的挑战。

4. 制定的方案数量有限

由于信息的缺乏而且时间的紧迫性，因此电子竞技运动员在实际比赛中真正能制定出的方案的数量是有限的，数量上存在着限制性，也就意味着这些方案可能并非是最佳的。

5. 对有限方案的时效性

同样，综合以上因素，在短暂时间内想出来的方法，在很大程度上存在着不足之处，这些不足会影响整个战局，对电子竞技运动员的操作也会带来极大的干扰。在电子竞技中的决策行为要受到运动员的时间、精力等其他资源有限性的制约，因此要考虑决策的时效性问题，即在考虑速度的同时还要考虑决策的效果。例如，在《英雄联盟》游戏中，ADC 选手遇到敌方英雄追赶时，要考虑是直接逃跑还是一边逃跑一边回击的形式，如果此时选手选的英雄伤害并不够高，且逃跑难度较大，那么则不宜选取一边逃跑一边回击的形式来进行逃生（如图 5-14 所示）。另外，决策还必须考虑决策的后果，不考虑后果的决策，有可能造成严重的后果。

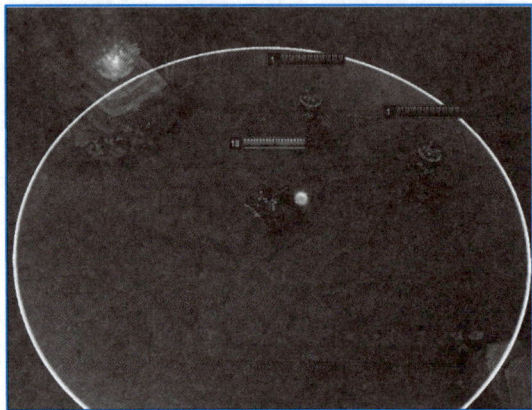

图 5-14　《英雄联盟》游戏中英雄移动时也可以选择攻击范围内的敌方进行攻击

6. 经验法

电子竞技运动员在比赛中解决问题时所想到的有效方法大多是靠以往的经验，即采取启发法，而不是采用严格建立在数理逻辑推理基础上的、考虑各种条件后的算法策略进行决策。所以，这一方面说明了平时进行赛前训练、复盘的必要性和重要性；另一方面说明既然比赛时的策略难以建立在严格的数理逻辑推理基础上，那么就无法避免出错的可能性。

5.4.2　电子竞技比赛中的决策类型

根据影响决策的因素，可以将在电子竞技比赛中出现的决策类型分为长期决策、短期决策、战略决策、战术决策、业务决策、程序化决策、非程序化决策、集体决策、个人决策、初始决策、追踪决策。这些决策并非并列关系，而是按不同标准具体可划分为几大类。

1. 根据决策的时间进行划分

根据决策的时间进行划分，决策可分为长期决策和短期决策。

1）长期决策。长期决策是指有关组织发展方向的长远性、全局性决策，又称长期战略决策。这部分的决策工作大部分由战队中的教练员来负责。这一决策有可能影响战队在某一赛季的比赛风格和打法或者整个赛季的最终目标。在《英雄联盟》比赛中，不同的赛季都将对不同的英雄做出一些修改，而版本的更新换代是教练员要尤其注意的地方，因为需要据此调整团队内的工作安排，以使每个电子竞技运动员的潜力都得到充分发挥。

2）短期决策。短期决策是指为实现长期战略目标而采取的短期策略手段，又称短期战术决策。例如，为了让战队拿到《英雄联盟》比赛的年度总冠军，那么教练员要做出非常多的短期决策，例如，是否增加训练量，是否增加集训，以及是否让电子竞技运动员放松等。

2. 根据决策的层次进行划分

根据决策的层次进行划分，决策可分为战略决策、战术决策和业务决策。

1）战略决策。战略决策是指长期性、方向性的决策，包括战队目标、电子竞技运动员位置的调整、技术的升级换代等。战略决策是站在电子竞技的最高层来看整个电子竞技运动，这样的决策往往由董事会、战队经理合作进行商定。

2）战术决策。战术决策又称管理决策，是战略决策执行过程中的具体决策，旨在实现组织中各环节的高度协调和资源的合理使用。例如，在某一场《英雄联盟》比赛中，由于赛前已经对对手进行了了解，那么在战术上，是选择传统战术，即上单、打野、中单、射手辅助下路，还是采用中野联动，即中单联合打野，同时行动对于三线造成压力，从而达到各路击破呢？这就需要教练员或者队长来做出决策。

3）业务决策。业务决策又称执行性决策，是日常训练中为提高电子竞技运动员训练效率做出的决策。例如，在电子竞技运动中，教练员对运动员每日训练量的分配和检查就是一种业务决策。

3. 根据决策所涉及的问题进行划分

根据决策所涉及的问题进行划分，决策可分为程序化决策和非程序化决策。

1）程序化决策。程序化决策是一种常规决策，处理的是例行问题。例如，有一位电子竞技运动员在比赛时不慎受伤了，那么对他进行救治的过程就是一个程序化决策，因为战队内有专业的医生，队医无法解决的问题会及时送诊。因此，这一系列的过程在战队内部有完善的流程。

2）非程序化决策。非程序化决策指的是非常规问题，处理意外问题。例如，在《英雄联盟》游戏中，己方已推上高地，但与此同时，敌方有人偷了下路，也已经逼到己方水晶，那么这时应该继续往前推还是分出队员回家防守，这就是非程序化的决策问题。

4. 根据决策的主体进行划分

根据决策的主体进行划分，决策可分为集体决策和个人决策。

1）集体决策。集体决策是指由团队所有成员所做出的决策。例如，在赛前用什么样的战术，可以由教练员和所有战队成员来共同决策。

2）个人决策。个人决策是指由单个成员所做出的决策。例如，在《英雄联盟》游戏中，中路和上路的选手，他们大多情况下需要作出个人决策以应对敌方选手。

5. 根据决策的起点进行划分

根据决策的起点进行划分可分为初始决策和追踪决策。

1）初始决策。初始决策是指活动尚未进行时展开，环境未受影响时进行的决策。例如，赛前教练员答应队员如果赢了比赛就出去聚餐一次。

2）追踪决策。追踪决策是指随着初始决策的实施，组织环境发生变化后的决策。例如，原本教练员答应队员赢下比赛出去聚餐，在比赛过程中队员们表现异常出色，于是教练员改变主意，准备赢下比赛后带队员聚餐并去游乐园游玩。即根据情况的不同改变了原有的决策。

6. 确定性决策和风险决策

1）确定性决策。确定性决策就是在确定的条件下，对备选的方案做出选择的过程。例如，在《英雄联盟》游戏中，一般打团时都是先击杀地方的 ADC 选手，再对其他选手进行逐个击破。这种决策就是在比较确定的条件下做出的决策。

2）风险决策。风险决策是在不确定的条件下做出选择的过程。在风险决策中，电子竞技运动员不仅对各种备选方案成功的概率不清楚，而且对存在哪些备选的方案也可能不清楚。例如，在《英雄联盟》游戏的团战中，目前只看到敌方的辅助选手，其他的敌方选手都不在视野之内，那么是对其进行击杀还是进行观望就属于风险决策。相对于确定性的决策，风险决策更难，心理学的许多研究更多是针对风险决策进行的研究。

5.4.3 有效的决策方法

1. 头脑风暴法（5~6 人，1~2 小时）

头脑风暴法的价值在于让每个参与人员在正常融洽和不受限制的气氛中以会议形式发表自己的看法（如图 5-15 所示）。头脑风暴法的创始人奥斯本（A. F. Osborn）提出了以下 4 项原则：

① 对别人的建议不作任何评价，将相互讨论限制在最低限度内。

② 建议越多越好，不考虑建议的质量，想到什么就应该说出来。

③ 鼓励每个人积极思考、广开思路，想法越新颖、奇异越好。

④ 可以补充和完善已有的建议使它更有说服力。

例如，在赛前指定新型战术时就可以运用这一方式，教练员和电子竞技运动员相互讨论，集思广益，找到最合适的战术打法。

图 5-15　头脑风暴法概念图

2. 名义小组技术

名义小组技术是指在决策过程中对群体成员的讨论或人际沟通加以限制，但群体成员是独立思考的。在集体决策中，如对问题的性质不完全了解且意见严重分歧，则可采用名义小组技术。这一技术的使用有以下几种方式。

① 战队内的电子竞技运动员互不通气，也不在一起讨论、协商。

② 先召集一些有知识、有经验、有能力的人，把要解决的问题和关键内容告诉他们，思考后制订备选方案，陈述他们各自的方案。

③ 对方案进行投票优选。

④ 决策是否实施。

真理有时掌握在少数人手里。压制和排斥少数人的意见不利于团体与做出正确的决策。要想做出正确决策，必须防止团体思维的产生。总体来说，要做到决策民主（坚持民主、公开、法律、合理原则）；有健全机构与程序，做到决策科学化；可采用多种形式的团体决策方法，如面对面的论证法、分散成员的德尔菲函询法、两者结合的标定的群体方法等。具体而言，教练员和电子竞技运动员在指导团体决策时应注意以下几点。

第一，对团体决策给予指导，集思广益收集广泛的信息，充分利用可取的信息，鼓励电子竞技运动员发表意见，提出质疑，以便做出准确的决定。教练员先把问题告诉队员并提出目标和期望，但不要先发表自己的见解；要求队员独立思考，尽可能清晰、合乎逻辑地提出各自的意见；欢迎队员用各种形式提出不同的意见，包括匿名或书面形式提出的意见。

第二，教练员应保持公正态度，在决策过程进行的前后和当中应当鼓励、听取、重视不同电子竞技运动员的意见。必要时在团体讨论过程中，可挑选专人扮演挑战者的角色，专门提出反对的意见；鼓励队员对已提出的方案，表示疑问和反对，提出批评和改进意见。这样，有利于做出正确决策。

第三，重大决策，先以小组讨论，充分酝酿，然后把各组不同意见或方案提交大组讨论，从中选出最佳决策方案。有些问题不是战队成员知识能力能够胜任的，那就要听取专家的意见后再做决策。

第四，已经做出的决策，在实施前，还应进行其他专家与战队内部其他成员相结合的复审，看有无漏洞和新问题。在实施过程中，也应及时反馈、听取与采纳修订意见。

📁 思考题

1. 结合 2018 年《王者荣耀》职业联赛（KPL）春季赛保级赛 QG 战队对战 YTG 战队的第二小局分析一下什么时候的决策属于"急于求成"，什么时候的决策属于"抓住机会"？

2. 结合书中知识点对自己做"PAC 分析模型"。

3. 通过所学知识总结一下比赛中的心理定向都有哪些影响？心理定向有哪些原则？

4. 电子竞技比赛中的决策类型颇多，试总结都有哪些类型？它们各有什么特点？

5. 电子竞技比赛中实时沟通尤其重要，那么通常在比赛中交流会遇到哪些问题？它们会导致怎样的后果？

第6章

电子竞技比赛后的心理调控

📝 **概述** ··

本章共分为 3 节，讲述了电子竞技比赛后的心理调控的内容。第 6.1 节分别对赛后面对成功或失败时电子竞技运动员的态度和情绪体验进行分析；第 6.2 节详细介绍了 5 种赛后的心理调节训练方法，可帮助电子竞技运动员和教练员正确面对比赛的成功或失败；第 6.3 节主要阐述了电子竞技运动员的社会知觉以及如何管理自己给他人留下的印象。通过本章的学习，可以让电子竞技运动员掌握关于心理调控的丰富知识，也可以让电子竞技行业的从业人员利用这些心理学知识，了解运动员的心理，做好相应的工作。

6.1　赛后的心理反应

在电子竞技比赛中，参赛的结果无外乎是胜、败之分，但运动员对比赛结果与过程的态度和情绪体验却有着天壤之别。对待胜利，有人可能表现出积极的认知，兴奋却不骄傲，保持冷静的头脑，找出自己的不足，信心十足地准备再战；而有人则可能会骄傲自大，目中无人，满足于比赛的胜利，不去找不足之处，沾沾自喜，不求进取。

对待失败也是如此。有人会把失败作为动力，找出失败的原因，客观正确地分析比赛过程，以便在以后的训练中加以改进；而有人则表现出消极的一面，怨天尤人，自暴自弃，产生强烈的自卑感，甚至会嫉妒和憎恨同伴并滋生出不良行为。

6.1.1　成功或失败后的态度

态度是个体对特定对象所持有的稳定的心理倾向，态度涉及认知、情绪体验和行为倾向3个成分。比赛结束之后，不同的运动员会表现出不同的态度，因此应当根据电子竞技运动员的态度区别对待他们。

成功之后，有的运动员可能不仅在情绪体验上非常激动、高兴，而且在行为上也不懈怠，继续进行训练，在认知上会将成功归因为自身的努力，并告诫自己要继续用努力换取以后的成功；有些运动员可能会因为暂时的胜利而飘飘然，忘记每一次胜利都是来之不易的，在认知上会产生自我评价过高，出现自负的态度等情况。

失败之后，有的运动员对于比赛的态度会快速转变，如出现心态不平的反应，产生消极思维，甚至否定自己；而有些电子竞技运动员则会依然保持平静、乐观的态度，将失败当作一种平常事，并及时寻找对策，继续投身到下一次的竞技中。

运动员在对自己有了一个正确的认知后，对自己或他人就会形成特定的态度，从而最后对自己或他人进行评价。所以态度起着承上启下的作用。比赛结束后，伴随着输赢，运动员总是会产生兴奋或失落的情绪，及时调整情绪，改变态度。对运动员调整好状态，备战下一场比赛非常重要。以下将介绍一些可以改变运动员态度的思路，提出一些赛后改变态度的方法。

1. 信息影响力的提升

信息本身的影响力是达成态度改变目标的重要条件。因此，态度的改变需要尽可能选择高可信度和高吸引力的传达者来提供有关信息。此外，提供信息时适度激发人们的情绪，将沟通信息与人原有态度的差异调整到适当水平，以及利用生动的讲演来提供信息等，都是有效增加沟通信息影响力的途径。

要通过这种方法来改变选手态度，可以让关系较为亲密的队友或者相对权威的教练员等人对电子竞技运动员进行疏导或者调节。这种通过特殊身份来加强对选手的影响的方式非常有效。

2. 态度防卫的回避

当人们面对外来态度的改变，特别是人们知道别人试图在对自己施加影响时，主体态度会产生旨在保护自己态度不受影响的态度抗拒反应。因此，有效的态度改变必须遵循弱化态度主体的自我防卫倾向的原则。

在态度改变的过程中，传达者需要尽可能使自己的立场向信息接受者靠拢，并避免命令式的给定结论，同时通过适当地分散人们的注意力而减弱其自我防御倾向。

态度防卫的回避与上一节自我表现原则中的相互支持非常类似，核心都在于不侵犯他人尊严，不激发人们的心理防御。

3. 参照群体的引导

人本身所具有的社会性，决定了其必然与他人和群体发生一定的联系。这些联系对个体的态度改变起到了重要的作用。因此，利用个人与他人以及与群体的关系改变个人有关的态度，是一个比较有效的途径。

个人对群体的认同、群体成员必须按照群体规定去做的社会压力、群体的权威性，以及群体与个人的关系等，都会促使个人选择与群体一致的态度和行为。

这一点体现在俱乐部中其实就是战队环境的建设，良好的战队环境能够使电子竞技运动员相互促进、相互引导、相互支持、相互进步。

4. 过度理由效应

过度理由效应是由社会心理学家费斯汀格（1957）的认知失调理论衍生出来的概念。它是指附加的外部理由取代了人们行为原有的内在理由而成为行为支持力量，从而行为由内部控制转向外部控制的现象。一种行为的外在理由越多，它的内在理由就会越少。

当一名电子竞技运动员过于沉浸在喜悦或是失落中时，直接进行开导可能会使其继续面临窘况，并且效果微乎其微，不如在外部环境上对其进行引导，这一点可以通过各种团辅活动得到解决。

5. 行为改变的态度改变作用

（1）诱导服从

无论是认知失调理论还是认知平衡理论，都指出了一个基本的心理学原理，即人必须保持认知的协调或心理的平衡状态，不协调或不平衡都是暂时的，它必将促使人们向协调或平衡的方向作出调整。按照这一原则，任何人的相关态度和行为之间都不可能存在着长期不一致的关系，即一种态度的存在，必然会以某种方式从行为中表现出来，而一种新行为的出现和保持，也必定会引起态度的相应改变。在现实生活中，当个体做出了与内心的态度不相一致的行为时，如果没有其他附加的理由可以解释这一行为，则个体就只能通过态度的改变来减少自己的不协调感。

通过建立新的行为去改变态度是一个极为有效的途径。在人的行为变化的同时，通过认知向协调状态的调整，态度也在发生相应的变化，而在新的行为模式得以建立的同时，也实现了新的态度的建立，或者说实现了旧有态度的转变。

（2）角色扮演

在日常生活中，当人们进入一个新的环境，用一种新的方式去行为时，或者是社会地位发生变化，履行新的社会角色之后，其原有的态度都会发生变化。这些都说明，当生活变化使人们的行为出现改变时，人们的态度也会出现相应的改变。新的生活经验必将导致新态度的形成。

角色扮演技术被广泛应用于人员培训、人际关系改善，以培养人们对一定事物的积极态度和行为方式。它的巨大成功甚至在行为科学领域造成了一种"角色扮演运动"。研究表明，无论在促进儿童发展、培养人的理解力，或在帮助人们获得新的行为模式方面，角色扮演（如图6-1所示）都具有其他方法所难以取代的作用。

图6-1 《英雄联盟》游戏中的角色扮演

课外阅读

DOTA2-DAC媒体日专访国士无双：战队状态容易受胜负影响

问：你刚刚提到你们战队状态问题，状态好的时候"神挡杀神"，崩的时候也是一崩到底。其中原因是什么？

答：归根结底，一个是队伍自信问题，另一个是输了之后队伍会出现心态不平的表现。输了以后总是在寻找问题，去否定之前自己认为对的东西，再去尝试新的东西，最后发现越尝试越崩。这么一来一回又回到了起点。

问：突围赛你们对阵Secret，打算如何应敌？

答：这个对于我们来说是比较好的赛程，如果赢了实力跟我们差不多的队伍就会觉得这场比赛应该赢。如果赢了实力较强的对手会建立很强的自信，信心会大涨。这有助于我们从低迷的状态走出来，提升队伍自身的状态。

6.1.2 成功或失败后的情绪体验

比赛结束后，无论输赢，电子竞技运动员都会产生某些特殊的情绪体验。这些情绪体验对赛后训练会起到重要的影响作用。需要指出的是，心理学对胜利和失败的定义有其特殊性。胜利并不完全是指获得第一名或打败对方。只要在比赛中显示出自己是强劲实力的选手，都可以说是成功者；而失败者则被定义为在比赛中没有充分发挥出自己水平的电子竞技运动员。无论胜利和失败，都会给运动员带来或积极或消极的情绪体验

比赛胜利的电子竞技运动员通常会产生积极的情绪体验，表现为对自己实力的满意感，对胜利的优越感，愉快的振奋感和强烈的荣誉感、自豪感，确信自己的力量，希望加强训练，再次参加比赛，取得更大胜利等。胜利后也会给运动员带来消极的情绪体验，表现为骄傲自满，盲目自信，过高估计自己的能力，轻视他人，对今后的训练漠不关心，产生懈怠、疏忽、松散等消极情绪。失败的运动员通常会产生消极的情绪体验，表现为患得患失，怨天尤人、丧失信心、活力不足、意志沮丧、自暴自弃等。运动员失败后也会产生积极的情绪体验，表现为从失败中总结经验教训，克服自己的缺点，加强训练，争取下次比赛获胜。

赛后的心理状态与运动员的性格类型有直接的关系。由于性格类型不同，所表现出来的状态也不同。性格内向的人，在获胜后常表现出安定、自信、不张扬，没有大喜若狂的行为；失败后，表现出闷闷不乐、哭泣、蒙头大睡，不愿与人交往，特别容易产生自卑感而丧失信心。性格外向的人，在胜利面前毫不掩饰胜利的喜悦，欣喜若狂，特别是夸大自我形象类型的运动员，更易表现出自傲，有时让人难以接受。失败时表现出唉声叹气，诅咒天地，辱骂别人，常搞得人际关系紧张，攻击性行为强烈。严重者被仇恨和嫉妒之心左右，随意发泄怨气，造成团队内部混乱，破坏团结。

6.2　赛后的心理调整

6.2.1　归因训练

比赛的胜负结果是对电子竞技运动员较强的心理刺激，其在运动员大脑皮层中的痕迹作用可长达 1~3 个月。心理实验证明，赛后 1 个月运动员的动作错误率比平时高 2% 以上，比赛失常和意外获胜的运动员甚至高达 45%。优胜者常常陶醉于欣喜兴奋之中，失利者往往陷入沮丧苦恼的境地。因此，赛后必须对运动员的心理进行调整，正确看待胜负，使之迅速摆脱比赛成绩的影响。

引导运动员进行合理归因非常重要。在运动情境中，倾向于内部归因的人常常将自己体育运动成绩好归因于自己运动能力强或努力；反之，倾向于外部归因的人则常常把失败看作任务太难、自己运气不佳、教练员不好或者裁判不公平等外部原因。一般来说，内部归因类型的电子竞技运动员的成绩要好于外部归因的个体。

归因训练是指通过一定的训练程序，使个体掌握某种归因技能，形成比较积极的归因风格的教育过程。归因训练的基本假设是：个体在对自己行为的因果知觉中，存在各种归因偏差，通过归因训练，个体可以获得各种形式的归因反馈信息，从而能够消除归因偏差，进行

正确而积极的归因。对电子竞技运动员进行的归因训练可以从以下几方面开展。

1. 进行积极的反馈

① 尽量多给运动员提供积极的反馈（"这个技能你再多练习几次，你的预判会更加准确"），而不是消极的反馈（"这个英雄你一辈子也学不会，玩不好的"）；提供行为定向的反馈（"这次团战你进场的时机抓的真好"），而不是特征定向的反馈（"这种想法挺不错"）；同时注意提供稳定的反馈（避免在对待电子竞技运动员的态度上时好时差）。

② 要使电子竞技运动员感到自己虽有缺点，但仍被集体、被教练员所完全地接受、喜欢。有些运动员由于性格比较急躁，在比赛中可能会指责队员的一些操作失误，但是队员们可以理解他的用心，知道他并没有恶意。

③ 要使电子竞技运动员的态度从"这不是我的过错"向"这是我的责任"的方向转化。特别在赛后复盘中，运动员要勇于承担由于自己操作失误所带来的后果。

④ 要尽量利用非语言的沟通方式，如竖起大拇指、微笑、拍拍肩膀等向运动员表示赏识、满意、承认、关心、接受等积极性情感。

⑤ 避免使用讽刺性的语言（"你这个英雄玩得也太好了，还不如挂机"）、侮辱性的语言（"二十好几的人了，怎么还犯几岁小孩子的错误，你就不能自觉点吗"）、自罪性的语言（"我真为你今天的表现惭愧"），防止打击运动员的积极性。

当然，这并不意味着对运动员只进行恭维和鼓励，适当的批评也是必要的。研究发现，主要给以积极反馈，同时偶尔给以批评教育，其效果比只给积极反馈的效果要好（Dweck，1975）。

2. 增加成功的体验

个人对自己和他人的看法不会轻易改变。这种看法从儿时就开始形成，在整个生活中又不断得到强化。为了改变一个人对自己改变事物和环境能力的消极看法，就有必要尽量创造机会，让他们在生活中经常不断地体验到通过自己的努力和能力而获得的成功，有了一定的成功感，才可能建立一种积极的心理定势，相信"我可以把握自己的命运"。为此，可以将电子竞技运动员按照年龄、技能水平、体能水平分组，进行训练或比赛，以使不同年龄、层次的运动员有更多的机会体验成功。

课外阅读

年龄不同，归因大不一样

儿童对努力、能力和结果的看法如何？儿童对成就情境的看法又是如何成熟起来的呢？Nicholls 和 Miller（1984）的研究表明：5~6 岁的儿童还不能区分努力、能力和结果，因为在他们看来，努力的人就是成功的，成功者必定是努力者，更大一些的孩子（6~7 岁）开始考虑别人能不能完成某项任务，"很少有人完成的任务可能是太难了"，7~9 岁的儿童倾向于把努力看成结果的原因，到了 9~10 岁，能力也被作为结果的可能原因。直到 10 岁或 11 岁，少儿们才完成两者的综合，他们可以意识到能力的"限度"，在完成任务的过程中它将限制努力的作用。一个有趣的现象是，在 16~18 岁的青少年中表现出很强的性别角色的模型作用，具体而言，男性的成绩多被归因为努力，而女性的成绩则被认为更多的与运气有关，教练员应根据以上年龄特征，因人施教。

（Nichols 和 Miller，1984）

3. 建立成功与失败的恰当标准

什么才算成功？什么才算失败？不同的人有不同的标准，高水平和低水平电子竞技运动员有区别，一般人和电子竞技运动员有区别。为了使人们能够有更多的内控性，应当以具体人和具体运动任务来确定合适的标准以评判成功与失败。对于一个普通人，能天天坚持锻炼就是成功，而一个运动健将，则保持自己的世界纪录可能才被看作成功。因此，成功是一个相对的标准，但原则是，这一标准应是具体的，明确的，富有挑战性的，能够给你提供不断的成功体验的（张力为，1994）。表 6-1 所示是除了输赢以外的一些可供选择的成功标准，应让电子竞技运动员根据这一原则和自己的具体情况制定自己成功的标准。

表 6-1　体育活动中不同的成功标准

训练中的成功标准	比赛中的成功标准
打破了力量练习的纪录	打破了个人纪录
打破了耐力练习的纪录	减小了比赛成绩的波动幅度
提高了训练的出勤率	充分发挥了技术水平
提高了训练的强度、密度	战胜了伤病，坚持完成了比赛
改善了生理测试的结果（如体脂减少）	在比赛中保持冷静，没有上头
减少了训练中消极自我暗示的次数	和队友配合得更好了

4. 明确各种影响因素的可控性

在有些情况下，电子竞技运动员不能有意识地注意到或清楚地认识到哪些因素是可控的，哪些因素是不可控的，因此也就不能正确地计划自己的行为。教练员应引导运动员区分各种因素的可控性并时时提醒他们，将注意集中在那些可控性较大的因素上，忽略那些不可控或可控性很小的因素。可控因素包括比赛中的操作水平，情绪控制等；不可控因素包括观众、电子机械等。

5. 设置合理目标

设置明确、具体的目标可以帮助电子竞技运动员接受个人的责任。内控型的运动员有较高的自我定向和自我调节技能，他们更愿意为自己的成绩和今后的发展接受个人责任（Christopher，1989）。外控型的运动员则可以从这种目标设置训练中获益，因为它可帮助运动员更清楚地意识到"设置目标→作出努力→接近或达到目标"的这种因果关系，意识到通过自己的努力，可以实现或部分地实现自己的目标，从而增强控制事物结果的现实感和自信心。

6. 强调个人努力

一般来说，教练员应尽量少运用外部归因（任务难度和运气）来解释比赛成绩不佳和没有达到预期目标的事实（Brawley，1980），因为它可能造成失助感，使电子竞技运动员觉得无论怎样做都无法改变目前的状况和今后的结果。

在训练和比赛中强调个人努力，对于培养运动员的内控倾向和动机倾向具有重要意义。约克尔森等（1981）的一项实验很好地说明了这一问题。在这项实验中，他们让那些高水平、有成就的大学生完成一项投球任务，并告诉这些大学生，要将他们的成绩和参加此项研究的其他同学相比较，看看谁的成绩更好。因此，这些大学生以为他们在同其他人竞争，但实际上并没有真的进行比较。在进行了所谓的计算之后，告诉他们，投球的成绩或高于其他同学 5 分，或低与其他同学 5 分。接着，给他们一些不同的指示语并让他们继续投球活动，以引导他们进行不同的归因。

能力定向指示语："我们发现，运动员的能力水平是能否很好地完成这项任务的最主要的决定因素。这种能力水平相对来说不受努力程度的影响。因此，你的成绩极大地取决于你的能力。有些运动员似乎天生就善于投球，有些则不行，现在，再给你 10 次投球机会，每次投球你都要集中注意，因为投球的准确性将决定你的分数。"

努力定向指示语："我们发现，这一技能极大地取决于一个人的努力程度。也就是说，极大地取决于一个人要做好的动机程度。当然，在完成这项任务的过程中，人与人之间也有一些小的能力差别，但这并不太重要，如果不尽最大努力，没有人能做得好，现在，再给你 10 次投球机会，记住，你要集中注意力，尽最大努力。"

研究结果发现，和进行能力归因的被试相比，进行努力归因的被试，其成绩要更好，当他们认为任务的难度提高了时，他们的努力程度和成绩也随之提高。因此，应当教育运动员，个人努力（而不是个人能力）是技能提高和成绩提高的最重要决定因素，将会产生更好的动机效果并导致更好的成绩。对于那些水平较低、成绩较差的运动员来说，努力定向的归因就更显得重要。研究发现（Roberts，1984），和其他归因方式相比，将失败归因于缺乏能力最可能导致退出体育运动，这在 10~12 岁的儿童中尤为如此。

7. 谨慎比较电子竞技运动员之间的差距

像"你要是能有×××那样的反应迅速就好了"或"你的操作像×××那么细腻就好了"等类的评价，会降低电子竞技运动员的自我能力感。当然，对运动员分析其队友的长处没有什么不好，但应注意使用客观的标准和恰当的期望。例如，如果使用操作性的具体评论来指出运动员的不足（"×××比你操作更加细腻，是因为他不仅熟知自己操作的英雄的技能，还熟知对线的英雄的技能，如果你再多努力学习和练习，有一天你的操作也可以和他一样细腻的"），有助于使技能较差的运动员明确他应当做怎样的努力才能改进技术，同时也不会产生失落感和羞愧感。

8. 实事求是

如果从教练员的观察和运动员的自我评价来分析，运动员的确已经尽了最大努力，但结果仍未获成功，这时就不宜再运用努力归因引导电子竞技运动员。例如，《英雄联盟》游戏里的 ADC 位置对于电子竞技运动员的反应速度特别严格，很多时候这样的反应速度是与生俱来的，没有办法强求。这时，某些外倾型的归因可能是必要的，如对手的水平很高，对气候不适应等，不分场合地一味运用努力归因，造成与实际情况不符的情况，会使运动员产生对教练员的不信任感和抵触情绪（张力为，1994）。

此外，比赛结束后，尤其要防止比赛失败者产生习得性无助感。习得性无助感是指个体经历了失败与挫折后，面临相同问题时产生的无能为力、丧失信心的心理状态与行为（如图 6-2 所示）。表现在运动员身上，就是自己对比赛完全失去信心，觉得运动生涯前途一片灰暗，毫无希望。其典型特征如下：

图 6-2　某电子竞技运动员
赛后失落的状态

① 自我效能感低。

② 频繁出现消极思维，如"我笨""我不行"等。

③ 情绪失调，经常表现为烦躁、冷淡、绝望、颓丧、害怕、退缩、被动、心灰意冷、自暴自弃等，并由此陷入抑郁、焦虑的状态。

④ 人际关系不良，与教练员、队友、亲戚朋友等关系紧张。

针对这种情况，教练员可以采取多方面措施予以解决。

① 对运动员以鼓励为主，帮助他们形成积极的自我概念。

② 帮助运动员树立正确的目标导向。

③ 提高自我效能感。

④ 创设良好的人际交往环境。

6.2.2　压力和情绪宣泄

电子竞技运动员参加重大比赛后，紧张激烈的情绪不会马上消失，比赛中的极度紧张、焦虑、悔恨感、优越感等，会在赛后持续一段时间，赛后应及时消除运动员的紧张情绪。下面列举一些赛后缓解压力和宣泄情绪的方法。

1）减弱运动员大脑皮层的兴奋度。大赛之后可以组织运动员参观、游览或观看有启发意义的电影、录像、戏剧、音乐等，使他们暂时脱离训练环境，通过这些丰富多彩的转移性活动，减弱运动员的紧张情绪，降低兴奋水平，逐渐恢复到正常的心理状态。

2）对运动员进行正确对待胜负的教育。通过典型实例的分析，让获得奖牌的选手看到自己的不足，使其从沾沾自喜、踌躇满志中清醒过来。让失利的选手学会从积极的一面观察事物，用二分法去认识、分析问题，在不利中看到有利因素，在消极中看到积极因素，重整旗鼓，振作精神，认真参加训练。

3）创设情绪表达的机会。运动员的情绪是平时生活、训练和比赛中客观存在的自然反应，作为一个正常的人都是存在的，而运动员的情绪大都是遇到令人激动的事物，突然发生的改变。这些情绪无论来自何方，最忌讳自我压抑。所以，运动员赛后应做些有兴趣的活动使紧张的情绪转移或寻找知己谈心，倾吐胸中抑郁，解除积闷或利用文字、图画、音乐等疏散其激情，疏导其情绪。

4）利用语言调节情绪。语言可使人紧张、惊恐，也可以使人得到安慰。当你在黑夜里走路心情紧张时，默念"没有什么，一切平安"，你的心情就会逐渐平静下来。这就是自我暗示的作用。

5）增进自我认识。一个人要正确对待别人，也要正确对待自己。正确对待自己首先要认识自己。大凡能正确认识自己的人，即使身处逆境也会克服困难，在不断适应环境中使自身得到发展，对自己有正确认识的人，常常乐观而自信。要看到，世界上没有绝对完美的事物，绝对完美的人则更难找。每个人都有优点和缺点，要正确对待优点，努力改正缺点。只有正确认识自己，才能克服困难，才能胜不骄，败不馁，不断进步。

例如，在 2018 年 3 月《英雄联盟》春季赛中，VG 战队取得了首胜，赛后队员 Swift 接受了采访，表示团队取得首胜非常不容易，并且希望一直延续下去，团队在比赛过程中一直通力合作，即使在第二局比赛中整个团队被一换五时，队友之间也一直互相安慰鼓励："没事，没事，稳住，我们能赢！"

6.2.3　自信心和自我价值保护

比赛失败后，电子竞技运动员往往产生丧失自信心的现象，不仅失败者会丧失自信心，即使胜利者，如果比赛过程与自己预想的结果不同，也会产生丧失自信心的问题。

运动员在信心丧失的同时，伴随而来的是对以前自己头脑里建立的意象产生了动摇，思维陷入错误的判断之中，认为自己一无所长，处处不如别人，没有运动员的素质和条件等。如果任由这些不正常的心理状态发展下去，会对赛后集体生活、训练、人际关系等产生不利影响。同时，也会产生各种心理障碍，出现自卑感、逃避感、反抗、满不在乎、敌对、自我中心等心理反应。长此下去会影响运动员的职业生涯，给团体凝聚力带来消极影响。

为了保护运动员的自信心和自我价值，比赛结束后，教练员、队友等应及时找到运动员，通过言语安慰、身体接触（如拍肩、拥抱）等方式安抚其不良情绪，在其周围迅速建立社会支持系统。对于比赛失利的运动员，可以通过观看录像、队内讨论等方法重现比赛过程，让运动员看到自己在比赛过程中表现出来的技术优势，还可以和以往的比赛相比，让运动员看到自己在这段时间的训练当中取得了哪些进步。对于比赛期望值过高的运动员，则应让其看到对手的技术优势、良好的比赛发挥和进步等，使其降低其过高的期望，恢复平和的心态。

例如，在某一场比赛后复盘时，教练拍着队员肩膀说："你英雄的极限逃生真是厉害啊。"队员笑道："哎，老了，以前被 5 个人追还能反杀一个呢。"其实，这么一个简单的拍肩鼓励，就会使电子竞技运动员感受到很大的心理支持。

6.2.4　加强凝聚力，消除攻击心理

攻击性是电子竞技运动员在竞争中产生的重要心理特点。在比赛时，运动员攻击的对象是对手，并处于全力拼搏和进攻性冲动状态之中，比赛后这种进攻状态不会马上消失，特别

是失败者由于自己的欲望没有得到满足，会产生新的攻击动机和能量，在新的动机驱使下表现出更强烈的进攻性。

这时，电子竞技运动员攻击的对象有的指向自己，更多的是指向队友、教练员和裁判员。例如，抱怨自己无能，抱怨裁判不公，抱怨场地设备不好，甚至把个别队友当替罪羊，横加指责。这些不正常的攻击心理会影响运动员的生活、训练，影响运动团队的凝聚力，必须适时进行心理调整。

作为教练员，需要及时制止非理性的攻击行为，迅速组织运动员离开比赛现场，转入下一个环节。例如，迅速回到更衣室，进行比赛总结等，适时转移运动员的注意力。为了避免类似事件频繁发生，教练员应该提前做工作，防患于未然，平时就多进行教育引导，强调团队合作的重要性，让运动员认识到这种行为对后续训练和比赛的危害。

控制和调节电子竞技运动员赛后情绪反应的一个有效方法就是以适当的方式及时、充分地宣泄内心的痛苦、忧愁、委屈、遗憾等感受。培根曾说过：如果你把快乐告诉一个朋友，你将得到两份快乐；如果你把忧愁告诉一个朋友，你将减少一半忧愁。这正是宣泄的作用。宣泄的方式包括倾诉、写比赛日记、写博客、写微博、去 KTV 唱歌等。俱乐部的管理者和教练员应当尽量给运动员提供情绪宣泄的正常渠道，在他们遇到困难和挫折时，以满足他们情绪宣泄的需要。有些情况下，只要善意地、耐心地倾听运动员的倾诉，让他们把心中的苦衷和烦恼倾诉出来，就可以起到明显的情绪调节作用，同时也会增强团体的凝聚力。

例如，在 2016 年 7 月，某著名选手在直播时遇到了网络瘫痪问题，这一事件使其非常不愉快。当时他正与队友一同在双排游戏，不停地掉线重连让他非常暴躁；最终也因为网络问题突然中断了直播。那么在这种情况下，让运动员进行合理的情绪宣泄既有益于运动员自身，同时可以消除因此产生的负面影响。

6.2.5　消除心理疲劳

1. 心理疲劳的概念和分类

电子竞技运动员长期承受着高负荷的训练和高应激比赛的压力。例如，LGD 俱乐部的媒介经理曾在接受采访时透露，LGD 的《英雄联盟》分部的队员每天都要训练十几个小时，从补刀、对线等基本功到团队的整体战术、配合等，都是队员需要反复思考和训练的东西。在这样高强度的训练和比赛的压力下，运动员们很容易产生心理疲劳。

心理疲劳是一种没有足够心理资源可以利用的一种特殊的心理状态。在运动训练领域，心理疲劳是指运动员在面对内部和外部压力时，心理资源及生理资源被不断消耗并且没有得到及时补充时，心理机能不能维持原有心理活动水平，即心理机能下降的现象，具体表现在情绪维度、认知维度、动力维度、行为维度和生理维度的改变上。

心理疲劳可以分为长期心理疲劳和短期心理疲劳。长期心理疲劳是指在长期进行高强度、高压力、单调的训练或比赛时所产生的力竭感与疲劳感。例如，运动员长期进行高负荷的训练，就可能产生长期的心理疲劳。短期心理疲劳是指在一次认知任务中所产生的力竭感与疲劳感。例如，在一次电子竞技比赛中，运动员进行了较长时间的心理认知决策活动，就可能产生短期的心理疲劳。

短期心理疲劳的发生机制与脑力疲劳类似。脑力疲劳是一种动机水平下降，缺乏警觉的主观感觉，表现为注意力不易集中，头脑昏沉，难以思考，记忆力下降，欲望降低，工作效率下降，容易出现错误等。其影响因素很多，比如身体健康状况、活动方式、营养、环境等。当脑力疲劳出现时，个体将不再有继续完成任务的意愿，并且伴随困倦的感觉。此时个体就需要适当休息，以缓解脑力疲劳。

2. 心理疲劳的症状及影响

林岭和张力为采用问卷法、访谈法和现场观察法，总结出运动性心理疲劳发生时的主要症状，具体表现如下。

1）躯体症状：身体和心理都产生疲劳感，思维迟钝，注意力涣散，思考困难，身体有莫名的不舒服感，食欲下降，睡眠质量下降，头痛等。

2）行为症状：在训练中，对训练的兴奋性下降，难以提起兴趣投入训练，导致训练质量受损；在比赛中，对比赛的关注程度下降，技术感觉与控制能力下降，比赛能力不能正常发挥；在生活中，对生活的态度变得消极、懒惰，不关心他人。

3）情绪症状：一方面，负性情绪增加，如抱怨感、抑郁感、消沉感、无助感等情绪时常出现；另一方面，情绪稳定性下降，如易发脾气等。

4）动机水平：综合动机水平下降，总体呈现出内部动机下降的倾向，在训练中，对训练的欲望和热情减少，甚至抵触训练，意志力下降。

5）成就感与负评价：自信心受损，自我成就感降低，觉得自己一事无成，同时对自己的负面评价增多。

综合以上症状，心理疲劳对电子竞技运动员的生理水平、行为、情绪状态、心理动力水平等都有较大影响。此外，心理疲劳还会影响运动员的认知加工过程。认知加工过程可以分为自上而下的加工方式和自下而上的加工方式。自上而下的信息加工方式是指个体在从事知觉活动时，利用已有的知识和经验加工当前信息的过程；自下而上的信息加工方式是指个体在从事知觉活动时，由外部刺激开始和推动的加工过程。心理疲劳状态下电子竞技运动员可以利用的心理资源减少，这对自上而下的信息加工方式影响最大。当自上而下加工过程受损时，决策的准确性将会下降。此外，在心理疲劳状态下，可利用心理资源的减少也容易造成注意力偏离当前任务，无关注意行为增加，对错误行为的监控水平降低，在此状态下个体更倾向于犯错误。此时的典型表现为，在正常条件下无须准备和设定的计划在心理疲劳时很难准确与快速地完成。

传统的竞技运动多关注身体素质上的能力，而电子竞技运动不同于传统的竞技运动，它更关注的是运动员的快速反应能力与决策能力。与其他竞技比赛项目相比，在电子竞技比赛中，更需要运动员进行长时间的心理认知决策活动，在长时间的心理认知决策活动之后，运动员会产生不同程度的心理疲劳。在疲劳的心理状态下，运动员的认知加工会受到影响，对错误行为的监控水平降低，这往往会对比赛的结果产生巨大的影响。这也解释了在电子竞技比赛中，往往在比赛的最后关头，运动员会出现其在正常状态下几乎不可能出现的低级失误，正是由于其认知中关于错误行为监控能力的下降，不能及时地认识到错误行为的出现，在时间压力下的决策往往失去了正常状态下的准确性的特点，增加了运动员对自身决策的不确定程度，使他们产生焦虑感。

3. 产生心理疲劳的因素

引发电子竞技运动员产生心理疲劳问题的因素主要包括以下方面。

（1）训练因素

1）训练组织方式：单调、沉闷的训练方式易使电子竞技运动员产生心理疲劳。长时间的重复性训练会使玩游戏带来的乐趣在一段时间后慢慢消失，一些苛刻的职业标准也让游戏本身变得枯燥。因此，并不是每个人都能坚持下来的。在电子竞技这个行业，每年都有大量人才涌入，也有许多人离开。

2）训练负荷：电子竞技运动员往往要进行长时间的训练，有时一天长达十几小时，在高负荷的训练下也容易引发心理疲劳。

（2）环境因素

1）管理制度的不合理，管理环境太封闭：中国电子竞技行业虽然正在飞速发展，但是还不完善，各战队管理水平不一，在管理制度和环境上也存在不足。

2）队内环境太封闭，队内环境不和谐：战队氛围，队员之间的关系以及队员与教练的关系是否和谐也是影响电子竞技运动员心理的关键因素。

（3）社会支持因素

1）缺乏沟通与社会交往：许多电子竞技运动员在青少年时期就开始了职业生涯，在相对封闭的环境中训练，缺乏沟通与社会交往。在这种情况下，运动员很容易缺少社会支持，如有烦恼苦闷却无人倾诉，从而影响他们的心理健康，产生心理疲劳。

2）忧虑个人前途：例如，当电子竞技运动员在比赛场上发挥不佳，陷入职业生涯低谷时期，将会面临巨大的压力。许多电子竞技运动员迫于心理紧张和精神压力而早早选择了退役。

3）缺乏教练员的信任和支持等因素：教练员对电子竞技运动员的赛场发挥也起到重要作用，运动员如果缺乏教练员的信任和支持，也容易对自己产生不信任感，对电子竞技行业产生倦怠感。

（4）个人认知因素

个人目标定位过高是最主要的影响因素。当电子竞技运动员对自身定位过高，而实际成绩达不到自己预想的结果时，就易引发心理疲劳问题。

在以上这些因素中，外源性的训练因素和管理因素是造成电子竞技运动员心理疲劳的最重要的原因。

4. 消除心理疲劳的方法

经过研究，总结了有效消除心理疲劳的方法，具体包括以下几方面。

（1）注意训练手段和生活内容的多样化

一方面，从心理疲劳产生的原因来看，在很多情况下，心理疲劳是由于重复单调的训练方式而产生的，面对这种情况，教练员不妨让运动员停止训练或采取其他训练方式，为枯燥的训练增加色彩。无论是在备战时还是比赛后，电子竞技运动员由于长时间的训练，以及面对比赛的压力，身体和心理都需要适当放松。此时可以适当地组织一些团建活动，帮助运动员放松身心，以更好的状态投入到下一阶段的训练和比赛中。

另一方面，电子竞技运动员往往处于身心快速发展的青少年时期，应最大限度地满足他们在个性、心理、生理上的不同需要，使运动员在紧张的训练和比赛之余，有一个宽松的调节身心状态的环境，从而促进训练动机水平的提高。

（2）心理恢复训练

心理恢复训练，是通过语言暗示诱导电子竞技运动员进行肌肉和神经放松，同时还可配合播放轻松悠扬的音乐调节呼吸，使肌肉得到充分放松，最终调节中枢神经系统兴奋性的一种方法。研究表明，这种方法在实际的训练和比赛中具有明显消除心理疲劳的效果，当然，催眠术也是能消除疲劳的好方法。

（3）认知重建和积极思维

电子竞技比赛的竞技性情境本身只是引起心理疲劳的间接原因，而直接原因是电子竞技运动员对电子竞技比赛的信念、看法和解释。如果运动员对电子竞技比赛的认知发生偏差，产生了不合理信念，例如"我必须打好比赛，拿不到冠军就是失败"，继而就会产生消极的情绪和行为，导致心理疲劳。帮助运动员确立合理的信念，取代不合理信念，是消除其心理疲劳的好方法。例如，将以上不合理信念改为"我控制不了输赢，控制不了别人的发挥，但我能保证自己尽力而为，有决心做超越自己的强者"，通过不断练习，运动员就会掌握用合理的信念、积极的思维战胜心理疲劳。

（4）设置合理的目标

结合电子竞技运动员自身情况，设置合理的长期训练目标和短期训练目标，帮助运动员建设良好的心理预期，提高运动员的个人认知水平，使他们对自己有清晰明确的定位，避免因期望过高不能实现而导致的心理疲劳。当然，目标也不能设置过低，以防止因过于轻易达成目标而懈怠训练的情况。应该使运动员通过刻苦训练和自身努力达成目标，在获得自身成长的同时，也因实现目标获得满足而激励他们更加努力。

（5）采取有效的激励方法

有效的激励方法，可以促使电子竞技运动员化压力为动力，为取得好成绩，实现个人理想竭尽全力。常用的激励方法有荣誉激励和物质奖励。荣誉激励是精神层面的激励方式，以设立"荣誉墙"等方式对表现优秀的运动员予以荣誉表彰，这样既可以表达对优秀运动员的肯定，鼓励他们继续保持，也可以对其他运动员产生感召力，激励他们不断努力。物质奖励则是通过一定的物质报酬来激励运动员。把荣誉激励的长期激励效应与物质奖励的短期激励效应有效地结合起来，才能最终达到调动电子竞技运动员积极性、主动性和创造性的目的。

（6）给予电子竞技运动员全面的人文关怀

当今社会对电子竞技的看法逐渐改变，人们逐渐认识到电子竞技并不是简单的打游戏，而是一项竞技运动。在紧张的训练之余，让电子竞技运动员们适当参加一些有益的社会活动，为运动员们树立良好的社会形象，也让社会给予电子竞技运动更多关注和支持。为运动员营造一个宽松的、充满人文关怀的大环境，能够在很大程度上消除甚至避免其心理疲劳的产生。

人际关系也是影响运动员产生心理疲劳的因素之一。帮助他们解决好关于家庭、社会、队友、队员与教练之间的各种关系，使他们拥有一个宽松的、充满关怀的训练环境，能最大限度地清除心理疲劳，使他们专心投入训练和比赛中。

此外，还应切实采取措施，做好退役运动员的安置工作，消除产生心理疲劳的隐患，使运动员参加训练无后顾之忧。增强他们的训练动机，从而提高运动竞赛的成绩。

（7）合理膳食，补充基础营养和特殊营养

基础营养和特殊营养的补充有助于心理疲劳的减轻。基础营养的补充主要指电子竞技运动员每日所需微量元素、维生素的补充，在训练中的补液（如糖、无机盐和水的补充），以及每日补充适量的优质蛋白。电子竞技运动员往往长时间面对计算机，需要补充维生素 A、维生素 C、维生素 E 和 B 族维生素，注意钙、锌等矿物质的摄取，以保护视力和防止电磁辐射。膳食应富有营养和易于消化，宜多食用高蛋白、高维生素、高磷脂的食物，尽量多吃新鲜蔬菜、水果等碱性食物，注意补充水分。特殊营养的补充主要指以增强免疫力、提高机能水平为目的的有针对性的补充。

6.3　电子竞技运动员的社会知觉与印象管理

6.3.1　电子竞技运动员的社会知觉

社会知觉最初是由 Bruner（1947）提出的概念，是指人对各种社会性的人或事物形成整体印象。其中主要是对人的知觉（Person Perception），即对各种担负社会角色并具有个性色彩的人，或是人与人之间的关系或对群体所建立的最初印象或概念。这种印象通常是关于对象外表特征的认识。电子竞技运动员要想在赛后获得对自己的清醒的评价，对自己与他人的清晰的社会知觉是基础。

根据知觉对象的不同，可以将社会知觉大致分为以下 3 类。

1. 对自我的知觉

依据自我价值定向理论的基本原理，人具有解释自我的基本诉求。为此，个体必须对自我有较为清晰的感知与认识，进而形成一定的自我概念，解释自我的心理和行为。这一过程就需要个体的知觉参与其中，通过观察自我、与他人比较、获取他人的反馈信息等方式逐渐构建出有关自我的基本轮廓。由于自我概念的建立是个体与其所处文化交互作用的结果，因此形成对自我的社会知觉还将有利于增强人们对其自身及所处环境的文化价值的了解和把握。而当涉及人际交往时，对自我知觉的内容还包括对自我角色的知觉，即个体如何判定自我，并结合所处环境对自我予以定位。这种对自我角色的知觉是一种动态的过程，会根据所处环境和互动对象的变化而有所调整。

电子竞技运动员经常出现的一个问题是无法正确评价自己，大部分运动员尚未成年，心理不够稳定，情绪变化激烈。尤其是在赛后，连续的胜利可能滋长队员们骄狂的情绪；而连续的挫折则可能严重打击选手们的信心。对自身的评价来源于对自己的正确感受与认知，只有对自己有一个正确的判断，选手们才能对自己有更加准确的知觉，进而才能对自己有一个正确的评价。

2. 对他人的知觉

个体在自我概念建立的过程中要与他人进行比较，在人际交往过程中要对他人的角色进行定位，这些都需要人们对他人有较为准确的知觉和印象形成。社会知觉中，个体通常会依据他人的外表、语言、行为、形态、情境等，对他人的状态、心理和行为等进行了解与认识。

电子竞技运动员在赛后通常除了自己以外，还会对队友以及对手的表现做一个综合的评判。评判结果不仅影响对比赛输赢的归因，还会影响选手自己的信心，因此对他人表现的客观评价至关重要。然而，由于个体在知觉判定方面的差异，在对他人的知觉过程中还会出现一定的偏差，如首因效应、近因效应、刻板印象与归因偏差等，均需引起注意，以避免各类效应或偏差影响对他人知觉的客观性。

3. 对人际的知觉

人际知觉中不但包括自我知觉、他人知觉，还包括对交流情境的知觉。因此，人际知觉是对自我、他人和沟通情境综合的判定过程。

电子竞技与长短跑或游泳等其他竞技性体育项目不同，更加强调队员间的即时沟通与配合，因此比赛中的交流至关重要，因此非常强调对沟通环境的知觉。而比赛结束后，对人际的知觉大多还是集中在队员之间的交流与平时的训练当中。

6.3.2 电子竞技运动员的印象管理

印象管理是指一个人通过一定的方法去影响别人对于自己的印象，使别人所形成的印象符合自己期望的过程。而自觉的印象管理过程称作自我表现。自我表现是人与人之间相互作用的一个基本方面。在现实生活中，人们经常有意识地按照一个模式表现自己，以便给别人留下期望的印象，借此达到预定目的。成功的印象管理，会帮助人们在许多情况下获得优势。

电子竞技行业与传统体育行业不同，网络直播平台的出现使得电子竞技运动员们有大量时间出现在支持者群体面前，因此对自身的印象管理非常重要。良好的印象管理不仅能帮助运动员获得更高的人气，有利于俱乐部的运营。更重要的是能让运动员获得大量的支持，建立牢固的信心，对前文所说的良好自我知觉的建立有着重要的意义。以下将简述一些印象管理的有效方法。

1. 建立良好的印象

在自我表现中，人们首先关心的是如何给别人留下良好的第一印象，使自己与别人的关系一开始就有良好开端。具体到实际情况，电子竞技运动员给人留下的第一印象往往是在赛场上获得的，此时运动员与观众之间几乎没有互动，因此想要建立一个完善的第一印象比较困难，这就需要在赛后弥补。赛后的直播与采访往往才是运动员建立人气的关键，此时就需要一些技巧来拉近运动员与观众的距离。

心理学家卡耐基在《怎样赢得朋友，怎样影响别人》一书中，根据大量实际生活中的成功经验，总结出给别人留下良好第一印象的6条途径：

① 真诚地对别人感兴趣。

② 微笑。

③ 多提别人的名字。

④ 做一个耐心的倾听者，鼓励别人谈他们自己。

⑤ 谈论符合别人兴趣的话题。

⑥ 以真诚方式让别人感到自身很重要。

2. 自我表现的原则

（1）角色获得

角色获得是指站在别人的立场上，体验别人的角色，了解别人在沟通情境中的期望与情感。通过角色获得，可以知道别人期望自己怎样的行为，了解自己怎样表现是恰当的。由此，可以调节自己的行为，使效果符合各种愿望。

对电子竞技运动员来说，同时站在那么多观众的立场上是不现实的，也会严重耽误自己平时训练比赛的正常节奏。因此，运动员最多只需要一到两种最具典型性的观众立场来进行体验。从某种程度上说，这种换位思考也有利于运动员平时在比赛中揣摩队友与对手的思路和想法。

（2）相互支持

自我表现必须不侵犯他人尊严。社会生活犹如舞台，每人都在扮演一种角色。如果言行损害了他人的"面子"，使他人的尊严受到威胁，人们就对其高度排斥。成功的社会交往，表现在交往双方以各自的自我表现相互支持，使对方的期望得以实现，同时也达到自己的目的。人的行为要于人有益，也于己有利。而具体到这一点，就要求电子竞技运动员在直播或是采访中不要发表过激言论，对队友的支持做出及时反馈，对对手表现出充分的敬意即可。

思考题

1. 在电子竞技运动中，常用的消除心理疲劳的方法有哪些？
2. 电子竞技运动员在赛后怎样宣泄自己的情绪？
3. 自我表现的原则有哪些？

第 7 章

电子竞技运动的团队行为

概述

　　电子竞技战队是一项包含多个成员一起从事电子竞技的事业，也是一个所有成员共同生活，进行训练、比赛的团队。建立并维持一个成功的电子竞技团队，需要战队中每一位成员的付出和努力。本章共分为3节。第7.1节阐述如何提高团队凝聚力，主要讲解如何提升团队的认同感和归属感，并介绍相关的团队辅导实例；第7.2节分析团队冲突和人际关系障碍产生的原因，进而介绍一些改善人际关系的方法；第7.3节涉及运动团队的领导行为，阐述战队中教练员的领导行为，包括教练员的职能及几种不同的教练风格类型对运动员的影响。

7.1 团队合作和凝聚力

7.1.1 团队凝聚力

凝聚力（Cohesion）表示结合或黏合在一起的状态。团队凝聚力是指团队成员之间心理结合力的总体，主要表现在两方面：一方面是团队成员对团队所感受到的吸引力，自愿参与团队的活动；另一方面是团队本身对其成员所具有的吸引力，把团队成员积极地组织到团队活动中去。团队凝聚力既是表现个人心理感受的概念，又是表现团队团结力量的概念。现今的电子竞技项目中，大多是团队游戏，所以团队之间的凝聚力显得极为重要。这种个体的心理感受又进一步表现为以下三方面。

1）认同感。凝聚力强的团队内，每一位成员对重大事件与原则问题，都保持共同的认识与评价，这种认同感往往会互相影响，这种影响是潜移默化的，尤其是当个体对外界情况不明，个体的情绪焦虑不安时，团队其他成员对其影响更大。

2）归属感。每一位成员在情感上加入团队，作为团队的一员，具有"我们"和"我们的"这种情感。当团队取得成功或遭受失败时，团队成员有共同感受，部分成员会为其他成员的成功感到喜悦或悲伤，从感情上爱护自己所属的团队。

3）力量感。在团队凝聚力强的情况下，个体表现出符合团队规范和团队期待的行为时，团队就会给予他赞许和鼓励，以支持其行动，从而使他的行为得到进一步的强化，信心更足，决心更大。

团队凝聚力表现在认知、情感、意志三方面，认同感是对团队成员的认知给予知识和信息，归属感是团队成员情感上的依据，力量感给团队成员以力量，使团队成员的活动坚持不懈。下文将分别介绍提高认同感和归属感的方法。

1. 提高认同感的方法

团队凝聚力的一个重要方面就是认同感。认同感的核心是对团队目标的认同。因此，向团队成员宣讲和传播团队目标，使其认同，并激发团队成员为实现团队目标做出贡献的动力，是提高团队凝聚力的必要前提。

（1）传统教育法

目的：通过了解团队的光荣传统，提高对团队的认同感。

方法：

① 收集与本队训练比赛有关的录像、照片、奖杯、奖状等物品，布置本队队史展览。

② 请老队员向新队员介绍本队的光荣传统。

（2）醒目标语法

目的：通过视觉冲击，烘托集体目标。

方法：

① 将全队目标写在大型横幅上，挂在食堂、训练场、宿舍楼等建筑物的醒目处。

② 大赛之前用倒计时方法营造紧迫感，如"距 LPL 夏季赛还有 38 天"。

（3）定期队会法

目的：通过征询每个队员对实现目标的意见，使队员认同全队目标方法。

方法：

① 组织队会，讨论为实现全队目标应当采取的措施。

② 组织队会，讨论大赛中技术、战术方面需要注意的问题。

③ 组织队会，请每个队员就某个重点队员的技术、战术问题出谋划策。

（4）目标内化法

目的：将团队目标与个人目标有机结合在一起。

方法：

① 要求队员在训练日记中写明团队目标和个人目标。

② 团队项目中，强调个人目标的实现取决于团队目标的实现。

③ 个人项目中，强调个人目标的实现有助于团队目标的实现。

（5）互相了解法

目的：使每个队员了解其他队员的感受，使队员彼此理解。

方法：

① 请每个电子竞技队员在一张纸条上写出在比赛时希望其他队员如何对待自己，纸条不记名。

② 教练员收集齐每个队员的纸条，并在全队会上念出每个队员的希望。

③ 教练员与运动员一起讨论，将这些希望归纳为几项可以操作的原则。

2. 提高归属感的方法

归属感是指运动员的一种归属需求，渴望将自己归属到某个团队中去，并为成为这个团队的一员感到光荣和自豪。团队的归属感能够促使运动员发挥主观能动性，主动为团队做出贡献。提高运动员的团队归属感有以下的几种方法。

（1）生日庆贺法

目的：建立社会支持系统，提高全队凝聚力。

方法：

① 将每个队员的生日按照时间顺序记录下来。

② 在队员生日的时候以个人名义送上一份生日礼物。

说明：可以在训练强度较大，队员普遍感到极度疲劳时，或在大赛之前，组织全队为一个队员过生日，以缓和由于疲劳和大赛所带来的紧张气氛。生日礼物一般不应过于昂贵，有纪念意义即可，如书、书签、音乐 CD 等。

（2）父母恳谈法

目的：建立社会支持系统，提高全队凝聚力。

方法：

① 在电子竞技运动员父母生日的时候向其表示祝贺。

② 通过书信或电话与队员的父母交谈，向他们通报电子竞技运动员的基本情况，争取父母对队员训练比赛的支持，配合教练员做好队员的心理支持和心理建设工作。

（3）伤病问候法

目的：建立社会支持系统，提高全队凝聚力。

方法：

① 在队员伤病时，教练员亲自带着鲜花去看望队员，给予安慰和鼓励。

② 购买慰问卡，请每个队员写一句话给伤病队员，给予安慰和鼓励可以 1 人 1 卡，也可多人 1 卡。

③ 如果伤病较为严重，需要较长时间才能康复，还可安排其他队员前去探望。

（4）互相赠言法

目的：通过互相勉励，提高全队凝聚力。

方法：

① 在大赛前，每个参赛队员写一句适用于所有参赛队员的赠言，但不署名，教练员统一收齐后，随机发放给每个参赛队员，大声念出来或写在黑板上。

② 在成功或失败之后以及遇到极大困难时，也可以请队员互写赠言，以互相鼓励。

③ 要求队员将自己收到的赠言写到训练日记中，或者将自己认为特别有意义的赠言写到训练日记中。

7.1.2　团队辅导实例

本小节介绍一次完整的电子竞技运动员团队辅导实例。由于电子竞技运动员团队的特殊性，所以给他们进行的团队辅导不同于给大学生群体的团体辅导，要针对电子竞技的特点适当地对团队辅导的环节进行调整。

本次团队辅导的对象是 SNG 电子竞技俱乐部（如图 7-1 所示）《英雄联盟》分部。SNG 电子竞技俱乐部是一家《英雄联盟》新科职业战队，该战队因 2017 年 LSPL 春季赛夺冠成功而升入 2017 年 LPL 夏季联赛。

下面介绍本次团队辅导方案的全部流程，以及团队辅导后的反馈和思考，仅供参考。

图 7-1　SNG 电子竞技
俱乐部队徽

1. 第一阶段：热身活动

活动名称：大风吹（如图 7-2 所示）。

活动目的：破冰、热身、使队员迅速投入团队辅导，将队员位置打乱为后续分组做准备。

活动时长：5~10 分钟。

活动过程：

① 每个队员都坐在自己的凳子上，拿掉多余的凳子，使凳子数与队员的人数相等。

② 主持人向队员说明活动规则。现在我们要做一个游戏：当我说"大风吹"的时候，你们所有人齐声问："吹什么？"我回答"吹鞋子"时，所有穿鞋子的人都要站起来，重新找凳子换位子，动作慢的那个人就可能没有凳子了，因为我说完之后也会加入这个游戏。如果我回答"吹牙齿"，所有有牙齿的人就要重新换位子找凳子。以此类推，当我回答"吹眼镜"时，所有戴眼镜的人换位子，其他人做在原来的座位上不动，明白了吗？最后一个动作慢没有重新找到凳子的人，就要像我这样站到前面来叫口令，并介绍一名队员。直到他抢到位置，产生新的叫口令的人。

③ 按照最后一轮队员坐的位置开始继续本次团队辅导，根据队员所坐的位置将队员分成 5 人一组。

备注：根据之前的访谈，了解到因为队伍有韩国队员的关系，经常会出现中韩两方队员各自抱团的情况，所以，活动一开始的时候队员们一定会和自己熟悉的队员坐在一起。因此，这个活动的目的是让所有队员重新组队，融入新的交流圈，更好地进行本次活动。

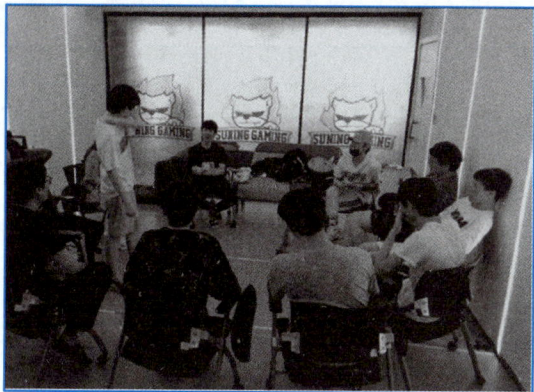

图 7-2　热身游戏"大风吹"

反馈和思考：热身阶段的游戏"大风吹"能有效地将队员的座次打乱，既可以避免熟悉的队员依旧相互抱团，又可以增进相互不熟悉队员之间的接触，为后面的活动打下基础。游戏中被吹出的队员介绍其他不同的队员时，能促进沟通，相互了解。同时要注意照顾一些特殊队员的情绪，规避敏感话语。

2. 第二阶段：工作阶段（正式团队辅导）

（1）活动一名称：心有千千结（如图 7-3 所示）

活动时长：15 分钟。

活动目的：

① 让已经分成两组的队员可以迅速地成为一个团体。

② 引导队员体验团队合作的真谛和力量，享受团体合作的快乐。

③ 在游戏中体会人际交往中大家的关系和信任。

④ 在游戏中感受团队的力量，认识自己在团队中的责任与作用。

⑤ 引导队员体会沟通的另一种方式，不通过语言的交流，仅仅依靠表情变化、眼神的

沟通来完成一项任务。

⑥ 学会从细节处观察别人，能准确解读对方想要表达的非语言信息。

活动过程：

① 所有队员手牵手连成一个大圈，面向圆心。

② 请队员们记住自己的左右手分别牵的是谁。

③ 松开手。音乐响起，队员们随着音乐在小范围内随意走动。

④ 音乐停，队员们站住。在不挪动位置的情况下去牵原来左右手牵的人（如果实在够不着，可以允许稍微挪动一些）。

⑤ 现在手与手之间、人与人之间，结成了一个异常混乱的死结。要求在不说话、不松手的情况下把结打开，最后恢复成大家开始时手拉手围成的一个大圆圈。

⑥ 当出现"结"非常复杂，有人想放弃时，主持人要暗示、鼓励，一定可以解开"死结"。

备注：通过这个活动，让队员迅速融入这个 5 人小团体，更好地进行下面的活动。

图 7-3 "心有千千结"游戏

反馈和思考："心有千千结"活动能让队员们初步意识到团队合作的重要性。在解开复杂的千千结的过程中，会有人担任起领导者角色，主持人要根据每位电子竞技运动员在活动中的不同行为以及感受来指导队员进行分享。

在"心有千千结"阶段，因为有些队员之前没有接触过这类活动，且有几位队员来自韩国，在语言沟通上存在一定的困难，所以活动过程中对韩国队员较不利，不过由于大家都比较熟悉，活动中指定的特征也比较简单，所以整体的氛围还不错。在互相介绍阶段，主持人给出了一个榜样般的示范，队员们相互介绍时会说的相对多一些，不仅仅停留在介绍名字等。队员之间会相互调侃，可以看出他们在这个活动中增进了彼此的友谊。

（2）活动二名称：气球桥梁（如图 7-4 所示）

活动时长：30 分钟。

活动材料：气球。

活动目的：

① 学会建立平等的合作关系。在团体中，每个人的力量不同，为了使团队能够均衡前进，要学会建立平等的合作关系。

② 体会在为他人奉献的时候，自己也会受益。

活动过程：

1）第一轮：高速列车。

① 发给小组中的每个队员一个气球，让队员自己将气球吹起来。

② 让小组中的所有队员在起点后排成一排，双手交叉放在胸前，每个队员之间保持 20 厘米左右的距离。

③ 主持人在每两个人腰间放一个气球，前后两个队员要将气球夹在腰间，不能掉落在地上。

④ 在主持人发布"开始"命令后，队员必须夹着气球走至终点。在这个过程中，队员的手不得接触到气球，否则视为犯规。

⑤ 在途中若有气球掉下，整个队伍必须全部回到起点重新开始。

2）第二轮：环形大桥。

① 让小组中所有队员围坐成一个圆圈，每个队员之间保持一定的距离，以保证能夹上气球。

② 主持人给每个队员之间都夹上已经吹好的气球，夹好气球后，队员的双手要交叉放到背后。

③ 主持人发出"起立"的命令，队员在保证气球不掉落的情况下站起来。

④ 队员根据主持人发出的各种命令完成规定动作，如顺时针或逆时针转动、蹲下、起立等。

3）第三轮：彩云追月。

① 让队员把自己的气球吹好，并用彩笔在气球上签上自己的名字，在听到口令后统一把气球抛向空中。

② 队员要保证自己小组的所有气球都不能掉落在地上，队员不能碰到自己的气球，但可以碰其他人的气球。

③ 在全体队员的共同努力下，能够维持气球在空中时间最长的一组为胜利。

图 7-4　"气球桥梁"系列游戏

反馈和思考："气球桥梁"活动通过三轮活动，进一步加深团队之间的默契合作程度，三轮活动层层递进，活动中既存在竞争的关系也存在合作的部分，可以充分调动队员们的情绪。但是容易出现队员们不听指挥，忽视自己的内心体验而导致最终的分享环节无话可说的状况。

第一轮活动"高速列车"，由于分成两组来运输气球，两组需要竞争，非常考验队员之间的默契配合，队长所在的这一组，队员存在着不顾及其他队员，强行拖拽队员走完路线的情况。部分队员穿了拖鞋来参加活动，而在这一组中，不断地踩到队友的拖鞋也没有停下，两者之间的合作性较差。由此可以，看出平时的相处模式存在一些问题，有部分队员较为强势，部分队员偏弱的情况。值得肯定的一点是，在这个运输气球的活动中，虽然队长这一组一开始有所落后，但是他们5个人没有放弃，不断追赶另一组的进度，并且不断给自己的队伍加油助威，这一点是值得肯定的。

第二轮活动"环形大桥"，两组队员都配合得很好，虽然有气球掉落的情况，但是两组都在努力协作，不让气球掉落。这一轮活动也点燃了韩国队员的热情，积极有效地参与进来。

第三轮活动"彩云追月"，在大家相互颠球的过程中，韩国队员的球常常会掉落在地上，很有可能就像在平时训练中，两国队员之间的关系不够紧密，韩国队员所得到的关注较少。这个活动在一定程度上反映出队员之间的相处模式。

在三轮游戏之后的分享环节，由于电子竞技队员还处于青少年期，较为腼腆，让他们主动分享有些困难，主持人较难插入指导性的话语来进行总结分享，因此在分享这个环节没有充分发挥好主持的能力，对于队员反思性的提问提出得较少。

（3）活动三名称：信任之旅

活动时长：20分钟。

活动材料：眼罩、绳子、饮用水、杯子、笔和A4纸若干。

活动目的：

① 引导队员体会，在生活中身体上的障碍所带来的不同和困难，感受互相帮助与关爱。每个人都是一个完整的个体，但是在许多情况下，一个完整的个体并不能独自完成所有的事情，我们需要亲人的支持、师长的指引、同伴的陪同，才能一路向前。

② 体验信任对于完成任务的作用。信任是一个永恒的话题，是一种弥足珍贵的感情，信任能够让人充满力量，而一个充满力量的团队，能够超越一切困难完成任务。

活动过程：

① 队员们共同穿越一段充满荆棘的路途（工作人员事先设计好的设有障碍的路径），在这个过程中小组成员要相互协作，共同完成任务。

② 要求队员在完成任务的过程中，不能进行语言交流。可以有非语言的交流，比如眼神、手势等。

③ 5位队员分别扮成3种身体障碍的角色：两个盲人、一个上肢障碍者、两个下肢障碍者，并且这3种角色同时都是哑巴。

④ 每个小组中扮成盲人的队员戴上眼罩，确实保证眼前是全黑的；扮上肢障碍者的队员将双手用绳子捆上，小臂与手都不能动；扮下肢障碍者的队员将两个人的腿绑在一起，变成 2 人 3 足。

⑤ 每个小组中的队员依次排好队。队伍的顺序依次是：盲人、上肢残疾者、下肢残疾者。

⑥ 在穿越障碍的过程中，还要同时完成两项任务：第一，沿途会事先放置一些水，全组人员在过程中要保证每人喝到一次水（提前准备好水杯，每人各一瓶饮用水）；第二，每个队员要在一张白纸上签上自己的名字，自己完成，不能由人代写（提前准备好白纸和彩笔）。

⑦ 完成任务后，所有队员回到原地，大家共同分享在游戏过程中的所感、所想、所思。例如：我们采用了什么办法沟通？我们是如何传递和接收信息的？我们是如何开始信任的？对于其他同伴我们有什么想法？

反馈和思考：信任之旅活动原本是在一整套团队的第三或者第四次才会使用的活动，因为需要团队之间有充分的信任，这次设置的路线较为简单，可以在路线的复杂性上再做文章，使得团队之间必须充分信任才能一起顺利地完成任务。

在信任之旅环节，由于队员事先商讨好了方案，所以在这一环节进行得非常顺利，两组之间偶尔有相互恶作剧的情况，让整个活动充满了趣味性。

3. 第三阶段：收尾体验

活动名称：东画西话（如图 7-5 所示）。

活动时长：20 分钟。

活动材料：彩笔若干、A4 纸若干。

活动目的：

① 回顾整场团队辅导活动，带领队员们体验团辅中的感动瞬间，深化本次团辅活动的主题。

② 帮助队员们获得信任感和团队凝聚力，并且可以运用在今后的训练和比赛中。

活动过程：

1）第一轮：情景讨论。"如果现在比赛进行到了第三局——决胜局，第一局你们很轻松地赢了，第二局前期较有优势，最后一波团战因为一个队员的致命失误，被推了基地，最后输了。现在这个失误的队员很自责，心态已经面临崩溃，其他的队员都很紧张，联系到今天的团辅活动，你会怎样做？"

2）第二轮：

① 让队员们用写或者画的方式，表达出你在本次团队辅导中印象最深刻的一个镜头并写出自己当下的感想。

② 每个人给其他 9 位队员写一句鼓励或者最想说的话。

③ 队员们依次读出自己的感想和想对其他队员说的话。

④ 听完每个人的反馈以后，询问是否有人进行补充。

备注：最后由俱乐部整理好队员们的所有反馈，建议可以拼成一张大海报，海报上再加上队伍的标志以及其他能够象征队伍的图案，挂在俱乐部中。

图 7-5　队员们分享团队辅导感悟

反馈和思考："东画西话"是一个可以充分让队员进行分享的活动，也是对整个团队辅导进行总结并深化互动目标的活动。可以在参与活动的人员中加入一个内部人员，或者可以由两位助教中的一位也加入活动并且率先分享，这样可以在团体中形成榜样的作用，带动队员的积极性，促进队员们深层次的分享。

最后的相互分享阶段，存在着以下几个问题：

① 分享流于表面，不走心。

② 分享字数过短。

③ 存在着漏掉分享某位队员的情况。

针对以上情况可以看出一些队员性格内向或不善于表达自己的内心情感。这一部分给主持带来了很大的难度，没有针对这一情况作出预设，在总结部分缺乏让队员进行深入思考的过程。

7.2　团队冲突和人际关系

7.2.1　冲突中的心理分析

冲突在人际交往过程中是无法避免的，因为每个人都有自己独特的观点和利益需求。

在尝试解决冲突的过程中，个体首先需要认识到自己目前处理冲突的典型方式。根据双重利益模型（Dual Concern Model），人际冲突可以分为两个维度：一个是对个人目标的坚持性；另一个是对他人关系的重视性。根据这两个维度的强弱，针对冲突的管理类型可分为以下 5 种：

1）海龟（退缩型）。海龟在面对冲突时会缩回龟壳里。这种方式意味着放弃目标并损害双方的关系。这类人害怕对抗或者认为自己没有能力解决问题，因此选择了退缩这种最简单的方式。

2）鲨鱼（攻击型）。面对冲突时，鲨鱼会尝试通过自己的方式解决，不管付出任何代价这类人的重点是实现自己的目标，而且不会考虑他人的需求和感受。他们认为，冲突就是一场比赛，有人获胜，有人就会失败，在需要的情况下，他们会以令人生畏且压倒性的进攻来取得胜利。

3）泰迪熊（顺应型）。这类人认为，为了和谐，必须避免冲突。他们觉得冲突会伤害关系。因为他们极度需要被他人接受和获得他人的喜欢，因此他们会牺牲个人目标来避免危害关系。这类人很擅长团结团队，但是会牺牲自己的需求和兴趣为代价来满足他人的需求。

4）狐狸（妥协型）。这类人对于自己的目标和维持关系两者都很关心（至少保持适度的关心）。他们倾向于在两者之间折中，这类人可以放弃自身的部分目标，同时尝试说服他人放弃部分目标，他们可以为了达成利益来协商并接受部分紧张的关系。

5）猫头鹰（合作型）。这类人非常重视自己的目标和关系，他们认为冲突是一个必须彻底解决的问题。同时，只有在实现自身目标和帮助他人获得所需的情况下，这类人才会感到满足。这类人觉得，冲突能够潜在地增强关系。只有解决了紧张和消极的情绪，才能让冲突双方满意，因此必须找到一种双赢的解决方法。

没有任何方式可以适用于所有的关系或冲突，大多数人都有一种或两种最熟悉、最习惯的冲突管理方式（可通过 TKI 冲突处理模式测试进行评定），但是并不一定能成功解决所有冲突，因此应选择最佳策略，解决不同的情形。

在面临冲突时，个体可以适当采取不同类型的冲突管理方式。首先，要思考两个主要的问题：个人利益或目标有多重要？与他人的关系有多重要？

① 在个人利益不是很重要，而且个人并不是很在乎关系的情况下，可以使用海龟方式。例如，赛后一名看台上的观众对一位电子竞技运动员进行口头辱骂，而该运动员进行回击也不会有任何益处，这时选择海龟方式往往是聪明的做法。

② 在个人利益很重要但关系不重要的情况下，可以选择鲨鱼方式。虽然这种情形在团队中很少发生，但是，如果令人不快的对抗能够实现自己的目标，而且个人又不是特别关心冲突对关系的影响，那么可以使用鲨鱼方式。电子竞技运动员几乎都是青少年，社会经验还不够丰富，遇到问题往往放在心里不说，其实这种情况下适当使用鲨鱼方式可能会起到意想不到的好结果。但需要注意适度，以免影响团队凝聚力。

③ 在目标不重要但关系非常重要的情况下，最好采用泰迪熊方式。例如，很多电子竞技运动员的父母都希望成立顾问小组，以便定期咨询、了解战队活动情况。对于电子竞技运动员来说，虽然这种接触对竞赛的影响甚微，但相对于违背父母的愿望，运动员所在的俱乐部或战队更希望运动员与他们的父母保持积极的关系。除运动员与父母的关系外，电子竞技运动团队中各成员间也存在着类似关系。建立和谐团队的同时，也希望运动员们不要一味忍让，当自己有正常诉求时能够及时表达出来，这不仅有利于自身的心理健康，也有助于拉近团队成员之间的关系。

④ 在关系和目标同样重要，但是又很难两者都满足的情况下，像狐狸一样聪明地选择妥协是恰当的。在冲突情形中，维持关系往往必须选择妥协。只要不要求妥协自身的价值，那么这就是积极的妥协。例如，在明确了诸如严禁外出、严禁长时间玩手机等主要规定后，

战队成员们可与教练员、经理等管理人员一同商议相关规定的实际尺度。

⑤ 在目标和关系都非常重要的情况下，可以选择猫头鹰方式。解决此类冲突时一般必须进行机智的对抗，必须找到一种所有参与者都能得到好处的解决方法。例如，在不损害团队凝聚力或斗志的情况下改变团队流程，最好的方法是采用猫头鹰方式。猫头鹰方式是一种较为高级的解决人际冲突的方法，要求使用者有着较为成熟的社交经验与人际交往方法。这对于尚是青少年的电子竞技运动员来说有些勉强，需要在与人交往的过程中不断累积经验。此外，当涉及较为复杂的人际关系处理时，可及时求助于领队和教练。

7.2.2 人际关系障碍的原因

人际关系障碍即人际交往障碍。人际关系出现障碍的原因是多方面的，主要有以下几方面。

（1）文化因素障碍

文化因素障碍的成因主要包括认知因素、语言因素、价值观差异等。认知因素是指人们因接受信息的不对称，产生先入为主的认知差别；语言因素主要是因语言不同所产生的沟通障碍；价值观差异是指因环境、信仰、区域、文化的不同，个人对待事物的看法与处理事务的原则发生分歧。以国内电子竞技战队为例，战队中常常有来自韩国的外援，而语言不通常常会导致信息不能有效传递甚至产生误解。即使队伍配备了翻译，言语传达的延迟很难产生良好的即时交流的效果，更有一些认知因素的问题会使来自不同国家的队员们产生分歧或对立。这样容易在队内产生隔阂，制造出小团体，来自外国的选手也更易产生孤独感与隔离感，不利于队伍的团结与凝聚。

（2）社会因素障碍

社会因素障碍包括地位角色障碍，如所处社会地位、角色、职务、年龄等方面存在差距。空间与心理距离障碍，在一般情况下，中等程度的空间距离最能使人乐于进行积极的人际交往，而过近或过远的空间距离都会使人产生心理排斥或疏离，使人际交往发生障碍。

（3）个体因素障碍

个体因素障碍包括个性倾向差异与个性品质特征造成自闭与自卑、怯懦、逆反、排他、逢场作戏、贪财自私、冷漠、嫉妒心理等方面原因产生的障碍。这一点在电子竞技战队中体现得最为明显的就是队员们本身性格都太过内向，除了训练比赛时的交流不够密切，从而彼此之间感受到的交流障碍。

（4）团体与组织结构因素障碍

团体与组织结构因素障碍包括信息沟通受阻，从而引起人际关系的障碍；组织结构不合适，职能不清造成的障碍；领导者行事不公正，有亲有疏造成的障碍；团体气氛太差，风气不正，有人挑拨离间而产生的障碍等。

对每个人来说，与其他成员搞不好关系，虽然有多方面的原因，但其自身在人性方面的弱点是主要的原因，可能表现为以下缺点：

① 不尊重他人的人格，甚至伤害他人。

②忽视别人的处境和利益，置他人的困难于不顾。

③企图操纵或驾驭他人，只顾个人私利不顾别人的需要。

④欺骗他人，不诚实地待人待事。

⑤过分顺从以讨好他人，或欺上压下。

⑥过分依赖别人，丧失自尊心，缺乏自主性。

⑦嫉妒心太重，打击贬损他人，阴谋赢得某种荣誉、职位、权力。

⑧猜疑心太重，不信任他人，怀疑一切或心怀敌意。

⑨过分自卑和丧失自尊心，对人际关系过于敏感，对成绩过分夸大，对别人批评过严。

⑩性情孤僻，人格过于内向。

⑪偏见太深，对他人持错误看法，持不合作、不友好的态度。

⑫不切实际地期待别人，过分苛求别人。

⑬他人挑唆，造成一时难以调解的误会。

⑭自由主义严重，当面不说，背后乱说，甚至造谣中伤；情绪不稳定，太急躁，不能克制自己，为点小事就动怒发火，容易伤害他人的感情等。

7.2.3　改善人际关系的方法

从团队成员个人角度看，能体谅他人，对别人持宽容的态度；能够倾听别人的意见，与别人保持良好的沟通；能洞察别人的需要与感情，想人之所想、急人之所急、帮人之所帮等，是建立良好人际关系的个人心理条件。因此，改善人际关系应注意以下几方面：

①正确认识处理人际关系的基本原则，摆正各种关系的位置，妥善处理人际间的矛盾。在处理个人、集体、国家三者之间的关系时，应树立主人翁思想和集体主义观念，坚持个人利益服从集体、国家利益的原则和三者之间利益兼顾的原则。在处理个人与个人之间的关系时，应坚持平等互助、互谅互让的原则，应该出以公心，不谋私利，公正严明，坚持原则，明辨是非。

②加强自我意识的修养，学会在社会交往中正确地认识自我、评价自我、控制自我、调适自我，能勇于承认和改正自己的错误，有利于改善人际关系。

③采用角色扮演法，加强心理品质与个性特征的锻炼与训练，通过角色扮演的方法，设身处地地站在别人的立场上思考，这有助于建立互相尊重、谅解、支援、有益的观点和服务、奉献的思想，这样才能正确地评价他人，原谅他人的错误，为改善人际关系提供良好的思想基础。

④加强情绪与意志力的培养与良好个性和行为的训练，养成心胸开阔、性情开朗、自我克制、调控情绪、严于律己、宽以待人、遇事冷静、得理让人等品质与行为，有利于改善人际关系。

⑤按照"PAC 分析"理论改善人际交往。这种分析理论认为，个体的个性是由 Parent（父母）、Adult（成人）、Child（儿童）3 种比重不同的心理状态构成的。而"成人"的心理状态有助于问题的解决。成人的刺激，往往会诱使对方作出"成人"的反应（理智反应），

从而保持交往关系和谐进行，遇到人际关系紧张或障碍时，用"成人"反应也有助于排除障碍。

PAC 分析有助于电子竞技运动员了解自己与他人，便于改善人际关系；培养人的理性、冷静分析的态度，避免主观偏见，避免感情冲动；使理智（成人的自我状态与反应）成为和谐人际关系的主要动力；从创伤中恢复健康，培养自信心，建立健康的心理状态；有自知之明，能自我批评，不骄傲自满；有使命感，成就感；能够因人、因事、因地制宜地协调人际关系。

7.3 运动团队的领导行为

7.3.1 教练员的职能

在运动团队中，教练员是最具影响力的权威人物，是指引和影响运动团队实现奋斗目标的领导者。教练员在运动团队中具有决策、组织、沟通和激励 4 种基本功能，教练员的领导功能与作用也体现在这 4 方面。

1. 决策功能

决策功能是教练员领导行为的基本功能。由于教练员在运动团队中占据着重要的位置，能够审时度势、知人善任、确定目标、制定政策、采取措施，做出最终的决断是教练员的基本职能。影响教练员决策的因素包括应变能力、知识、智慧、经验，思维的敏捷性、灵活性、创造性等。

在电子竞技比赛中可以看到，教练员会在队员的身边，时常为队员的赛前游戏选择、赛中游戏战术、赛后比赛分析提出指导性意见，为队员提供合理的方案，以保证整个团队的竞技状态。

2. 组织功能

组织功能，一般是指为使运动团队实现预定的目标，教练员在做出决策的基础上，使用人才，调动一切积极因素，进行一系列有效的组织、策划和管理活动。教练员的组织活动包括：确定运动团队的目标；为实现目标而科学地安排和使用所拥有的人力、物力或财力；建立并完善与其活动相适应的管理体系。

在电子竞技比赛正式开始前，教练员就已经进行组织工作。每个战队都有其独有的战队管理体系，教练员需要了解比赛的行程规划，协调各部门的工作，包括比赛中要用到的物资、人力、信息，教练员都要了解清楚并准备妥当，对队员的状况也要做好预期准备，以便在赛场上发生突发状况时对队员做好及时的调整。

3. 沟通功能

沟通是人与人之间最重要，也是最频繁的活动。教练员作为运动团队之首，要领导好战队成员。战队内部的团结非常重要，是教练员开展工作的基础。全队上下能否求同存异、相互理解支持、心理相容，往往是决定团队有无凝聚力和战斗力的关键因素。而身处中心地位的教练员，协调队伍中的人际关系，与其他成员之间的交流与沟通是其职责之一，又是影响工作效果的重要条件。良好的人际关系、及时的沟通与交流是教练员了解情况、掌握信息、协调关系、提高效率的可靠保证。

电子竞技教练员的沟通可以分为对内沟通和对外沟通。对外沟通主要是处理对外的一些公关事宜。处理公关事宜的能力可以彰显一位教练员的综合能力，给队员带来可以信赖的感觉。对内沟通是对内部的协调工作，尤为重要，因为很多电子竞技战队的成员来自不同的国家，语言上的障碍对于队员本身的沟通带来了很大的阻碍。教练员虽然并不一定要担任翻译的工作，但是协调好团队内部的沟通问题是教练员的重大责任。

4. 激励功能

教练员的激励功能是指调动激发运动员实现团队目标的训练积极性的过程，制定各种良好的激励制度、奖惩条例，可以强化运动员的成就动机。

一般认为，激励功能是教练员的主要功能。教练员是否具有这种激励运动员的能力和技巧，直接关系到教练员领导行为的效能。激励功能的内涵主要包括：提高运动员接受和执行目标的自觉程度；激发运动员实现团队目标的热情；提高被领导者的行为效率。

在赛场上，当运动员的整体情绪并不高昂时，往往教练员的几句话就可以让他们瞬间振作起来，找回自己的最佳状态，从而赢得比赛。

7.3.2　教练员的领导风格对运动员的影响

教练员在训练中，带领电子竞技运动员学习电子竞技知识、掌握电子竞技技能，顺利地完成训练任务，需要采取一定的方式去执行领导行为。由于教练员的能力、性格、经验不同，他们在训练中所表现出来的领导风格类型也各不相同。

1. 专制型、民主型、放任型教练员

美国心理学家勒温（K. Lewin）等早在 20 世纪 30 年代通过对团体的实验研究，提出了包含专制型、民主型、放任型 3 种领导类型的领导风格类型理论。

根据教练员在运动训练中所表现出来的领导行为不同，可以按他们的领导方式划分为专制型、民主型与放任型。这 3 种不同领导方式的教练员的特征比较见表 7-1。

表 7-1　3 种不同领导风格特征的比较

领导因素	专制型教练员	民主型教练员	放任型教练员
决定权	所有方针由教练员一人决定	所有方针均在教练员协助下，由集体讨论决定	所有方针由集体或个人决定
训练安排	活动安排及程序由教练员一步一步指定	通过讨论对活动远景做出安排，经集体讨论选定	教练员不参与、不干预运动员的任何活动，有问题时才作回答，不做积极指导

续表

领导因素	专制型教练员	民主型教练员	放任型教练员
分配任务方法	教练员给运动员分配任务，安排各组成员的角色分担	任务分配和合作者可以自由选择，角色分担由运动员自己决定	对任务的分配教练完全不过问
工作参与及评价态度	除示范外，完全不参与运动员作业，而在精神上给予支持并以客观事实为依据夸奖、批评运动员。与运动员作业，夸奖或批评运动员不以客观事实为依据，全凭个人主观好恶	与运动员一起完成作业，但尽量不代替运动员作业，而在精神上给予支持，并以客观事实为依据夸奖、批评运动员	教练员对运动员的功过是非不做任何评价

3 种不同领导风格的教练员在决定权、训练安排、训练任务分配方法、教练参与的程度以及对电子竞技运动员的评价态度等方面的行为表现有明显的区别。

（1）专制型领导

专制型领导有以下几个特点：

① 组织方式是集权力于领导者个人手中的集权型领导。

② 决策方式是领导者独断专行。

③ 工作指导方式多依靠领导者个人的能力、经验和判断。

④ 评估方式主要根据领导者个人的好恶表扬或批评下级的工作成果。

（2）民主型领导

民主型领导的组织方式是权力在团体之中，由集体讨论后决定的；在工作指导上领导者注重成员的能力和资历，领导者以自己的心理品质影响被领导者，被领导者愿意听从领导者的指挥和领导；领导者依据客观事实，评估成员的工作结果。

（3）放任型领导

放任型领导的权力分散在每个成员手里，采取无为而治的态度；一切措施都由成员自我摸索，所做的决策也由成员自己决定，领导者不参与、不插手；领导者对被领导者的工作不过问、不指导、不了解、不作任何评估。

以上 3 种不同领导形态，造成组织与团体内部 3 种不同的社会心理气氛和工作效率（如图 7-6 所示）。

专制型领导只注意目标，只关心任务和效率，但对团体成员关心不够，被领导者与领导者之间的社会心理距离较大，领导者对被领导者麻木不仁，被领导者对领导者存有戒心或敌意，容易使团体成员产生挫折感和机械化的行为倾向。

民主型领导注意协助和鼓励团体成员，能关心并满足团体成员的需要。领导者与被领导者是民主与平等的关系，他们之间的社会心理距离很接近。团体成员有较强的动机，自己决定工作的方式与进度，责任心强，效率较高。

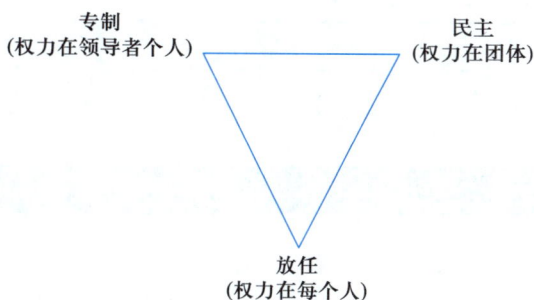

图 7-6　领导类型模式示意图

放任型领导是无政府主义的领导，领导者对工作与成员的需要都不关心，无规章、无要求、无评估，工作效率低，人际关系冷漠。

以上 3 种领导类型相比较，放任型效率与效益均较差；专制型只适宜治乱，在组织初创时期及非常时期工作效率高，但相对带来的消极态度与对抗情绪比民主型要多许多；民主型工作效率最高，每个成员积极、主动、富于创造性，能较好地达到组织与团体目标。

在组织管理中，极端型领导并不多见，大多数是混合类型，领导方式不同往往会形成不同的组织行为模式，典型的有如下 4 种：

① 独裁专制型，其特点是金科玉律、生杀予夺、有令必行、有禁必止、有违必罚。

② 经济保健型，强调经济奖酬、福利待遇，工作保健因素。

③ 支持帮助型，强调创造条件、交互关系、关心推动成员成长、支持帮助成员克服困难。

④ 协同合作型，支持帮助是对个体与团体间的协同合作并延伸为团队式的管理。

2. 任务型、关系型教练员

依据教练员在训练中以执行任务为主还是以维持团队关系为主，可将教练员的领导方式划分为任务型和关系型两种。

① 任务型的领导以执行任务为主，其行为特征是：让电子竞技运动员明确任务，制定出详细的工作程序，把全体运动员的注意力引向任务目标，并用专门知识评定工作效果。

② 关系型的领导以维护和强化团队关系为目的，其行为特征是：教练员维持与电子竞技运动员之间和谐的人际关系，尊重运动员意见，增进与电子竞技运动员之间的相互了解和交流。

在教练员的实际领导行为中，以上两种领导方式有时在同一个教练员身上会同时表现出来。以下的领导行为四分表（表 7-2）就说明了这种情况。表 7-2 中用字母 P 表示执行任务方面（Performance Directed），大写 P 表示高关心任务，小写 p 表示低关心任务；用字母 M 表示维护关系方面（Maintenance Directed），大写 M 表示高关心人，小写 m 表示低关心人。那么，领导类型就可以组成 4 种类型，即低任务高关心人（pM），高任务高关心人（PM），低任务低关心人（pm），高任务低关心人（Pm）。

表 7-2　领导行为四分表

关心人	高	低任务高关心人（pM）	高任务高关心人（PM）
	低	低任务低关心人（pm）	高任务低关心人（Pm）
		低	高
		关心任务	

① 在成绩方面，高任务高关心人（PM）型最好。

② 高任务低关心人（Pm）的教练员以运动员成功完成活动任务获得最大满足。

③ 低任务高关心人（pM）的教练员则以教练员与运动员之间人际关系的良好而获得最大满足。

概括起来讲，执行任务方面较高（P）可使运动队强大起来，而队员的士气、情绪、满意感和配合行为则与维护关系方面（M）密切相关。如果能使两方面适当结合（PM）则效果最好。

3. 其他类型的领导风格

领导与管理类型根据工作作风与风格不同还可以分为学者（研究）型、参谋型、计划型、社交型、任务型、官僚型、果敢型、直言型等不同类型。根据领导者心理能力与气质性格的不同可以分为以下几类。

① 能力类型可分为思维型、实干型、智慧型、组织型。

② 创造能力类型可分为开拓创新型与守业维持型。

③ 性格类型可分独立或主导型与顺从或依附型，也有的分为积极刚勇、消极怯懦和折中 3 种不同类型。

④ 气质类型除一般分为多血质、胆汁质、黏液质、抑郁质 4 类外，还可分为躁郁质型、分裂质型、黏着性质型。

思考题

1. 提高认同感和归属感的方法？

2. 人际关系障碍包含哪几种？

3. 教练员的 4 种职能各有什么作用？

第8章

电子竞技运动相关的心理测量

概述

　　心理测量是指依据一定的心理学理论，通过测验对人的心理特质进行定量描述分析。人的心理是主观的、内隐的，难以直接测量的（如智力、人格、兴趣、态度等），但是会表现于人的外显行为之中。因此，心理测量是一种间接测量，对个体的可进行观察、记录的外显行为进行测量，从而推测人的内在的心理特质。

　　本章主要介绍一些关于人格、心理状态、心理技能、团体凝聚力等方面的心理测验量表，可供电子竞技运动员进行自测，教练员应在专业的心理工作者协助下，对测量结果进行统计分析，从而对战队成员进行适当的指导。

8.1 人格测量

8.1.1 人格概述

在现代心理学体系中，人格是指个体在行为上的内部倾向，是构成一个人的思想、情感、行为的独特模式。人格具有如下特性：

1）人格具有独特性。一个人的人格，在遗传、环境、教育等条件的交互影响下形成。每个人都有各自独特的人格特点。

2）人格具有稳定性。人格是在行为中稳定发生的、长期的心理特性，但人格在人的一生中并不是一成不变的，随着生理的成熟和环境的改变，人格可能产生或多或少的变化。

3）人格具有统合性。人格由多种成分构成，包括气质、性格、自我调控等方面，当一个人的人格结构各方面彼此和谐一致时，他的人格就是健康的。

4）人格具有功能性。人格在一定程度上决定了一个人的生活方式、人生成败。当面对挫折与失败时，坚强者能发奋拼搏，懦弱者会一蹶不振。

气质是人格中最稳定的部分，是人的天性，无好坏之分，不具有任何社会道德评价含义。古希腊医生希波克拉底（Hippocrates，公元前 460—前 377 年）认为，人的类型由体内的 4 种液体（如黏液、黄胆汁、黑胆汁、血液）的配合比例决定。罗马医生盖仑（Galen，约 130—200 年）发展了希波克拉底的观点，将 4 种体液互相配合而提出了 13 种气质类型。现代气质类型学说沿用了体液的观点，将人的气质分为 4 种类型，见表 8-1。

表 8-1　气质类型表

气 质 类 型	表　　现
胆汁质	精力旺盛，勇敢果断，争强好斗，但鲁莽冲动，易感情用事
多血质	活泼好动，热情大方，善于交往，但缺乏耐心和毅力、兴趣多变
黏液质	安静稳重，沉默寡言，喜欢沉思，但行为主动性较差，行动迟缓
抑郁质	情绪抑郁，多愁善感，孤僻离群，柔弱胆小，优柔寡断

在现实生活中，单一气质的人并不多，绝大多数人是 4 种气质互相渗透混合、兼而有之。

8.1.2 人格特征测量

1. 卡特尔 16 种人格因素测验

美国心理学家雷蒙德·卡特尔（Raymond B. Cattel，1905—1998）认为，特质是人格的基本单元。1949 年，卡特尔采用因素分析法，将数千种心理特质归纳为 16 种互相独立的根源特质，编制了《卡特尔 16 种人格因素调查表》（Cattel's Sixteen Personality Factor Question-naire，16PF）。该量表共有 187 题，每道题目有 3 个选项。例如：

（1）阅读时，我喜欢选读：

A. 自然科学书籍

B. 不确定

C. 政治理论书籍

（2）我有能力应付各种困难：

A. 是的

B. 不一定

C. 不是的

该量表将人格划分为 16 种特质，见表 8-2。

表 8-2　卡特尔 16 种人格特质类型表

特 质 类 型	表 现
乐群性（A）	低分者缄默内向；高分者热情，乐群
智慧性（B）	低分者思想迟钝，学识浅薄，抽象思维能力弱；高分者思维敏捷，富有学识，善于抽象思考，学习能力强
稳定性（C）	低分者情绪激动，易生烦恼，心神易动摇，易受环境支配；高分者情绪稳定，心智成熟，能面对现实
恃强性（E）	低分者谦逊，顺从，通融，恭维；高分者好强，固执，积极，独立
兴奋性（F）	低分者严肃，审慎，冷静，寡言；高分者活泼，冲动，兴奋，放纵
有恒性（G）	低分者敷衍，原则性差；高分者有恒负责，做事尽职
敢为性（H）	低分者畏怯，退缩，缺乏自信；高分者冒险敢为，少有顾及，主动性强
敏感性（I）	低分者理智，现实；高分者敏感，感情用事，心肠软
怀疑性（L）	低分者信赖，随和，易与人相处；高分者怀疑，固执己见，斤斤计较
幻想性（M）	低分者现实，守成规，力求妥善合理；高分者狂放不羁，富有幻想
世故性（N）	低分者坦白，直率，天真，幼稚；高分者精明，世故，圆滑
忧虑性（O）	低分者安详，沉着，有自信心；高分者忧虑，抑郁，烦恼
变革性（Q1）	低分者墨守成规，保守；高分者自由，激进，不拘泥于现实
独立性（Q2）	低分者依赖他人，从众；高分者当机立断，自立自强
自律性（Q3）	低分者不能克制自己，不能尊重礼俗，矛盾冲突，不顾大体；高分者自律严谨，言行一致
紧张性（Q4）	低分者心平气和、镇静自若、知足常乐；高分者紧张，有挫折感，缺乏耐心，心神不定

卡特尔认为，每个人都具备这 16 种根源特质，只是在表现程度上有差异。他以这 16 种特质为基础，提出了可用公式进行预测的 4 种二阶人格因素（如适应性，外向性，情绪性，果敢性）、4 种行为特征（如心理健康水平，专业成就的可能性，创造潜力，对新环境的适应能力）。

通过 16PF 问卷，受测者不仅可以对自己在 16 个人格维度上的人格特点有所了解，而且可以通过这些人格因素组合公式对自己的整体人格作出评价。

2. 现代的五因素模型——大五人格因素测定量表

心理学研究者在对人格不断进行因素分析时，在成千上万个描述人格差异的词汇中，发现了 5 个相对稳定的因素：开放性（Openness）、责任心（Conscientiousness）、外倾性（Extraversion）、宜人性（Agreeableness）、神经质（Neuroticism）。这 5 个特质，由于首字母构成了"OCEAN"一词，因此被称为"人格的海洋"，也被称作大五人格。

1989 年，美国心理学家麦克雷（McCrae）和科斯塔（Costa）根据人格的"大五"结构理论，编制了《NEO 人格问卷》（NEO Personality Inventory，NEO-PI）。该量表包含了 240 道题目，采用了五级评分（非常不同意、不同意、中立、同意、非常同意）。例如：

我不是一个容易忧郁的人。

我的想象力相当丰富。

我常因别人对我的做法感到愤怒。

该量表将人格划分为 5 个因素，见表 8-3。

表 8-3　大五人格因素表

人格因素	表现
外向性	热情活泼，乐观自信，爱交际等特质
宜人性	乐于助人，富有同情心等特质
责任心	做事有条理，能持之以恒，尽职自律等特质
神经质	易心烦意乱，焦虑脆弱等特质
开放性	富有想象力、创造力，兴趣广泛等特质

需要注意的是，由于受社会赞许性的影响，受测者在填写问卷时，可能会隐瞒或否认自己拥有的不被赞许的态度或行为，而做出迎合他人和社会期望的回答。因此在进行测试前，应告知受测者，人格测量的各个项目，没有对错、好坏之分，受测者只需要如实回答自己的实际情况，否则测出来的结果是不真实、不准确的。

通过分析电子竞技运动员人格因素的测量结果，教练员可以了解每位运动员各自的个性特征。教练员应与运动员共同进行探讨，确定与其人格特点相适应的战术，帮助运动员逐渐形成适合自己的风格打法。同时，教练员也要针对运动员的性格特点，制定科学有效的心理训练计划（见本书第 3、4 章）。

8.2　心理状态测量

8.2.1　过度训练和心理耗竭测量

1. 运动员心理疲劳问卷

心理疲劳是指运动员在应对内外压力时，心理、生理资源被不断消耗而没有得到及时补充时所出现的心理机能下降的现象。

运动员心理疲劳问卷（Athlete Burnout Questionnaire，ABQ）由 Thomas D. Raedeke[1] 和 Alan L. Smith[2] 在 2001 年编制，可以用来测量评估运动员的心理疲劳程度。该问卷包括有 15 道题目，采用五级评分制（从未、很少、有时、经常、总是），划分为 3 个维度，见表 8-4。

表 8-4　运动员心理疲劳问卷示例表

维　度	示　例
成就感降低	在运动方面我没有获得很多成就
	无论我怎么做，我似乎都做不到我应该做的那样好
情绪、体力耗竭	我在参与运动后觉得过度劳累
	由于运动我觉得精疲力尽
对运动的消极评价	把精力花费在运动上，不如花费在其他事情上
	我对运动有着消极、负面的感受

测试结果中各维度的分数越高，说明该运动员心理疲劳程度越高。

电子竞技运动员在长期的高压条件下，进行长时间单调、大强度的训练和比赛，易造成力竭、疲惫、倦怠感，对电子竞技和自身表现的关注程度降低，此时就产生了运动性心理疲劳。一旦产生心理疲劳，对运动员比赛成绩会产生影响，还会影响他们的身心健康发展，很有可能就阻碍了未来的发展，因此要及时关注了解电子竞技运动员的心理状态。

2. 心境状态测试

心境是指人比较平静而持久的情绪状态。心境具有非定向的弥漫性，它不是关于某一事物的特定体验，而是以同样的态度对待一切事物。

心境状态测试（Profile of Mood States，POMS）是由美国心理学家 McNair 等于 1971 年编制而成的一种情绪状态评定自陈式问卷量表，也叫作心理状态剖面图，由 65 个描述不同情感状态的形容词组成。它包括 6 个分量表（紧张、压抑、愤怒、精力、疲劳和慌乱）。每一分量表分别包括若干形容词（如不愉快的，不称心的，恐慌的，厌倦困乏的，无精打采的，等等）。在应用的过程中，POMS 被 Grove 和 Prapavessis 简化和发展成简式 POMS 量表，共有 40 个形容词，包括紧张、愤怒、疲劳、抑郁、精力、慌乱和自尊感等 7 个情绪分量表，并且提供一个总体情绪纷乱程度（Total Mood Disturbance，TMD）指标。POMS 引入我国后由祝蓓里教授修订并建立中国常模。

POMS 并不是一个衡量"所有情绪"的量表，因为仅有两个积极情绪分量表，并且测量的维度与竞技状态有密切关系。这也是 POMS 广泛应用于衡量竞技状态情绪的原因，并成为研究情绪状态及情绪与运动效能之间的一种良好的工具。该测试的适用场景包括与运动竞技相关的，比如体育比赛或者考试前的心理状态评估。成功运动员的"紧张""压抑""愤

---

[1] 美国东卡罗莱纳大学运动学系教授。
[2] 美国密歇根州立大学运动学教授。

怒""疲劳"和"慌乱"程度都较低，而"精力"较高。尤其是成功的世界级运动员，除了精力之外，其余5种心境状态都低于正常人的平均水平。大量文献表明，POMS可以有效评价运动员在比赛中的情绪状态，并且能够有效预测比赛成绩。

测试过程中，受测者要根据最近一周内的实际情况或感受，对呈现的情感形容词进行五级评分（从不、偶尔、有时、经常、总是），见表8-5。

心境状态量表（见表8-5），测量的各个维度与竞技状态有着密切关系，这也是该量表被广泛应用于衡量竞技状态情绪的原因。心境状态量表可以有效评价运动员在比赛中的情绪状态，因此成为了研究情绪状态与运动效能之间关系的一种良好工具。

表8-5　心境状态维度表

心境状态	维　度	表　现
积极情绪	精力	充满活力，能以积极饱满的情绪面对训练和比赛
	自尊心	对自我有着肯定的评价，充满自信
消极情绪	紧张	情绪处于紧张的状态
	愤怒	处于愤怒、恼怒的状态
	疲劳	处于身体或心理超负荷的状态，需要休整
	压抑	处于压抑、抑郁的状态
	慌乱	不能井井有条地安排自己的行动

运动和情绪的关系长期以来一直吸引着运动员和研究者，这是因为相当一部分运动员将其比赛成绩的失败归因于"处于某种情绪"或"因某种情绪的影响"等。成功的电子竞技运动员往往在"紧张""压抑""愤怒""疲劳"和"慌乱"维度得分都较低，而在"精力"和"自尊心"维度得分较高。

8.2.2　心理压力测验

压力，在心理学领域也被称为应激（Stress），是指人在面对一些事物或环境刺激时所感受到的压抑、焦虑、紧张等不适的身心反应。在承受压力时所出现的反应，无论是积极的还是消极的，都是自然的、正常的。压力需要去接受、应对、预防。没有一种万能的方法可以解决在任何时间、地点产生的压力。

关于压力的测量，可使用心理身体紧张松弛测试表（PSTRI）。该量表由"国际压力与紧张控制学会"的创始人之一麦克唐纳·华莱士研究开发，用于测试了解个体的压力程度。通过对50个陈述句进行五级评分（从未、很少、有时、经常、总是），通过总得分可以评估电子竞技运动员的心理压力状态。例如：

我睡眠不足而且睡不安稳。

我心情不安，无法静坐。

如果总得分为43～65时，则压力适中；如果低于43或高于65，则表示须调整生活状态。

也就是说，低分者生活沉闷需要更多刺激，而高分者需要通过更好的压力管理来减轻压力。

压力的来源是多方面的，电子竞技运动员所面临的压力来源主要包括以下方面：

① 对运动损伤的担忧。

② 与队友相处不和谐。

③ 赛前担心失利。

④ 赛中处于劣势。

⑤ 赛后失利的消极情绪。

⑥ 外界环境和舆论（如厚望、指责）。

⑦ 赛场观众的支持程度。

⑧ 联赛竞争导致战队晋级、降级。

心理压力测试可以帮助电子竞技运动员了解自己当前的心理压力水平，并以此为根据进行适时的心理调节与放松，教练员也可以适当地对运动员作出指导。

8.2.3　心理健康测量

1. 症状自评量表

症状自评量表（Symptom Checklist-90，SCL-90）用于从感觉、情感、思维、意识、行为、生活习惯、人际关系、饮食习惯等多种角度，评定个人的心理症状及其严重程度。它是世界上最著名的心理健康测试量表之一，是当前使用最为广泛的精神障碍和心理疾病门诊检查量表，将帮助人们从10个方面来了解自己的心理健康程度。本测验适用对象为16岁以上的人群，共90个自我评定项目，采用五级评分（没有、很轻、中等、偏重、严重），划分为10个症状类型，见表8-6。

表8-6　症状自评类型表

症状类型	表现
躯体化	心血管、胃肠道、呼吸系统、肌肉等躯体方面的不适
强迫症	无法摆脱的无意义的行为、思想
人际关系敏感	与他人交往不自在，自卑感
抑郁	对生活的兴趣减退，缺乏活动的意愿和动力，悲观失望
焦虑	紧张，烦躁，神经过敏，坐立不安，惊恐发作
敌对	爱争论，冲动，摔物，脾气难以控制
恐怖	社交恐怖（害怕与人交往），广场恐怖（在空旷的地方感到恐怖）
偏执	猜疑，关系妄想
精神病性	幻听，思维播散，被洞悉感
其他（如睡眠、饮食状况）	睡眠障碍，饮食不良

通过症状自评量表，电子竞技运动员可以了解自身的心理健康状况，教练员可以根据测试结果，适当地对电子竞技运动员作出一些指导。同时，战队的管理人员也应重视心理健

康，当队员出现心理问题时，要及时向专业的心理工作者进行求助、咨询。

2. 抑郁自评量表

抑郁症的典型症状是持续性的心情低落消沉，对生活缺乏兴趣，对前途感到悲观，认为自己没有价值，严重者甚至可能自杀。抑郁自评量表（Self-rating Depression Scale，SDS）由 William W. K. Zung 于 1965 年编制。SDS 目前广泛应用于门诊病人的粗筛、情绪状态评定以及调查、科研等，不能用于诊断。适用于评定抑郁症状的轻重程度，可以帮助个体快速判断出是否存在抑郁症。

量表包含了 10 个反映抑郁主观感受的项目，被试要对每一个项目的出现频率采用四级评分制。表 8-7 为抑郁自评量表示例表。

表 8-7　抑郁自评量表示例表

	很少	小部分时间	相当多时间	绝大部分时间
1. 我觉得闷闷不乐，情绪低沉				
2. 我觉得一天之中早晨最好				
3. 我一阵阵哭出来或觉得想哭				
4. 我晚上睡眠不好				
5. 我吃得跟平常一样多				
6. 我与异性密切接触时和以往一样感到愉快				
7. 我发觉我的体重在下降				
8. 我有便秘的苦恼				
9. 我心跳比平时快				
10. 我无缘无故地感到疲乏				

总测评分低于 50 分，表明没有抑郁的症状；超过 50 分，则需要引起注意；超过 60 分时，应该及时拜访心理医生，进行治疗。

此外，还需要注意以下方面：

① SDS 主要适用于具有抑郁症状的成年人，它对心理咨询门诊及精神科门诊或住院精神病人均可使用。对严重阻滞症状的抑郁病人，评定有困难。

② 关于抑郁症状的分级，除参考量表分值外，主要还要根据临床症状。特别是依据要害症状的程度来划分，量表分值仅能作为一项参考指标而非绝对标准。

电子竞技运动员由于长时间的训练、比赛，承受着来自多方面的压力。如果这些压力得不到及时、有效的排解、疏导，很有可能会诱发抑郁，进而失去动力和对生活的期待，影响自身的正常生活。因此教练员和战队管理人员尤其要重视战队成员是否存在抑郁症状，并做好心理健康指导工作。

3. 焦虑自评量表

焦虑症的典型症状是过分的紧张、害怕，心悸手抖，坐立不安。焦虑自评量表（Self-rating Anxiety Scale，SAS）由 William W. K. Zung 于 1971 年编制，是一种焦虑评定的标准，用于测量焦虑状态轻重程度及其在治疗过程中变化情况的心理量表，主要用于疗效评估，不能用于诊断，适用于评定个体的焦虑程度。该量表采用四级评分制（从未或偶尔、有时、经常、绝大部分时间或总是），见表 8-8。

表 8-8　焦虑自评量表的部分题目示例

题 目 示 例	评 分			
1. 我觉得比平时容易紧张和着急（焦虑）	1	2	3	4
2. 我无缘无故地感到害怕（害怕）	1	2	3	4
3. 我容易心里烦乱或觉得惊恐（惊恐）	1	2	3	4
4. 我觉得我可能将要发疯（发疯感）	1	2	3	4
5. 我觉得一切都很好，也不会发生什么不幸（不幸预感）	1	2	3	4
6. 我手脚发抖打颤（手足颤抖）	1	2	3	4
7. 我因为头痛、颈痛和背痛而苦恼（躯体疼痛）	1	2	3	4
8. 我感觉容易衰弱和疲乏（乏力）	1	2	3	4
9. 我觉得心平气和，并且容易安静坐着（静坐不能）	1	2	3	4
10. 我觉得心跳得快（心悸）	1	2	3	4

SAS 适用于具有焦虑症状的成年人。同时，它与 SDS（抑郁自评量表）一样，具有较广泛的适用性。

SAS 的主要统计指标为总分。在由自评者评定结束后，将 10 个项目的各个得分相加即得，再乘以 1.25 以后取得整数部分，就得到标准分。也可以查"粗分标准分换算表"作相同的转换。标准分越高，症状越严重。

该系统给出的是标准分，分数越高，表示这方面的症状越严重。一般来说，焦虑总分低于 50 分者为正常；50~60 者为轻度，61~70 者是中度，70 以上者是重度焦虑。阴性项目数表示被试在多少个项目上没有反应，阳性项目数表示被试在多少个项目上有反应。总粗分：20 个项目各项得分相加，划界分为 40 分。

焦虑评定的分界值为 50 分，测评分数越高，焦虑倾向越明显，超过 55 分，表明被试的情绪处于焦虑状态，需要调整。

教练员应指导电子竞技运动员进行放松训练（见第 4 章），调节电子竞技运动员的焦虑情绪，使其镇静而充满信心地参加比赛。

8.3　运动相关测量

8.3.1　特质流畅与状态流畅测量

在运动心理学领域，流畅状态被界定为"一种最佳的体验状态，即运动员全身心投入到一项任务中，并创造出发挥最佳运动水平的意识状态"。流畅状态的评估对于发挥运动员运动的最佳状态有重要意义。

国内研究者刘微娜（2010）翻译、修订的简化特质流畅量表（Short Dispositional Flow Scale，S-DFS）、简化状态流畅量表（Short Flow State Scale，S-FSS），可用于在特质和状态两个层面评价流畅体验。

简化特质流畅量表所测量的是一般性、普遍性的流畅状态，而简化状态流畅量表所测量的是即时性的流畅状态。这两个量表在问题的表达上并没有较大的差别，简化状态流畅量表更强调状态的现时性，所以多对运动员刚刚发生的心理状态进行提问。量表采用五级计分制，得分越高，表示状态越流畅，即运动员发挥的水平越佳。两个量表所使用的题目是相同的，但是测评目标不同：特质流畅量表侧重于对参与比赛活动中可能体验到的想法或感受；状态流畅量表侧重于对刚刚结束的比赛活动的即时流畅体验。

两个量表都包含了 9 个条目，对应于流畅状态的 9 个维度，见表 8-9。

表 8-9　简化特质流畅量表的 9 个维度

维　　度	题 目 示 例
挑战-技能平衡	我感觉自己的能力足够满足情境的要求
行动-意识融合	我的行动是出于本能和自动的，不必去想
清晰的目标	我清楚地意识到自己想要做什么
明确的反馈	从事任务活动时，我很清楚自己的表现如何
专注于当前任务	我全神贯注于当前的任务
控制感	我对正在进行的任务有完全的控制感
自我意识的丧失	我不担心别人可能会怎样看待自己
时间的变换	时间过得和平常不一样
享受的体验	这种体验是一种最好的奖励

通过评估流畅状态，一方面，可以考察电子竞技运动员当前的竞技状态，发现其可能状态不佳的方面并对症下药，及时作出调整；另一方面可以科学地判断在何种情境下运动员能够发挥最好的水平，从而在之后的比赛中更多地创造相应的条件，使得运动员更容易发挥自己的优势。

8.3.2　心理技能测量

1. 运动心理技能量表

心理技能是指运动员在学习运动技术和比赛过程中，具有动员、调控自己心理过程及心理状态的能力（张力为和任未多，2003）。如果能够了解优秀的电子竞技运动员需要哪些心理技能，那么对于运动员的选拔、培养等方面也有借鉴作用。运动心理技能量表（Psychological Skills Inventory for Sports，PSIS）由 45 道题目组成，旨在测量与运动表现有关的 6 种心理技能：焦虑控制、注意力、自信心、心理准备、动机、团队重要性，见表 8-10。该量表为五级计分制，分数越高，表示心理技能越强。

表 8-10　运动心理技能量表的 6 个维度

维　度	释　义	题 目 示 例
焦虑控制	对焦虑情绪的调控能力	我很担心在重要比赛中失误
注意力	运动员集中注意力的能力	当我真正做动作时，我几乎对观众全然不知
自信心	运动员的自信水平	我通常能够保持信心，甚至当我运动表现差时也是如此
心理准备	运动员赛前的心理状态	离比赛还有 1 小时，我经常希望我能准备得更好些
动机	运动员训练或比赛的内部动力	我有创造良好运动表现的强烈动机
团队重要性	运动员与队友相处的融洽程度及配合程度，这在一定程度上也会影响到他们的表现，特别是在电子竞技这种需要高度配合的运动项目中	我与队友相处融洽

　　一个优秀的电子竞技队伍，也一定具备很强的团体凝聚力。电子竞技运动本身即是一项需要高度协作的团体活动，各个成员需要在战术上、实操上相互配合，团体凝聚力的提高，对加强运动员之间的合作也十分有益。一个战队的胜利，离不开每一个电子竞技团队成员之间的相互配合。

2. 运动应对技能量表

　　运动应对技能量表（Athletic Coping Skills Inventory-28，ACSI-28）的英文版共有 28 道题目，为四级计分。该量表被广泛应用于预测运动员的心理技能，分为 7 个维度，见表 8-11。

表 8-11　运动应对技能量表的 7 个维度

维　度	题 目 示 例
应对逆境	无论何种情况发生，我都能够在比赛中保持积极和热情
承受压力	在压力下我往往能够成绩更好，因为我能思考得更清楚
目标设定与心理准备	我每周或者每天为自己设定具体目标
注意力集中	当我做运动时，我可以集中注意力并清除分心物
不忧虑	我对别人怎么看待我的表现感到忧虑
自信心与成就动机	我对我能够做得好感到有信心
可教导性	如果教练批评了我，我不会沮丧，并会改正错误

　　电子竞技运动员长期接受高强度的训练，面对长时间比赛的压力，对于他们来说，承受训练和比赛所带来的压力，保持对自己的信心，提高自身训练和比赛的动机水平，在赛前设定合理的目标，做好赛前心理准备是必备的素质；在比赛中，电子竞技比赛的形势往往瞬息

万变，这要求运动员在比赛中保持注意力的高度集中，当面临逆境时更要保持冷静；赛后，无论面对成功或失败，运动员都要及时调整自己的状态，以应对接下来的比赛。此外，教练员和运动员的关系也是影响电子竞技运动员发挥的重要因素，因此可教导性也是电子竞技运动员的必备素质之一。运动应对技能量表能从以上 7 个维度预测、考察运动员的心理技能，对选拔运动员，及时调整运动员的心理状态有很大帮助。

运动应对技能量表和运动心理技能量表都是测量运动心理技能的量表，但两者在题目构成、评分计分方式等方面都有差异。合理使用这两类量表，对选拔和培养高素质的电子竞技运动员具有重大意义。

8.3.3 关于运动员自我归因和认同的测量

1. 运动成就责任归因问卷

国内研究者祝蓓里和张艺宏（1993），编制了运动成就责任归因问卷（Sports Achievement Responsibility，SAR），该问卷由 44 个条目组成，用于测试青少年运动员面对成功和失败的心理控制点特征。

心理控制点理论是由罗特[①]提出的，罗特将人分为内控型和外控型。内控型和外控型的人在对事物成功或者失败的归因上有很大区别，内控型的人相信自身的因素，如努力、能力等能够对事情的结果起到很大的作用。比如，内控型的电子竞技运动员在面对失败时，可能会认为是自己不够努力或者自身能力有限。而外控型的人则认为是外部的力量诸如运气等，控制了大多数事情的发展，他们自身的努力不能起到决定事物走向的作用。例如，外控型的电子竞技运动员在面对失败时，可能会认为是运气不好。

如果能够通过运动成就责任归因问卷对电子竞技运动员的心理控制点进行分辨，那么就能够更有针对性地对内控型和外控型的运动员分别采取不同的鼓励措施。例如，针对外控型的运动员，可以鼓励他们，让他们更多地看到自身努力在一场比赛中的作用，以提升他们的自我效能感，使他们相信自己有能力推动比赛的胜利。

2. 运动员认同测量问卷

运动员认同，是指个人对自己身为运动员这一职业角色的认同程度。国外的研究表明，运动员认同度高的个体，具有较高的运动表现满意度、较高的自尊水平，会更加投入运动训练，会更为专注于运动表现，职业倦怠更低，比赛成绩也会更好。运动员认同测量问卷由国内研究者殷恒婵、宋湘勤和于玥（2009）根据半结构化访谈和调查的结果编制形成，由 5 个维度组成，共 24 道题目，见表 8-12。

表 8-12 运动员认同测量问卷的 5 个维度

维　度	释　义	题 目 示 例
自我认同	个体知觉自己是运动员角色的程度	成为一名运动员是我人生中重要的一部分；我只有在参加运动时才自我感觉良好

---

① 朱利安·罗特（Julian Bernard Rotter），美国社会学理论家。

续表

维　度	释　义	题目示例
积极情感	当运动参与的结果良好时个体感觉良好的程度	当我参加运动的时候，我感到很高兴
消极情感	当运动参与的结果不好时个体感觉不好的程度	当我在训练或比赛中表现很差时，我觉得很糟糕
社会认同	社会知觉个体作为运动员角色的程度	其他人知道我从事运动是非常重要的
行为排他性	与其他日常活动相比运动员角色的重要性	为了参加运动，我做出了很多牺牲

　　对于电子竞技运动员来说，他们往往是出于对电子竞技行业的兴趣和热爱才会成为职业选手，如果丧失了对于运动员这一身份的认同，那么也就等同于失去了继续参与训练和比赛的动力，自然也不会取得更好的成绩。

8.4　团体凝聚力测量

1. 团体环境问卷

　　团体凝聚力代表着团体的一致、和谐。已经有很多研究证实，高团体凝聚力的团体，在任务完成的积极性、效果等方面都好于低凝聚力的团体。在高凝聚力的团体中，个体能够感受到更多的亲切感、归属感，从而影响活动的效率和成果。

　　团体环境问卷（Group Environment Questionnaire，GEQ）由 Albert V. Carron[1] 及其同事编制，是全世界应用最广泛的测量运动群体凝聚力的工具。团体环境问卷共有 15 道题目，七级计分，得分越高，表示队伍的凝聚力越强。该量表被用于测量运动团体凝聚力，编制者将凝聚力定义为"反映一个群体在追求其目标的过程中，为了满足成员的情感需要，团结在一起、保持一致倾向的动态过程"。这个概念基于 3 项假设：

　　① 凝聚力作为团体的特性，可以通过对团体成员个体的感知来测量得到。

　　② 团体凝聚力反映了团体对其成员的吸引、团体一致性两方面。

　　③ 成员对团体的感知主要集中在团体任务、团体社交两方面。

　　因此该量表形成了 4 个维度，见表 8-13。

表 8-13　团体环境问卷的 4 个维度

维　度	释　义	题目示例
团体任务吸引	个体程度就其自身对群体任务、产出、目标、目的的投入程度的感知	这个队给我提供了足够的机会来提高我的个人成绩

---

[1]　Albert V. Carron，心理学家。

续表

维　　度	释　　义	题 目 示 例
团体社交吸引	个体成员就群体对其接受程度及社交关系的感知	我的一些好朋友在这个队里
团体任务一致性	个体成员对团队作为一个整体围绕团队任务的相似性、亲近性的感知	我对我们队的求胜欲望感到高兴
团体社交一致性	个体成员对团队作为一个整体围绕团队社交的相似性、亲近性的感知	我们队的队员经常在一起聚会

　　电子竞技运动是一项需要电子竞技运动员之间高度配合和协作的运动，通过团体环境问卷测量运动员之间的默契度、配合度，可以发现整个团队可能存在的合作问题，对症下药，有效地鼓舞运动员的团队士气，促使他们取得更好的成绩。

2. 团体认同感问卷

　　团体认同感表示个体在情感以及观念上对于团体的一致性程度。本章所介绍的团体认同感问卷是由吴晓彬[1]（2009）改编而来，经测验具有良好的信度和效度。该问卷有情感和观念两个维度，情感维度有 4 道题，观念维度有 3 道题，共有 7 道题，见表 8–14。问卷采取五点计分，得分越高，表示团体认同感越强。

表 8–14　团体认同感问卷的两个维度

维　　度	释　　义	题 目 示 例
情感	个体在情感上对于团体的一致性程度的认可	当有人批评我的团队时，我感到像我自己受到了指责；当我谈到我的团队时，我通常说"我们"而不是"他们"
观念	个体在认知上对于团体一致性程度的承认	我与团队的成员较一致地接收团队的规范；我与团队成员有相近的思想倾向

　　如果电子竞技运动员对于电子竞技团体没有认同感和归属感，那么他身处于电子竞技团体之中，也就不能和其队友融合在一起，这同样会影响团队之间的配合、合作，还有可能形成互相推诿的现象，如果发生这种现象，对于整个团队的发展都是不利的。

📁 思考题

　　1. 人格的定义和特征是什么？常用的人格测验有哪些？请举例说明。

　　2. 当电子竞技运动员由于过度训练引起心理疲劳或耗竭的症状时，可以用哪些量表来测量？

　　3. 如何测量电子竞技运动员的团队认同感和团队凝聚力？

---

[1]　吴晓彬，北京师范大学教育学部。

参考文献

［1］黄希庭．运动心理学［M］．上海：华东师范大学出版社，2004．

［2］李京诚．运动心理学［M］．北京：北京体育大学出版社，2012．

［3］伯顿，雷德克．教练员必备的运动心理学实践指南［M］．北京：人民邮电出版社，2017．

［4］季浏，殷恒婵，颜军．体育心理学［M］．3版．北京：高等教育出版社，2016．

［5］程正方．现代管理心理学［M］．5版．北京：北京师范大学出版社，2016．

［6］焦艳．体育运动心理学理论与应用［M］．南京：南京大学出版社，2006．

［7］林崇德．发展心理学［M］．2版．北京：人民教育出版社，2010．

［8］孙连山．表象技能训练在轻武器射击教学中的运用研究［J］．开封教育学院学报，2016，36
（11）：144-145．

［9］于良．关于体操运动员应对比赛不同情境变化能力的训练［J］．经营管理者，2017（26）．

［10］胡艳红，王佩春．浅谈短道速滑比赛中运动员的战术运用［J］．经济研究导刊，2014（10）：191-193．

［11］冯海洲．模拟训练法在高校篮球训练中的运用对策［J］．当代体育科技，2013，3（16）：39．

［12］李晓梅．我国优秀女子拳击运动员赛前心理状况分析［J］．当代体育科技，2014，4（20）：127-130．

［13］张彦．篮球比赛中影响运动员的心理因素及训练方法的研究［J］．体育世界（学术版），2015
（7）：48-49．

［14］吴振军．中学生田径运动员赛前不良心理状态的改进与对策分析［J］．人间，2015，173
（14）：96．

［15］赵伟东，周宇迪．谈冰球运动员赛前焦虑及心理素质训练［J］．商情，2014（30）：284．

［16］李小丛．影响中小学生运动员赛前焦虑的因素及其对策［J］．中学教学参考，2015（24）：58．

［17］郑耀亮．运动员训练参赛目标设置的心理学分析［J］．经营管理者，2014（14）：354．

［18］蒋新国，李竹青．论我国体育课程与教学目标的理论与实践应用研究［J］．惠州学院学报，
2014，34（6）：86-95．

［19］丁向东．体育运动中的情绪控制特征及调节机制研究［J］．西北民族大学学报（自然科学版），
2014，35（3）：73-75．

［20］叶其清．浅议体育锻炼对中职学生心理健康的影响［J］．当代体育科技，2014（9）：158-159．

［21］李萌．运动员对教练员指导方式反应的一般特征——以排球比赛为例［J］．当代体育科技，2014
（13）：188．

［22］熊焰．教练员临场指导特征解析［J］．中国体育教练员，2016，24（1）：6-9．

［23］仵晓民．论提高高校乒乓球队教练员临场指导水平的策略［J］．陕西教育（高教），2014
（12）：61．

［24］马德森，房蕊，刘晓莉．体育团队凝聚力系统分析［J］．四川体育科学，2007（2）：58-60．

［25］熊焰，王平，张宝峰，等．我国教练员研究进展与热点评述［J］．北京体育大学学报，2013，36
（2）：139-144．

［26］戚晶．PAC理论在教学运用中的研究初探［J］．镇江高专学报，2014（3）：59-62．

［27］遇金．合作教学在高校体育课中的实证分析——对通化师范学院篮球选项课合作教学的实验研
究［J］．科技资讯，2013（28）：165-166．

［28］贾文庆，贾恩峰．篮球运动中团体凝聚力探讨［J］．现代商贸工业，2016，37（18）：89-90．

郑重声明

高等教育出版社依法对本书享有专有出版权。任何未经许可的复制、销售行为均违反《中华人民共和国著作权法》，其行为人将承担相应的民事责任和行政责任；构成犯罪的，将被依法追究刑事责任。为了维护市场秩序，保护读者的合法权益，避免读者误用盗版书造成不良后果，我社将配合行政执法部门和司法机关对违法犯罪的单位和个人进行严厉打击。社会各界人士如发现上述侵权行为，希望及时举报，本社将奖励举报有功人员。

反盗版举报电话　　（010）58581999　58582371　58582488
反盗版举报传真　　（010）82086060
反盗版举报邮箱　　dd@hep.com.cn
通信地址　　北京市西城区德外大街4号　高等教育出版社法律事务与版权管理部
邮政编码　　100120